2020

天津金融发展报告

中国滨海金融协同创新中心
主　编／王爱俭　林文浩　刘　玚
副主编／王会奇　李向前　王学龙

ANNUAL REPORT ON THE DEVELOPMENT OF

FINANCE IN TIANJIN (2020)

中国金融出版社

责任编辑：贾　真
责任校对：孙　蕊
责任印制：张也男

图书在版编目（CIP）数据

天津金融发展报告.2020/王爱俭，林文浩，刘玚主编. —北京：中国金融出版社，2021.3

ISBN 978-7-5220-1083-0

Ⅰ.①天… Ⅱ.①王…②林…③刘… Ⅲ.①地方金融事业—经济发展—研究报告—天津—2020 Ⅳ.①F832.721

中国版本图书馆CIP数据核字（2021）第046542号

天津金融发展报告（2020）
TIANJIN JINRONG FAZHAN BAOGAO（2020）

出版
发行　中国金融出版社
社址　北京市丰台区益泽路2号
市场开发部　（010）66024766，63805472，63439533（传真）
网上书店　www.cfph.cn
　　　　　（010）66024766，63372837（传真）
读者服务部　（010）66070833，62568380
邮编　100071
经销　新华书店
印刷　保利达印务有限公司
尺寸　169毫米×239毫米
印张　19.75
字数　300千
版次　2021年3月第1版
印次　2021年3月第1次印刷
定价　76.00元
ISBN 978-7-5220-1083-0
如出现印装错误本社负责调换　联系电话（010）63263947

《天津金融发展报告（2020）》编委会

主　　编　王爱俭　林文浩　刘　玚
副 主 编　王会奇　李向前　王学龙
参编人员　程卫红　魏鹏飞　陈　悦　王　韩
　　　　　　张　博　刘浩杰　刘泊静　张　欢
　　　　　　梁金涛　周胜强　尚嘉琳　李西江
　　　　　　张褚妍君　王　云　唐振和
　　　　　　饶慧君　刘姝君　刘　伟　范小云
　　　　　　刘澜飚　李建伟　秦亚丽　刘伯酉

主编简介

王爱俭,管理学博士,天津财经大学金融学科带头人、教授、博士生导师,中国滨海金融协同创新中心主任,民建中央财政金融委员会副主任,国家社科、国家自然科学基金同行评议专家。主要研究领域为汇率体制改革、开放经济货币政策宏观调控与区域金融创新研究。近年来,主持完成国家社科基金重大项目2项、国家自然科学基金项目3项、国家社科基金1项、教育部项目2项、科技部项目1项,在《经济研究》《金融研究》等国内外重要刊物发表论文80余篇,出版专著20余部,荣获国家和省部级奖项10余项,享受国务院特殊津贴。

林文浩,金融学博士、金融学博士后,天津财经大学金融学院讲师,中国滨海金融协同创新中心研究员。主要研究领域为国际经济理论与政策、货币经济学、区域金融。参与编写著作和教材6部,在核心期刊发表论文多篇,主持和参与省部级项目多项。

刘玚,金融学博士,天津财经大学金融学院讲师、硕士生导师,中国滨海金融协同创新中心研究员。主要研究领域为国际金融、资本流动监管与区域经济发展研究。主持完成国家社科青年项目1项,参与国家社科基金重大项目2项,在CSSCI期刊发表论文10余篇。

摘 要

　　《天津金融发展报告（2020）》是中国滨海金融协同创新中心组织编写的系列年度报告的第9本，旨在概括和分析2019年天津金融发展和创新的主要情况，研讨和评论重要金融事件，并分析2019年天津金融发展状况。本书由总报告、分报告和专题报告三个部分组成。总报告包括《2019年天津金融发展状况分析》和《2019年天津金融发展指数报告》两篇报告，主要分析了2019年天津金融发展的状况，度量了2019年天津金融发展指数和景气程度。分报告从行业视角分析了2019年天津金融业发展状况，具体包括《2019年天津金融机构发展报告》《2019年天津金融市场发展报告》《2019年天津金融产品创新发展报告》《2019年天津金融人才发展报告》《2019年天津金融生态环境发展报告》《2019年天津金融改革创新发展报告》六篇报告。专题报告包括《新冠肺炎疫情期间天津金融发展情况》《新冠肺炎疫情对天津市跨境收支的影响测度及路径分析》《天津金融人才发展战略分析》《天津绿色金融创新发展研究》和《长三角经济圈、粤港澳大湾区、京津冀三区金融发展比较》五篇报告。本报告可供相关研究领域的学者、业界人士和政策部门参考，也有助于国际学术界了解天津金融发展和创新的最新动态。

　　关键词：天津金融发展指数　金融发展　金融科技　金融改革

前　言

自贸区服务经济双循环推动经济高质量发展

　　当前，国内外经济形势充满着不确定性和不稳定性，中美贸易摩擦、全球范围内暴发的新冠肺炎疫情，以及贸易保护主义和单边主义，全球经济受到严重影响，增速疲弱甚至停滞。面对当前纷繁复杂的世界经济形势，要在"十四五"期间继续保持推动高质量发展和为二○三五年远景目标指明主攻方向，与时俱进提升我国经济发展水平、重塑我国国际合作和竞争新优势，迫切需要形成以国内大循环为主体、国内国际双循环相互促进的新发展格局。

　　中国自由贸易试验区（以下简称自贸区）是新时代改革开放的战略高地，也是衔接"双循环"的重要平台和关键环节，同时，也为"双循环"新格局的形成与发展提供有力支撑，是经济高质量发展的重要抓手。我国自贸区在"引进来"与"走出去"战略中扮演着重要角色，是与"一带一路"沿线国家进行经济合作交流的重要环节，为新一轮经济全球化提供重要支撑。我国自贸区经过多年的规划发展，目前已基本形成由南至北、由东至西的"1+3+7+1+6"发展格局。在空间分布方面，自贸区的发展经历了由点到线、由线到面的渐进过程。自贸区分布区域非常广泛，包括华东、华南华北、华中、东北及西南等地区，在沿海省份，基本实现了自贸区的全覆盖。根据地理位置及社会经济条件等诸多方面的差异，自贸区形成三类各有侧重的发展方向。沿海自贸区以港口片区为主要特征，担负着大力推动沿海地区高端产业和现代服务业的发展、承接对外开放与"一带一路"合作发展的排头兵任务；内陆自贸区着力打造新兴产业和高端制造业，承担中国经济内循环的重要节点功能,带动中西部连片区域的发展;沿边自贸区重在产业结构的升级换代,将经济的发展重心与周边国家合作相协调。各自贸区发展重点不同,但都从不同方面促进国内国际双循环,推动所属区域高质量发展。

自贸区的发展有着独特优势。一是投资相对自由,限制较少,对外商开放度较高,能够吸引外资企业入驻。二是金融自由化程度高,在自贸区内,资本项目达到完全开放程度,投资、融资及汇兑具有较高的便利性,交易、结算硬件设施完备。三是对外贸易便利,区内监管相较于其他区域来说,环境相对宽松,服务设施无论是硬件方面,还是软件方面,均完善齐全。此外,报关、通关及检验检疫等执行程序简便高效。四是政策倾斜,尤其是税收方面,多数自贸区在区内实施零关税,或是在其他税费管理方面实施减免政策。五是管理便捷,政府管理机构职责主要集中于服务方面,干预相对较少。自贸区在产业转型升级、技术改造创新及产业聚集,形成规模效应等方面发挥着不可替代的作用,为促进区域经济发展提供不竭动能。首先是打造具有吸引力的营商环境,吸引优势资源入驻,形成规模效应。通过加大优惠政策力度,在生产和生活设施方面不断健全完善,在服务方式上进行创新,提供优质服务。其次是有效延伸延长国际产业链。不断向产业链高级阶段拓展,占领高端国际市场,并与其有效对接,加快本地产业链条向国际市场延伸,加速推进国内产业转型升级。最后是发挥溢出效应作用,拉动区域经济增长。以制度创新带动技术创新,为国内企业发展提供适宜的贸易环境,为经济高质量发展奠定坚实基础。

从目前国内国际局势来看,自贸区应在以下两个方面进行深入发展:一是要突破现有制度框架束缚,进行积极有益的探索实践,为全国深化改革提供可借鉴、可推广的经验,有力地推动国内大循环;二是自贸区要在高水平开放方面形成新的突破,在招商引资方面实现新的突破,为经济增长提供新势能,添加新的增长点,积极促进国际大循环。

一、促进国内大循环,自贸区大有可为

我国国内市场份额庞大,要积极推动消费需求成为拉动经济增长的新势

能、促进国内大循环，是有效应对外部环境变化、增强经济发展韧性和活力的战略选择。在这方面，自贸区大有可为。

进一步深入贯彻落实供给侧结构性改革，从而有效推进国内大循环。中国经济问题在于供给侧，主要不是因为没有需求或需求不足，而是市场不能提供充足的有效供给，从而导致国外需求旺盛，而内需不足。因此，国内消费潜力急需挖掘。境外产品，诸如奶粉、奢侈品甚至马桶盖得到哄抢，以及各种海外代购，表明国内有效供给不足，消费市场亟待开发。深化供给侧结构性改革在建设现代化经济体系中占有重要地位，是现代化建设的第一要务，自贸区的发展建设，也要以供给侧结构性改革为主线。自贸区在贯彻落实供给侧结构性改革政策时，要向民生领域倾斜，在企业、要素、产业、市场和政府之间，精准定位"受力端"，深入贯彻"三去一降一补"政策，切实转换新旧动能，进步推动产业转型升级。解决好"堵点""难点""痛点"，为国内大循环清除"路障"，打通关节。

实行科技创新和制度创新双核推进国内大循环。科技创新驱动是推进经济高质量发展的原动力，没有创新，发展就成为无源之水、无本之木。对自贸区来说，打造引领高质量发展的新标杆，要同时兼顾科技创新和制度创新，为高质量发展提供双轮驱动力，着力破解国内经济大循环中的诸多瓶颈问题，从供给方面提高经济发展质量。在自贸区内，加大力度培育领先性的创新主体，携手产、学、研、商、用，打造联合创新平台，实现"产品、企业、产业、技术、平台"五聚集，这样就能在国内大循环中发挥中流砥柱的作用。

以"四链融合"促进国内大循环。自贸区是各种要素的聚集地，在强化"四链融合"方面有其得天独厚的条件。一些自贸区积极构建融资租赁平台，推动业务供需对接、融资对接、创新互动、法律服务，协调解决融资企业动产抵押登记、跨境转租赁等发展过程中存在的一系列问题，实现服务链的全覆盖。同时，通过创新业务模式，促进融资租赁业聚集发展，创新链有效拓展了产业链。产业链的集聚效应又带动了招商链，让招商引资的规模效应凸显。服务链、创新链、产业链和招商链有效融合，为自贸区政府与市场提供了有效衔接的桥梁纽带，提高了创新与产业和招商之间的匹配度，加速了生产要素在各区域的流动，促进了资源配置和利用效率。

以增强发展协同性促进国内大循环。具体包括以下几个层次的协同：一是自贸区片内的协同，包括部门之间的协同，产业之间的协同，平台之间的协同，政府、市场、社会组织之间的协同等；二是自贸片区与其他创新片区、试验区、示范区的协同，推动创新制度、资源和成果的共享；三是同一自贸区各片区之间的协同，实现资源、经验和成果共享；四是自贸区与区域经济的协同，充分激发自贸区对其他区域的溢出带动作用；五是发挥自贸区之间的协同效应，深化省际部门协作，促进体制机制联通，更大力度催生改革力量、开辟开放空间。显然，自贸区率先"并网"或"联网"，有利于推动形成良性互动的内循环格局

二、构建国际循环，自贸区不可或缺

国内大循环与国际循环是辩证统一的，相互联结，相互贯通，国内大循环和推动更高水平对外开放，两者相互促进，本质上是一体的。就国际循环而言，自贸区可发挥以下作用。

第一，以全面开放新引擎促进国际循环。在百年未有之大变局下，中国应保持自己的战略定力，秉持人类命运共同体理念，勇当经济全球化的开拓者、引领者和建设者。习近平总书记反复强调，中国坚决维护国际多边自由贸易规则和体系，并以自身的实际行动践行开放理念。

第二，自贸区是推动新时代全面开放的新引擎，也是推动国际循环的主阵地，因此要义不容辞地成为贯彻中央开放理念的"领头雁"，积极开拓双向市场，促进国内市场与国际市场深度融合。一是助力我国在全球范围内加快与国际贸易伙伴的自由贸易协定谈判，形成维护全球多边主义，进一步提升中国在国际经济和国际贸易规则制定时的话语权。二是以国际先进发展水平为标准，深入研究破解改革的重点难点，为全方位对外开放提供更全面的制度保障。三是精准有效衔接"一带一路"，在经济、贸易、技术及文化等方面，加强与沿线国家交流合作、提高市场要素配置效率。构建"自由贸

易试验区+'一带一路'"的国际循环体系。四是积极学习国际先进发展经验，在投资与贸易方面，提高自由化与便利化程度，实现投资自由、贸易自由、资金自由、运输自由、人员从业自由等"五个自由"。"五个自由"体现了更深层次、更高水平、更宽领域、更大力度的对外开放，对于促进国际循环无疑将起到引领性作用。

第三，以管理模式改革促进国际循环。跨国企业的全球化产业布局主要通过投资来推动，因此我国需要制定国际化的市场准入标准、统一的法律法规，以高效、透明的行政效率来吸引外资进入，将推进全球化的重心转向消除国内体制不兼容所产生的准入障碍。投资自由化是我国扩大新一轮对外开放的关键，而自贸区在探索解决这一问题过程中将发挥重要作用。

首先，探索以负面清单为特点的开放方式。全国外商投资负面清单条目在2020年为33条，在2019年为40条，相较于上年减少7条，自贸区的负面清单条目也从37条缩减为30条。从负面清单长度来看，我国的开放水平和国际化程度进一步提高。负面清单模式增强了市场的透明度，适度降低了外商投资的市场准入门槛，提振了市场信心，延长了外资企业在中国长期发展时间。

其次，进一步深化监管模式改革。从《中华人民共和国外资企业法》等四部涉外资法律来看，国家对于外商投资企业的管理，由审批变为备案管理。这标志着政府职能的根本改变，从原先为防控风险而控制市场转变为鼓励市场创新，通过事中、事后管理以监测和防范企业失当，保护市场参与者的利益，为企业提供良好的市场环境，未来各级政府间将形成良性的协同互动，通过完善不同层级监管部门的网络系统，形成对企业信息跟踪、更新和监管的新型管理模式。

最后，保障国家经济安全。创造与国际规则相兼容的体制，要形成能够适应国际变化的开放竞争型管理模式，在高层次对外开放水平中保障国家经济安全。开放且国际化的经济市场需要设立"防火墙"，以有效防范和避免外部攻击。我们利用自贸区这一全球治理新载体先行先试，提高抗压能力，对高标准规则能够更快、更好地适应，面对激烈的国际经济竞争，能够切实地保障国家经济安全与稳定。

既要强化已有的成功做法，又要补短板，继续推进在审批操作、规则合并及"互联网+政务服务"等方面的创新。自贸区要从"供给端"和"需求端"两端同向发力，不断优化营商环境，产生一波新的改革开放优势。在中期，要对信用实施有效的监督管理，确立竞争性政策的基础性地位，在营商环境方面，要建竞争中性的氛围，做到对内外资企业平等对待，就能有效促进各种不同所有制的市场主体共同成长。在长期，进一步扩大国内市场开放，完善高质量的市场准入规则。随着我国营商环境的不断改善，自贸区在服务业领域起到先行示范作用，根据数据统计，全国范围内新增的市场主体约有77%进入了服务业。

面向未来，在自贸区建设方面，要不断解放思想、大胆探索、勇于实践、攻坚克难，充分发挥改革开放试验田和引领示范的作用，有力推动国内大循环，促进经济高质量发展，在打造中国对外开放高地进程中展现新的更大作为。面向世界，我国自贸区将以更高质量、更高标准为发展要求，以制度集成创新为牵引力，为加强区域经济合作提供新支点，有力地推进国际大循环进程，以更加开放的姿态融入世界，向世界经济发展贡献更多的中国智慧、中国方案。

王爱俭

2021年1月

目 录

Ⅰ 总报告

B.1 2019年天津金融发展状况分析 …………… 程卫红 魏鹏飞 / 001

B.2 2019年天津金融发展指数报告 …………… 林文浩 陈 悦 / 020

Ⅱ 分报告

B.3 2019年天津金融机构发展报告 …………… 王 韩 张 博 / 077

B.4 2019年天津金融市场发展报告 …………… 王会奇 刘浩杰 / 102

B.5 2019年天津金融产品创新发展报告 ……… 李向前 刘泊静 / 124

B.6 2019年天津金融人才发展报告 …………… 王学龙 张 欢 / 142

B.7 2019年天津金融生态环境发展报告 ……… 刘 旸 梁金涛 / 153

B.8 2019年天津金融改革创新发展报告 ……… 周胜强 尚嘉琳 / 169

Ⅲ 专题报告

B.9 新冠肺炎疫情期间天津金融发展情况 …… 李西江　张褚妍君 / 187

B.10 新冠肺炎疫情对天津市跨境收支的影响测度及路径分析
　　…………… 王　云　唐振和　饶慧君　刘姝君　刘　伟 / 207

B.11 天津金融人才发展战略分析 ………… 范小云　刘澜飚 / 226

B.12 天津绿色金融创新发展研究
　　………………… 李建伟　秦亚丽　刘伯酉　魏鹏飞 / 256

B.13 长三角经济圈、粤港澳大湾区、京津冀三区金融发展比较
　　………………………… 王爱俭　张　欢　梁金涛 / 272

附录 新冠肺炎疫情期间天津市政府部门相关政策………………… 293

Ⅰ 总报告
General Reports

B.1 2019年天津金融发展状况分析

程卫红　魏鹏飞[*]

摘　要： 2019年，天津市金融业总体运行平稳，总量保持合理增长，结构持续优化，融资成本和资金价格回落，金融市场交易活跃，融资效率进一步提升，民营小微企业融资可得性明显增强，金融生态持续优化，金融改革创新不断深入，为做好"六稳"工作、落实"六保"任务和推动天津经济高质量发展营造了适宜的货币金融环境。

关键词： 金融运行　金融发展　金融改革　金融创新

---

[*] 程卫红，中国人民银行天津分行金融研究处，主要研究方向为货币政策、金融发展和金融监管；魏鹏飞，中国人民银行天津分行金融研究处，主要研究方向为金融发展和绿色金融。

一 2019年天津金融运行情况

（一）新增社会融资规模略有下降，表内信贷仍占主导

2019年，天津市社会融资规模增量为2866亿元，较上年减少427亿元（见表1）。2019年新增社会融资仍以表内信贷为主，占总量的71.5%，表外融资（无论增量还是同比增速）继续呈负增长，直接融资增加较多，政府债券融资较上年略有下降。

表1 2019年天津市社会融资规模增量构成

单位：亿元

指标		2019年	2018年	同比增加
银行业融资	各项贷款新增额（表内）	2048	2304	-256
	其中：人民币贷款	2317	2408	-91
	外币贷款	-269	-104	-165
	委托贷款（表外）	-638	-929	291
	信托贷款（表外）	-352	-192	-160
	未贴现银行承兑汇票（表外）	-764	66	-830
	表外小计	-1754	-1055	-699
	银行业小计	294	1249	-955
直接融资	股票融资	109	11	98
	企业债券	875	768	107
	小计	984	778	206
政府债券融资		920	946	-26
其他融资		669	320	349
合计		2866	3293	-427

资料来源：中国人民银行天津分行。

1. 表外融资持续负增长，银行业融资明显减少

2019年，天津市银行业融资294亿元，较上年同期大幅减少955亿元。表

内方面，本外币各项贷款新增额2048亿元，同比少增256亿元。其中，人民币贷款新增2317亿元，同比少增91亿元；外币贷款减少269亿元，同比多减165亿元。分部门看，全市住户贷款余额增加1578亿元，同比多增61亿元，余额同比增速为20.5%，比上年同期回落3.5个百分点；非金融企业及机关团体贷款余额增加487亿元，同比少增361亿元，余额同比增速为1.9%，比上年同期回落1.6个百分点。

表外方面，监管趋严和银行承兑汇票开票量大幅下降导致委托贷款、信托贷款和未贴现银行承兑汇票继续回落。2019年，全市银行业机构表外融资净减少1754亿元，同比多减699亿元。具体来看，一是因监管要求对委托贷款的资金来源和投向进行严格限制，委托贷款减少638亿元，同比少减291亿元；二是信托监管环境持续收紧，信托贷款减少352亿元，同比多减160亿元；三是未贴现银行承兑汇票减少764亿元，同比多减830亿元，其中全年银行承兑汇票累计签发4279亿元，较上年同期减少915亿元。

2. 直接融资保持增长，债券市场持续升温

2019年，天津市非金融企业直接融资984亿元，较上年增加206亿元。其中，债券净融资875亿元，同比多增107亿元。分品种看，短期融资券净融资168亿元，同比多增169亿元；公司债净融资489亿元，同比多增17亿元；可转债净融资50亿元，同比多增35亿元；资产支持票据净融资225亿元，同比多增192亿元；交易所企业资产支持证券净融资207亿元，同比多增143亿元。股票融资规模109亿元，较上年大幅增长98亿元，这主要是因为本年度全市有2家非金融企业上市，4家非金融企业通过定向增发方式融资。

3. 政府债券融资略有下降，专项债品种更加丰富

2019年，天津市地方政府债券累计融资920亿元，其中一般债净融资106亿元，同比少增48亿元；专项债净融资814亿元，同比多增23亿元。全年累计发行一般债9期共计232亿元，同比多发42亿元，累计发行专项债45期共计940亿元，同比多发149亿元。专项债券发行品种日益丰富，2019年新发行城乡发展、轨道交通、医疗卫生和污水处理等项目收益债券，对地方政府职能的覆盖越发全面。

（二）金融市场运行平稳，交易规模呈增长态势

2019年，天津市金融市场总体运行平稳。债券市场交易量、同业拆借市场交易量、票据业务余额、债务融资工具发行量及黄金市场成交量均有所增长，理财业务余额小幅下降。

1. 债券交易规模上升，利率水平略有下降

2019年，天津市银行间债券市场交易量为371310.3亿元，同比上升4.8%。其中，债券回购283368.6亿元，同比下降10.6%；净融入资金13431.2亿元，同比下降88.7%。现券买卖86942.1亿元，是上年的2.4倍。结算代理无业务开展。2019年债券市场主要有以下三个特点。一是质押式回购为主。质押式回购282279.8亿元，占债券市场总交易量的76.2%，占债券回购交易量的99.6%；买断式回购727.2亿元，占债券市场总交易量的0.3%，占债券回购交易量的0.4%。二是短期回购占比上升。7天以内质押式回购200735.8亿元，占质押式回购的71.1%，同比上升5.5个百分点；7天以内买断式回购1059.4亿元，占买断式回购的97.3%，同比上升1.5个百分点。三是利率水平有所下降。正回购利率为2.37%，同比下降0.29个百分点；逆回购利率为2.62%，同比下降0.61个百分点；现券买入收益率为3.18%，同比下降0.45个百分点；现券卖出收益率为3.17%，同比下降0.57个百分点。

2. 同业拆借交易量保持增长，资金集中度略有上升

2019年，天津市银行间同业拆借交易量为33583.2亿元，同比上升15.7%；净融入资金为7560.2亿元，同比下降8.7%。2019年银行间同业拆借主要有以下两个特点。一是拆借利率下行。拆入加权平均利率为2.62%，同比下降0.41个百分点；拆出加权平均利率为2.53%，同比下降0.29个百分点。二是短期化趋势减弱。隔夜和七天拆借成交30803.7亿元，占比为91.7%，同比下降0.3个百分点。三是资金集中度上升。拆借交易金额前三位的机构合计拆借资金23918.1亿元，占全市拆借总量的71.2%，比重较上年同期上升6.8个百分点。

3. 票据业务规模普遍上升，买断式转贴现出现下降

2019年末，天津市银行承兑汇票余额为3245.5亿元，同比增长19.7%，

年累计发生额为3560.0亿元，同比增长3.7%；企业贴现余额为577.1亿元，同比增长15.2%，年累计发生额为1701.4亿元，同比下降30.6%；再贴现余额为50.4亿元，同比增长71.3%，年累计发生额为102.1亿元，同比增长85.5%；买断式转贴现余额为854.4亿元，同比下降18.3%，年累计发生额为6461.1亿元，同比下降43.8%。

4. 理财产品规模小幅下降，个人理财和中长期理财相对较多

商业银行理财产品募集资金为36703.9亿元，兑付37014.2亿元，余额为7653.3亿元，同比减少3.3%。2019年商业银行理财产品主要有以下三个特点。一是个人理财占比较大。个人理财产品余额为5913.2亿元，同比增长4.5%，余额占比为77.3%；企业理财产品余额为1740.1亿元，同比下降22.8%，余额占比为22.7%。二是中长期理财产品较多。三个月以内期限（含三个月）产品募集资金4238.8亿元，同比下降30.8%，金额占全部募集资金的11.6%；三个月以上期限产品募集资金32465.1亿元，同比增长10.3%，金额占全部募集资金的88.5%。三是收益率有所回落。截至2019年12月底，天津市中资法人银行理财产品平均收益率达4.24%，同比下降0.27个百分点。

5. 债务融资工具发行总量小幅增长，中低评级发行人发行规模明显增加

非金融企业发行债务融资工具223只，金额为1747.7亿元，同比增长12.9%。2019年非金融企业债务融资工具发行主要有以下四个特点。一是产品结构趋于短期化。一年期以下（含）的短期产品发行金额为901.3亿元，同比增长35.2%，发行金额占比为51.6%，较上年增加8.5个百分点；一年期以上的中长期产品发行金额为846.3亿元，同比下降4.1%，发行金额占比为48.4%。二是中低评级发行人发行规模明显增长。AA级以下（含）的中低评级发行人发行规模为130亿元，是上年同期的3.1倍；AA+级以上（含）的高评级发行人发行规模为1277.7亿元，同比下降8.7%。三是发行价格显著下降。债务融资工具加权平均发行利率为4.38%，同比下降0.85个百分点。四是净融资额出现下降，存续金额有所回升。截至2019年12月底，债务融资工具净融入资金为349.3亿元，同比减少168.8亿元；存量余额为4034.1亿元，同比增加306.5亿元。

6. 黄金业务成交量企稳回升，业务类型更加丰富

黄金业务成交总额为189.7亿元，同比上升43.3%。2019年黄金业务主要有以下三个特点。一是黄金租赁、账户金、黄金代理和实物黄金业务成交额有所上升。黄金租赁成交金额为1.9亿元，同比上升10.1%；账户金成交金额为99.7亿元，同比上升4.2%；黄金代理成交金额为65.9亿元，同比上升83.1%；实物黄金成交金额为6.9亿元，同比上升23.8%。二是黄金理财业务规模下降。2019年黄金理财成交金额为0.027亿元，同比下降53.5%。三是新增黄金自营、黄金询价和黄金拆借业务。黄金自营、黄金询价和黄金拆借分别成交金额为1.4亿元、14.1亿元和9.9亿元，上年同期均未发生相关业务。

二 2019年天津金融业发展情况

（一）银行业稳健运行，服务实体经济实效性增进

截至2019年末，天津市共有银行业法人机构49家（见表2），包括城市商业银行2家、小型农村金融机构20家、财务公司7家、信托公司2家、外资银行1家、其他法人金融机构17家。银行业金融机构营业网点机构个数为2991个，较上年减少176个，降幅达5.6%；营业网点从业人员为100635人，较上年增加34455人，增幅达52.1%。

表2 2019年天津市银行业金融机构情况

机构类别	营业网点			法人机构（个）
	机构个数（个）	从业人数（人）	资产总额（亿元）	
大型商业银行	1247	28529	13855	0
国家开发银行和政策性银行	8	597	3220	0
股份制商业银行	407	10178	8617	0
城市商业银行	301	7622	9074	2
城市信用社	—	—	—	—
小型农村金融机构	618	9730	5031	20
财务公司	0	229	583	7
信托公司	0	436	135	2

续表

机构类别	营业网点			法人机构（个）
	机构个数（个）	从业人数（人）	资产总额（亿元）	
邮政储蓄	389	2513	1034	0
外资银行	21	1451	785	1
新型农村金融机构	—	—	—	—
其他	0	39350	8639	17
合计	2991	100635	50973	49

资料来源：天津银保监局。

注：营业网点不包括国家开发银行和政策性银行、大型商业银行、股份制商业银行等金融机构总部数据；大型商业银行包括中国工商银行、中国农业银行、中国银行、中国建设银行和交通银行；城市商业银行包括金城银行；小型农村金融机构包括农村商业银行、村镇银行、贷款公司和农村资金互助社；其他包含金融租赁公司、汽车金融公司、中德住房储蓄银行。

1. 资产规模继续增长，盈利能力有所下降

2019年末，天津市银行业金融机构资产总额为5.1万亿元，同比增长3.1%，增速较上年提高1.8个百分点；负债总额为4.9万亿元，同比增长3.2%，增速较上年提高1.7个百分点。2019年，天津市银行业金融机构累计实现营业收入1173.2亿元，同比增长5.4%，升幅较上年扩大4.2个百分点；累计实现净利润-32.3亿元，同比下降116.9%，降幅较上年扩大67.2个百分点。

2. 存款规模稳步回升，住户存款增长较快

2019年末，天津市本外币各项存款余额为31788.8亿元，同比增长2.6%，增速较上年提高2.5个百分点，较年初新增795.8亿元，同比多增753.5亿元。其中，住户存款余额同比增长17.3%，增速较上年提高5.0个百分点，较年初增加1881.9亿元，同比多增693.3亿元；非金融企业存款余额较年初下降676.2亿元，同比多降159.3亿元；外币各项存款余额较年初减少0.2亿美元，同比少降26.3亿美元。全市金融机构主动运用多种负债产品，2019年末，全市住户和非金融企业结构性存款余额较年初增加135.2亿元，同比增长5.4%，大额存单较年初增加692.0亿元，同比多增268.7亿元，余额同比增长74.1%。

3. 贷款总体平稳，结构进一步优化

2019年，天津市银行业信贷运行总体平稳，本外币各项贷款余额为

36141.3亿元，同比增长6.0%，较上年同期回落1.8个百分点，较年初新增2026.1亿元，同比少增413.0亿元。外币各项贷款余额同比回落19.3%，较年初下降43.6亿美元，同比多降34.1亿美元。结构性货币政策工具和信贷政策作用显著，信贷结构进一步优化。2019年末，全市可比口径普惠小微贷款[①]余额为1210.1亿元，同比增长48.1%，增速较上年提高16.7个百分点；私人控股企业贷款余额为4917.8亿元，同比增长13.9%，增速较上年提高5.3个百分点，余额占全部企业贷款余额的20.3%，较上年提高2.2个百分点；涉农贷款余额为1945.2亿元，同比增长6.2%，结束连续三年负增长；保障性住房开发贷款余额为1039.8亿元，同比增长18.4%，增速高于全部房地产开发贷款同比增速8.8个百分点。

4. 政策工具传导撬动作用提升，贷款利率下降

2019年，天津市金融机构人民币企业一般贷款加权平均利率为5.13%，较上年下降0.10个百分点。民间借贷、贴现、转贴现利率均出现下降，个人住房按揭贷款利率有所上升。受美联储降息等因素影响，外币存款利率有所下降。自2019年8月完善贷款市场报价利率（LPR）形成机制以来，8—12月天津市企业一般贷款加权平均利率较前7个月下降0.15个百分点。2019年发放支小再贷款同比增长507.1%，引导相关企业贷款利率下降1.05个百分点；发放3笔支农再贷款，实现近两年"零"的突破，引导相关企业贷款利率下降0.85个百分点；发放再贴现同比增长120.9%，99.6%投放到小微企业，引导相关企业贴现利率下降1.17个百分点。天津市场利率定价自律机制平稳运行。

5. 不良贷款实现双降，关注类贷款有所上升

2019年，天津市积极推进不良贷款处置，改善资产质量，不良贷款实现双降。2019年末，天津市银行业不良贷款余额为882.3亿元，比年初减少56.8亿元；不良贷款率2.29%，较年初下降0.3个百分点。关注类贷款余额为2420.2亿元，比年初增加748.1亿元；关注类贷款率为6.3%，较年初上升1.7个

---

① 单户授信500万元以下的小微企业贷款、个体工商户和小微企业主经营性贷款。

百分点。

6.人民币跨境收付量下降，资金净流出收窄

受中美贸易摩擦、人民币汇率波动等因素影响，人民币跨境收付量下降。2019年，天津市人民币跨境收付1821.6亿元，同比下降14.9%。其中，收入864.9亿元，同比下降10.5%；支出956.7亿元，同比下降18.5%；净流出91.8亿元，同比下降55.9%。经常项下资金净流出200.5亿元，同比下降23.2%；资本项下净流入108.8亿元，同比增长1倍。中国香港的人民币跨境收付量占比为27.9%，同比下降10.7个百分点，欧美国家占比为34.9%，同比上升6.0个百分点。境内主体参与积极，2019年新增企业1100家，同比增长15.6%。

（二）证券业资产规模稳步扩大，各类市场保持平稳

截至2019年末，天津市共有法人证券公司1家、证券分公司33家、证券营业部153家、法人基金管理公司1家、基金管理公司分公司1家、法人期货公司6家、期货分公司4家、期货营业部30家、上市公司54家、新三板挂牌公司162家、区域性股权市场挂牌公司913家（见表3）。

表3 2019年天津市证券期货业基本情况

机构类别	指标	2019年	2018年	同比增加
证券经营机构	证券公司数（家）	1	1	0
	证券分公司数（家）	33	33	0
	证券营业部数（家）	153	151	2
	证券营业部总资产（亿元）	172.40	138.50	33.90
	证券营业部净资产（亿元）	13.01	13.32	-0.31
	证券营业部净利润（亿元）	0.07	-0.28	0.35
	基金管理公司数（家）	1	1	0
	基金管理公司分公司数（家）	1	1	0
	管理基金数（只）	62	45	17
	基金份额（亿份）	12791.02	13452.94	-661.92
	基金净值（亿元）	12826.50	13420.65	-594.15

续表

机构类别	指标	2019年	2018年	同比增加
期货经营机构	期货公司数（家）	6	6	0
	期货分公司数（家）	4	3	1
	期货营业部数（家）	30	32	-2
	期货公司总资产（亿元）	137.19	93.98	43.21
	期货公司净资产（亿元）	24.50	22.68	1.82
	期货公司净利润（亿元）	-386.01	731.12	-1117.13
上市挂牌公司	上市公司数（家）	54	50	4
	其中：上海证券交易所上市公司数（家）	27	26	1
	深圳证券交易所主板上市公司数（家）	8	7	1
	中小板上市公司数（家）	9	9	0
	创业板上市公司数（家）	8	8	0
	科创板上市公司数（家）	2	-	
	上市公司总股本（亿股）	790.85	644.68	146.17
	上市公司总市值（亿元）	7208.4	3853.01	3355.39
	新三板挂牌公司数（家）	162	194	-32
	区域性股权市场挂牌公司数（家）	913	1077	-164

资料来源：天津证监局。

1. 法人证券公司资产规模有所增长，行业整体平稳发展

2019年末，法人证券公司资产总额为513.4亿元，同比增长6.5%；负债总额为310.4亿元，同比增长9.6%；实现净利润10.0亿元，较上年增加4.1亿元。全市证券营业部总资产为172.4亿元，同比增长24.5%；客户交易结算资金余额为144.9亿元，同比增长26.3%；指定与托管市值为3273.3亿元，同比增长7.5%；资金账户为350万户，同比增长6.5%。

2. 法人基金公司业务规模缩减，业务结构相对优化

2019年末，法人基金公司资产总额为127.6亿元，同比增加22.1亿元；负债总额为18.4亿元，同比减少0.7亿元。共管理基金62只，同比增加17只；基金份额为12791亿元，同比下降4.9%；基金净值为12826.5亿元，同比下降4.4%，单一产品集中度有所下降。

3. 法人期货公司资产规模快速增长，代理交易保持较快发展

2019年末，天津市6家法人期货公司资产合计137.2亿元，同比增长46.0%；净资产总额为24.5亿元，同比增长8.0%；代理交易额为73718.8亿元，同比增长66.7%；代理交易量为11937.0万手，同比增长71.5%。

4. 上市公司略有增加，总市值大幅增长

2019年末，天津市共有上市公司54家，相比上年同期增加4家，其中1家在上海证券交易所上市、1家在深圳证券交易所主板上市、2家在科创板上市。上市公司总股本为790.9亿元，同比增长22.7%；总市值为7208.4亿元，同比增长87.1%。新三板挂牌公司和区域性股权市场挂牌公司均略有减少。

（三）保险业发展更趋多元，人身险保持较快发展

2019年末，天津市共有6家法人保险公司（见表4），与上年一致，保险公司分支机构69家，较上年增加6家。保险公司在天津分支机构的资产总额为1548.6亿元，同比增长10.4%。其中，财产险公司资产总额为131.2亿元，同比增长5.5%；人身险公司资产总额为1417.4亿元，同比增长10.9%。

表4　2019年天津市保险业基本情况

指标	2019年	2018年	同比增加
总部设在辖内的保险公司数（家）	6	6	0
其中：财产险经营主体（家）	2	2	0
人身险经营主体（家）	4	4	0
保险公司分支机构（家）	69	63	6
其中：财产险公司分支机构（家）	28	26	2
人身险公司分支机构（家）	41	37	4
保险公司分支机构总资产（亿元）	1548.6	1402.9	145.7
其中：财产险公司分支机构总资产（亿元）	131.2	124.3	6.9
人身险公司分支机构总资产（亿元）	1417.4	1278.6	138.8
原保险保费收入（中外资，亿元）	617.89	559.98	57.91

续表

指标	2019年	2018年	同比增加
其中：财产险（中外资，亿元）	152.19	144.44	7.75
人身险（中外资，亿元）	465.71	415.54	50.17
其中：寿险（亿元）	355.27	329.16	26.11
健康险（亿元）	91.95	72.08	19.87
人身意外伤害险（亿元）	18.49	14.31	4.18
原保险赔付支出（中外资，亿元）	158.16	164.14	−5.98
其中：财产险（中外资，亿元）	79.29	80.39	−1.1
人身险（中外资，亿元）	78.87	83.75	−4.88
其中：寿险（亿元）	48.12	59.12	−11.00
健康险（亿元）	27.79	22.23	5.56
人身意外伤害险（亿元）	2.96	2.40	0.56

资料来源：中国人民银行天津分行、天津证监局。

1. 保费收入稳步增长，保险保障覆盖面扩大

2019年，天津市保险业共实现保费收入617.9亿元，同比增长10.3%。其中，财产险保费收入152.2亿元，同比增长5.4%；人身险保费收入465.7亿元，同比增长12.1%。全年财产保险公司签单12777.5万件，同比增长238.8%。其中，货物运输保险、保证保险、健康保险签单数量明显增加。人身保险公司签单523.6万件，其中健康险230.8万件，占比为44.1%；意外险200.2万件，占比为38.2%；寿险92.6万件，占比为17.7%。

2. 保费支出略有下降，寿险支出明显减少

2019年，天津市保险业赔付支出共158.2亿元，同比下降3.6%。其中，财产险支出79.3亿元，同比下降1.4%；人身险支出78.9亿元，同比下降5.8%。人身险中，寿险支出明显减少，2019年支出48.1亿元，同比下降18.6%，而健康险支出和人身意外伤害险均有不同程度的增加，分别增长25.0%和23.4%。

3. 销售渠道有所改善，个人代理仍占主导

2019年，银邮代理渠道实现保费收入143.7亿元，同比增长10.1%，占原

保险保费收入的31.7%，同比下降0.3个百分点。公司直销渠道实现保费收入41.1亿元，同比增长14.6%，占原保险保费收入的9.1%，同比上升0.3个百分点。个人代理渠道实现保费收入253.4亿元，同比增长10.0%，占原保险保费收入的56.0%，同比下降0.5个百分点。

（四）融资租赁业平稳发展，在全国保持领先

2019年，天津市采取发展与监管并举的政策，在加强监管的同时，继续争取金融租赁公司的设立，以及时恢复内资租赁公司的审批，有序推动了融资租赁业的平稳健康发展。

公司数量方面，截至2019年末，总部设在天津市的各类融资租赁公司（不含单一项目租赁公司、分公司、SPV子公司、海外收购的公司和港澳台当地的公司）为2052家（见表5），较上年同期增加44家。其中，金融租赁公司12家，同比增加1家；内资租赁公司118家，同比增加6家；外资租赁公司1922家，同比增加37家。融资租赁公司数量在全国占比为16.9%，较上年下降0.2个百分点。

表5　2019年天津市融资租赁业基本情况

	指标	2019年	2018年	同比增加
公司数量	融资租赁公司数量（家）	2052	2008	44
	其中：金融租赁公司（家）	12	11	1
	内资租赁公司（家）	118	112	6
	外资租赁公司（家）	1922	1885	37
	公司数量在全国占比（%）	16.9	17.1	-0.2
注册资金	融资租赁公司注册资金（亿元）	8780	8666	114
	其中：金融租赁公司（亿元）	506	476	30
	内资租赁公司（亿元）	874	870	4
	外资租赁公司（亿元）	7400	7320	80
	注册资金在全国占比（%）	26.8	26.5	0.3

续表

	指标	2019年	2018年	同比增加
业务总量	融资租赁公司合同余额（亿元）	22060	22020	40
	其中：金融租赁公司（亿元）	9230	9200	30
	内资租赁公司（亿元）	6380	6370	10
	外资租赁公司（亿元）	6450	6450	0
	业务总量在全国占比（%）	33.2	33.1	0.1

资料来源：中国租赁联盟、联合租赁研发中心、天津滨海融资租赁研究院。

注册资金方面，2019年末，天津市融资租赁公司注册资金为8780亿元人民币，较上年同期增加114亿元，增幅1.3%。其中，金融租赁公司506亿元，同比增长6.3%；内资租赁公司874亿元，同比增长0.5%；外资租赁公司7400亿元，同比增长1.1%。融资租赁公司注册资金在全国占比为26.8%，较上年提升0.3个百分点。

业务总量方面，2019年末，天津市融资租赁公司的合同余额为22060亿元人民币，较上年同期增加40亿元，增幅0.2%。其中，金融租赁公司9230亿元，同比增长0.3%；内资租赁公司6380亿元，同比增长0.2%；外资租赁公司6450亿元，与上年持平。融资租赁公司业务总量在全国占比为33.2%，较上年同期提升0.1个百分点。

与国内其他地区相比，天津融资租赁业发展处于领先地位，公司数量排名全国第三位（见表6）。其中，金融租赁公司和内资租赁公司数量排名均为全国第一位，占比为分别达17.1%和29.3%。且2019年，仅天津的金融租赁公司和内资租赁公司数量出现增加。

表6 2019年全国主要地区融资租赁公司数量

地区	金融租赁（家）	内资租赁（家）	外资租赁（家）	总数（家）	占全国比重（%）
广东省	6	29	4242	4277	35.26
上海市	10	25	2184	2219	18.29
天津市	12	118	1922	2052	16.92
辽宁省	1	32	729	762	6.28

续表

地区	金融租赁（家）	内资租赁（家）	外资租赁（家）	总数（家）	占全国比重（%）
山东省	3	19	500	522	4.30
福建省	2	10	479	491	4.05
浙江省	4	29	447	480	3.96
江苏省	5	23	269	297	2.45
北京市	3	27	226	256	2.11
陕西省	0	31	186	217	1.79
全国	70	403	11657	12130	100.00

资料来源：中国租赁联盟、联合租赁研发中心、天津滨海融资租赁研究院。

三　2019年天津金融改革创新情况

（一）自贸区金融改革创新扎实推进

1. 金融改革创新政策加快落地，金融跨境业务快速发展

2019年末，《中国人民银行关于金融支持中国（天津）自由贸易试验区建设的指导意见》（以下简称"金改30条"）准予实施政策全部落地实施，其中11项措施在全国复制推广。2019年4月，中国人民银行批复同意天津自贸区复制上海自贸区FT账户体系，"金改30条"中探索建立与自贸区相适应的账户管理体系获得突破。2019年末，已有两家银行正式接入FT账户分账核算业务系统，为企业办理FT账户业务34.2亿元人民币，天津成为FT账户上线领先城市。FT账户的成功落地，为加快推进天津自贸区金融改革创新、扩大人民币跨境使用、打造天津自贸区金融业对外开放示范窗口奠定了坚实基础。自贸区挂牌至2019年末，区内主体累计新开立本外币账户8.1万个；办理跨境收支2117.5亿美元，占全市总额的24.6%；结售汇942.4亿美元；跨境人民币结算4111.3亿元人民币，占全市的43.3%。

2. 大力支持实体经济发展，金融服务更加便利高效

深入开展更高水平的跨境人民币贸易投资便利化试点，优质企业办理跨境人民币贸易投资业务无须向区内银行逐笔提交审核材料，银行也无须逐笔审核企业收付款相关凭证，天津市自律机制优质企业跨境人民币结算便利化方案落地实施，贸易投融资更加便利。自贸区挂牌至2019年末，区内企业开展全口径跨境融资累计借用外债近60亿美元，区内银行发放境外人民币贷款207.4亿元，跨境双向人民币资金池业务结算量382.4亿元人民币。取消A类企业贸易收入待核查管理，外汇资本金和外债资金实行意愿结汇，大幅提升了企业资金周转效率。截至2019年末，区内A类企业办理贸易收汇未经过待核查账户290.8亿美元，区内企业直接到银行办理外商直接投资和境外投资项下各类外汇登记682.6亿美元；区内企业办理外债资金意愿结汇20.3亿美元、资本金意愿结汇31.5亿美元，区内银行为境外机构办理外汇衍生品交易21.5亿美元。

3. 加快建设国家租赁创新示范区，特色创新政策优势更加凸显

天津东疆保税港区成为全国首家获批开展经营性租赁收取外币租金业务的区域，试点以来累计办理业务突破77亿美元。积极推进全国首个融资租赁公司外债便利化试点，已有4家融资租赁企业获得试点资格，28家特殊项目公司共享外债额度，完成外债登记21笔。自贸区挂牌至2019年末，区内88家融资租赁公司办理境内融资租赁业务收取外币租金近40亿美元，办理售后回租项目外币支付货款2.1亿美元。2018年末，天津自贸区获批开展飞机离岸融资租赁对外债权登记业务，成为全国首个也是唯一获批开展该项业务的地区。

4. 外汇管理改革再升级，外汇服务水平进一步提升

2019年7月，经国家外汇管理局批准，国家外汇管理局天津分局印发《关于修订〈进一步推进中国（天津）自由贸易试验区外汇管理改革试点实施细则〉的通知》（津汇发〔2019〕38号），从简政放权、提高投融资便利化、完善宏观审慎管理等方面入手，新出台资本项目外汇收入支付便利化、简化外汇登记管理、允许区内借用外债企业调整借用模式等六项外汇管理便利化创新政策。政策实施以来成效逐步显现，截至2019年末，自贸区内企业办理境内直接投资登记、变更、注销业务89笔，涉及金额54.5亿美元；

实施资本项目外汇收入支付便利化业务1509笔,支付金额3.8亿元人民币;1家企业办理外债模式调整业务;15家银行为17家企业直接办理23笔外债注销业务。

(二)民营小微金融支持力度不断加大

1. 加大窗口指导力度,认真落实稳健的货币政策

中国人民银行天津分行积极落实降准政策,4次降准释放资金279.9亿元。制定实施支小支农再贷款、常备借贷便利、再贴现4个操作规程,提升业务管理的规范性、有效性。2019年,累计发放再贴现99.3亿元,限额周转率达236%,平均利率同比下降154个基点;开展常备借贷便利操作共计59.2亿元;累计发放支小再贷款5亿元,比上年同期增加4.9亿元;支农再贷款余额实现"零突破"。完善贷款市场报价利率(LPR)传导机制,督促法人机构落实LPR改革各项要求。

2. 着力优化信贷结构,全力做好金融服务民营小微企业工作

2019年,中国人民银行天津分行深入落实"几家抬""三支箭"要求,会同天津市金融局举办9场重点建设项目融资推介会,搭建银企对接平台,促成银企双方贷款33亿元;持续开展"金融服务民营和小微企业百日行"活动并启动二期工程,全市银行业金融机构累计走访企业约6.2万家次,贷款投放1173.4亿元;积极推广民营企业债券融资支持工具,推动天士力医药公司两次发债融资共计3亿元,带动银行提供低成本贷款11.3亿元;优化宏观审慎管理,在参数设置、评估考核等方面向服务民营小微措施有力、成效明显的金融机构加大倾斜力度。

3. 推进金融市场健康发展,积极拓宽企业融资渠道

中国人民银行天津分行大力支持天津市银行间债券市场发展,全市非金融企业发行债务融资工具1406.1亿元,同比增长16.8%;成功助推发行全国单笔规模最大的个人汽车抵押贷款资产支持证券、天津市首单绿色资产支持票据、天津市首单信用风险缓释凭证支持短期债券等一系列金融市场创新产品。支持地方法人金融机构充实资金资本,推动3家金融机构发行金融债券

105亿元，3家金融机构发行信贷资产支持证券284.7亿元；渤海银行成为全国首家发行永续债券的非上市商业银行。切实加强住房金融管理，督促金融机构合理控制房贷增速增量。

（三）金融基础设施建设持续加强

1. 完善支付结算体系，服务水平不断提升

2019年，天津市各类支付系统共处理人民币业务134.9万亿元，同比增长1.8%。5月20日，取消企业银行账户许可，促进营商环境优化。不断完善农村支付环境建设，中国人民银行支付系统基本覆盖天津所有乡镇，农村地区人均持卡4.3张，网上银行和手机银行开户数量同比分别增长15.5%和18.8%。积极推进天津市移动支付便民工程，创新打造"小二生活"平台，聚焦服务实体商户，推动首个高校刷脸支付试点项目在天津落地，共服务师生68.3万人次。实现公共交通领域移动支付的全覆盖。

2. 推进征信基础设施建设，信用环境更趋良好

2019年，天津市辖内金融机构分别查询个人及企业信用报告6185.2万笔和28.0万笔；征信自助查询机实现区县全覆盖，自助查询机查询占个人信用报告查询总量的99.9%。大力推进应收账款融资服务平台建设工作，成交金额为940.7亿元，其中，中小微企业融资占融资总额的57.5%。中国人民银行天津分行与和平区人民政府、蓟州区人民政府签署备忘录，推动小微企业及农村信用体系建设。他们联合开展"诚信建设万里行"活动，开展"征信助力中小微与民营企业融资成果展"，与6所院校签订开展征信知识宣传教育合作协议，普及征信知识。

3. 创新机制模式，金融消费权益保护进一步增强

2019年，天津市积极推进金融知识宣传教育，开展"助力乡村振兴 金融扶智进百村"活动，探索金融扶贫和扶智互促共赢新模式，制作"'津'融微课堂"系列金融知识科普视频，打造金融知识普及线上教育精品公开课。中国人民银行天津分行对6家银行和1家支付公司开展现场检查，对82家机构开展非现场评估，实现了参评机构类型全覆盖，引导金融机构规范提供金融

产品和服务。2019年12月26日,天津市金融消费纠纷调解中心正式设立,天津市金融消费纠纷行政调解、人民调解、司法调解、行业调解的多层次调解机制基本形成。"12363"呼叫中心共受理处理咨询5175件、投诉113件,消费者整体满意度较高。

B.2
2019年天津金融发展指数报告

林文浩 陈 悦[*]

摘 要： 本报告按照可比口径指标与数据，经过全面统计和分析，测度2006~2019年天津金融发展程度，推出天津金融发展指数。以2006年作为基期（1000点），2019年指数达7623点，当年同比增速为3.9%，13年平均增速达16.9%，反映出天津金融业的稳步发展；金融市场领衔增长（2019年达27133点，13年年均增速为28.9%），创新水平持续提升（2019年达6342点，年均增速为15.3%），金融机构较快发展（2019年达4990点，年均增速为13.2%），金融人才与金融生态环境平稳发展（2019年分别达2077点和1866点，年均增速分别达5.8%和4.9%）。

关键词： 金融市场 金融机构 金融创新 金融发展指数

一 天津金融发展指数编制目的和意义

（一）天津金融发展指数编制的背景

2013年5月，习近平总书记对天津提出"三个着力"[②]的重要要求，为天津长期发展提供了根本遵循和行动纲领。2014年12月，中国（天津）自由

---

[*] 林文浩，中国滨海金融协同创新中心研究员，天津财经大学金融学院讲师，研究方向为货币政策、区域金融；陈悦，天津财经大学金融学院硕士研究生，研究方向为国际金融。
[②] 着力提高发展质量和效益、着力保障和改善民生、着力加强和完善党的领导。

贸易试验区（以下简称天津自贸区）获批，天津自贸区也由此开展了金融领域的制度创新工作。2015年4月，中央审议通过《京津冀协同发展规划纲要》。该规划纲要明确了北京市、天津市、河北省三省市的职能角色。其中，金融创新运营示范区成为天津的崭新角色之一。2015~2018年，天津重点开展供给侧结构性改革，推进区域经济合作，深化金融改革开放。2019年初，习近平总书记亲临天津指导工作。在2019年5月于天津顺利召开的第三届世界智能大会上，习近平总书记以函件形式表达祝贺。这些充分体现了党中央对天津发展的格外关注和充分认可，为天津未来的发展提供基本遵循，激发奋进新力量。2019年，天津稳步推进"五位一体"总体布局和"四个全面"战略布局，"五个现代天津"①建设取得新进展；深化供给侧结构性改革，加快金融创新运营和国家租赁运营示范区建设，增强金融服务业为实体经济贡献的能力。

近年来，天津深入贯彻落实"京津冀协同发展"国家战略，加快推进"一带一路"建设，深入推进天津自贸区等多领域全方位改革，天津金融业发展不断迈向新阶段。2019年，天津坚定不移地贯彻新发展理念，从现实情况与长远利益出发，采取一系列重大措施，补齐发展短板，防范化解重大风险。全市经济运行稳中向好，全年实现生产总值18809.6亿元，增速达4.8%，新的增长动力正在加速形成，供需结构不断优化升级，经济增长逐渐呈现向好的发展态势。2019年，天津金融业继续坚持宽松适度的货币政策。行业整体运行平稳，总量增长处于适度水平，防范金融风险取得显著成效，融资成本降低的同时融资效率得到较大提升，营商环境不断优化，金融生态环境更趋均衡，为天津持续、健康、优质发展提供了良好的外部条件。加快金融创新示范区建设，创新推广更多适用性强、效果好的金融产品。大力推动租赁事业发展，加快建设国家租赁创新示范区，以离岸租赁和出口租赁为核心，不断推动天津租赁业迈上新台阶。积极预防和化解重大风险，推动区域经济健康发展。

---

① 创新发展、开放包容、生态宜居、民主法治、文明幸福的现代化天津。

近年来，科学管理和量化评价方法在城市发展中应用日益广泛。目前，全球金融中心指数（GFCI）、新华—道琼斯国际金融中心发展指数（IFCD）等国际金融中心指数主要适用于相对比较成熟的金融中心城市，不能完全适用于处在持续稳健成长期、秉承特定发展思路和要求、突出金融创新运营示范功能的天津金融业的测评。因此，有必要编制一个代表性强、开放全面、操作性好的金融发展指数，为评价天津金融发展、服务政府和市场决策提供依据。

（二）天津金融发展指数编制的目标

天津金融发展指数是一个科学、全面、准确、动态的评估系统，其研究的出发点和落脚点是观察、记录和衡量天津金融业发展概况和景气度。通过编制天津金融发展指数，旨在实现以下目标：一是科学、客观、全面地衡量天津金融业的发展概况和景气度；二是深入剖析天津金融发展景气状况，从而促进整个行业健康协调发展；三是明确天津金融业定位，深刻理解和把握天津金融业发展目标及核心内涵；四是提供具有可行性的衡量标准以促进天津金融业实现更高水平的发展和进步。

（三）天津金融发展指数编制的意义

天津金融发展指数以金融中心指数研究相关理论方法和应用经验为基础，在针对天津金融业各个领域开展深入调查研究、获得大量第一手资料的情况下，综合运用跨学科交叉分析方法，实现天津金融业发展和现有理论技术的紧密结合，从而形成具有鲜明针对性兼具普适性的金融发展指数，应用于评价天津金融业发展状况和景气程度，服务政府部门、市场参与主体决策。

1. 实用价值突出

天津金融发展指数能够敏锐地反映天津金融业发展变化并对未来的发展具有一定的指导作用。指数体系中的每个指标对于追踪天津金融业发展状况都具有重要价值，同时为金融机构之间沟通提供重要桥梁，为金融监管机构开展工作提供重要渠道，为金融业继续快速发展提供有效监测工具。

2. 功能作用明确

国内外代表性的纵向发展指数和横向竞争力比较指数的编制思路、指标选取与实践应用为我们提供了有价值的经验借鉴与参考。立足于天津金融发展实际状况，经过演绎归纳，从中总结出天津金融业发展的关键部分和重要方向。通过选择具有较强参考价值和易于测度的指标，降低了评估目标的复杂性，建立起对天津金融业的核心内涵、金融发展的景气程度与各级指数之间可衡量的映射关系。

3. 研究方法创新

20世纪80年代起源的传统金融中心指数侧重于评价成熟型金融中心，与之不同的是，本指数应用于具有突出发展特点的天津金融业的评估。天津金融业立足于金融创新运营示范功能定位，长期处于持续稳定增长时期，多元开放的资本市场体系正在加速形成。因此，本指数的编制有效弥补了传统金融指数的不足，对于完善金融发展指数研究具有重要的启示意义。

4. 应用前景广泛

基于数据收集的完善及基于实践检验下的持续优化，本课题组将定期连续发布天津金融发展指数，这不仅可以实现天津金融业定位实现程度、金融业发展速度与景气状况的纵向对比，还为达成多个新兴金融区竞争力的横向比较埋下伏笔。

二 天津金融发展指数核心观点和整体分析

（一）天津金融发展指数核心观点

本报告根据可比指标和数据，通过全面统计和分析，衡量了2006~2019年天津金融发展水平，推出天津金融发展指数（见图1）。指数显示，自"十一五"时期以来，天津金融业整体持续向好发展。2019年，天津金融业保持稳定运行，金融市场各项指标领先，金融人才引进政策成效显著，金融产品和服务日趋多元，带动天津金融业快速发展。

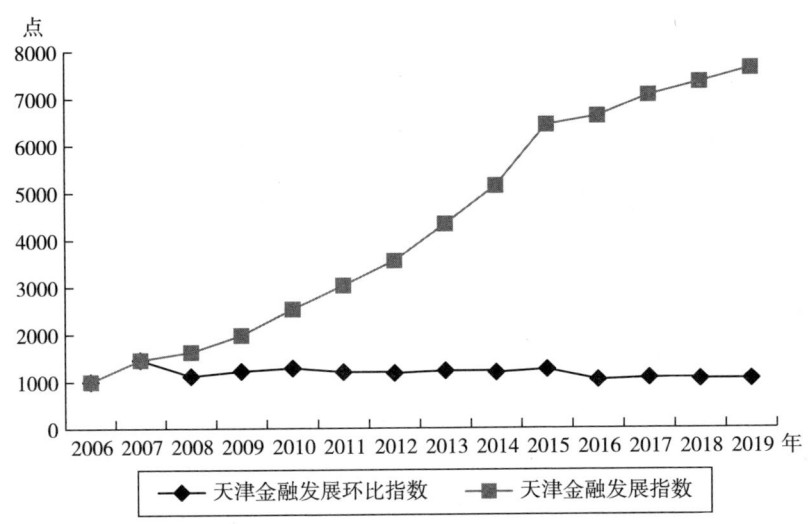

图1 2006~2019年天津金融发展指数及环比指数曲线

（二）天津金融发展指数编制的方法

本报告的金融发展指数紧紧围绕天津金融业的相关定位。一是构建反映天津金融发展的三级评价指标体系，涵盖金融市场、金融机构、金融人才、金融创新、金融生态环境五方面内容（见图2），依据指标的客观重要性及天津金融业的战略定位导向，采用专家打分法设置权重。二是赋予该指数双重释义，一方面可以有效反映金融业发展的速度，另一方面可以准确度量金融业景气程度。前者重点描述金融业的发展轨迹，充分反映指数的连贯性；后者重点关注金融市场走势及体系指数的预见性。通过向市场释放发展和景气信号，准确地分析金融业的发展方向。三是通过权威机构或公共路径获取原始数据和评价，采用逐步加权平均法建立模型，计算金融发展指数。

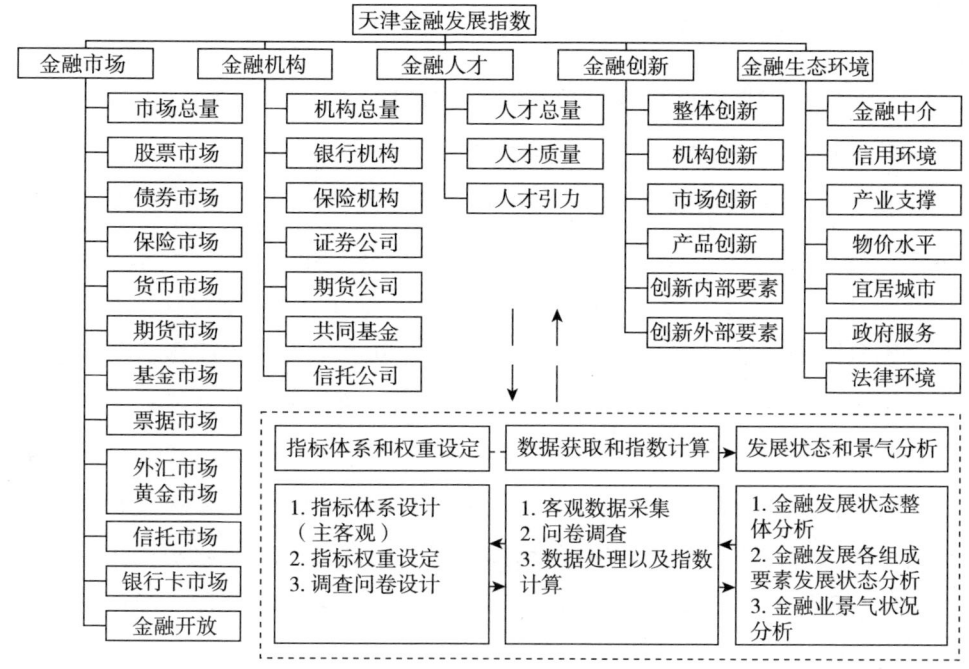

图2 天津金融发展指数指标体系框架

在指标体系设计思路和方法上,通过使用全面客观的指标评价体系,对金融创新、金融生态环境、金融人才等难以量化的内容使用主观评价方法。遵循全面性、战略导向、开放性、数量精简的原则选取指标,所有三级客观指标均是选自权威机构并通过公开渠道获取的原始数据,专业团队会定期更新和维护数据。在金融市场、金融机构、金融人才、金融创新和金融生态五个一级指标之下,下辖36个二级指标和105个三级指标[①]。

在完成评价指标体系的设计后,本报告以2006年末为基期(1000点),计算所有第三级指标2007~2019年的相对数值(点数),并针对各个指标分别计算其连续13年的各年增长速度。最后,以逐级加权平均法构建的指数计算模型,得出各级指数的数值。

---

① 在"金融市场"一级指标下加入"票据市场"二级指标和"银行承兑汇票余额"三级指标。

(三）金融业整体分析

本报告按照具有可比性的口径指标和数据，通过全面统计和系统的分析，测度了2006~2019年天津金融发展水平。

第一，从发展速度来看，将2006年作为计算基期（基期值设为1000点），截至2019年，天津金融发展指数值达7623点，2019年当年增幅达3.9%，年均增速达16.9%，比天津市地区生产总值平均增速高出7.6个百分点，比全国GDP平均增速高出4.6个百分点；以上年为指数计算基期，景气情况能够更加清晰地识别。其中，2007年景气程度达到最高点，较2006年增长45.8%；随后在2008年增速出现回落，较2007年增长11.3%；2009~2011年增速保持在19.8%以上；2012年增速放缓，较2011年增长17.2%；2013~2015年增速保持在18.6%以上；2016年增速放缓，较2015年增长2.9%；2017年较2016年增长6.7%，实现回升；2018年同比增长4.0%；2019年同比增长3.9%，反映出金融业的周期性（见表1）。

表1 2006~2019年天津金融发展指数

单位：点

年份	以2006年为基期指数	以上年为基期指数
2006	1000	1000
2007	1458	1458
2008	1623	1113
2009	1975	1217
2010	2529	1281
2011	3030	1198
2012	3551	1172
2013	4333	1220
2014	5137	1186
2015	6427	1251
2016	6610	1029
2017	7054	1067
2018	7324	1040
2019	7623	1039

如图3所示，金融市场引领增长（2019年发展指数为27133点，年均增速为28.9%），金融创新水平不断提高（2019年发展指数为6342点，年均增速为15.3%），金融机构发展迅速（2019年发展指数为4990点，年均增速为13.2%），金融人才和金融生态环境持续提升（2019年发展指数分别为2077点和1866点，年均增速分别为5.8%和4.9%）。

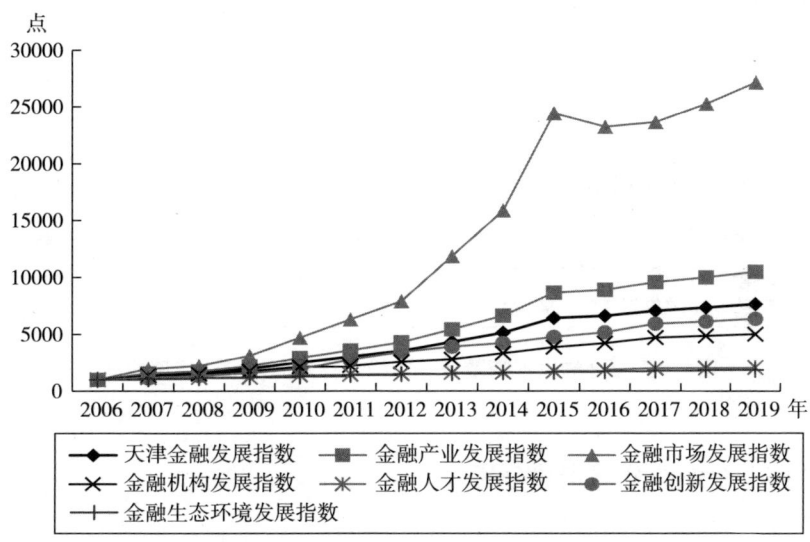

图3　天津金融发展指数及其一级指标发展指数曲线

从2019年景气程度来看，天津金融业整体运行平稳，稍低于往年平均增速，2019年同比增速为4.1%，低于过去12年的年均增速18.0%。金融市场仍处于调整期，2019年同比增速为7.3%，扭转了2016年同比增速为负的局面，高于2017年1.8%的同比增速，比2018年6.9%的同比增速略有提升，但远低于过去12年30.9%的年平均增速，反映出金融市场的周期性。金融创新增长速度趋缓，2019年同比增速为3.8%，比过去12年的年均增速16.3%降低了12.5个百分点。2019年，金融机构较2018年增加2.9%，比过去12年的年均增速14.1%降低了11.2个百分点。2019年，金融人才同比增速2.3%，金融生态环境同比增速4.5%，分别比过去12年的年均增速降低3.8个和0.8个百分点（见图4）。

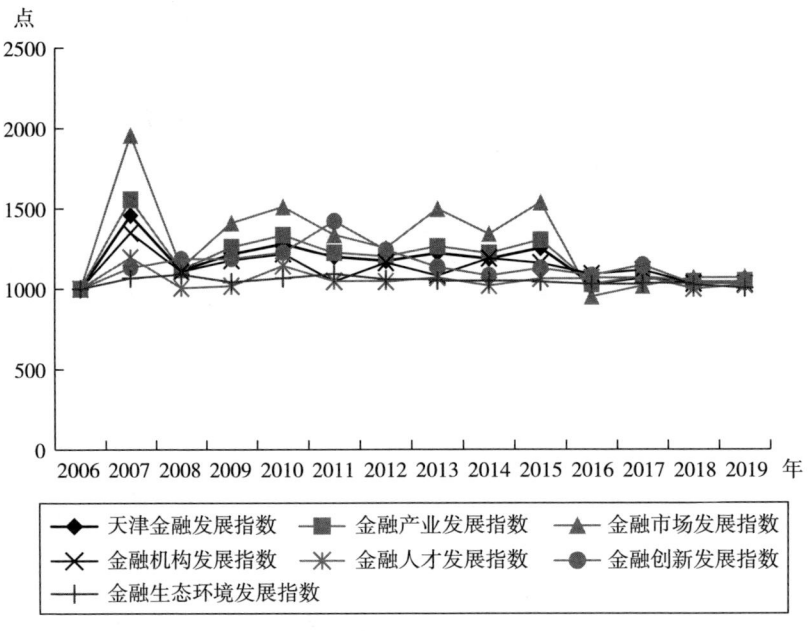

图4　天津金融发展指数及其一级指标发展指数的增速曲线

（四）金融业分项走势分析

1. 金融市场发展指数

金融市场发展指数由金融子市场（11种）、金融市场总量、金融开放等13个要素子指数构成。

从发展速度来看，以2006年为计算基期（基期数值设为1000点），2019年金融市场发展指数为27133点，2019年当年增幅达7.3%，过去13年平均增速为28.9%，为天津金融发展指数平均增速的1.71倍。从金融市场的景气程度来看，2007年景气程度达到最高点，较2006年增长幅度达95.6%，随后2008年出现放缓迹象，但仍保持了2007年13.1%的增速，2009年和2010年增速分别达41.1%和51.0%，2011年、2012年、2013年、2014年、2015年增速分别达33.7%、25.4%、49.8%、34.1%、53.7%，2016年增速为-4.9%，首次出现下降，2017年增速回升为1.8%，2018年和2019年的增速分别为6.9%和7.3%，反映了金融市场增速的回升态势（见表2）。

表2　2006~2019年天津金融市场发展指数

单位：点

年份	以2006年为基期指数	以上年为基期指数
2006	1000	1000
2007	1956	1956
2008	2213	1131
2009	3122	1411
2010	4717	1510
2011	6306	1337
2012	7910	1254
2013	11848	1498
2014	15893	1341
2015	24429	1537
2016	23235	951
2017	23650	1018
2018	25280	1069
2019	27133	1073

从指数发展结构来看，2006~2019年年均增速最快的市场为债券市场、基金市场和期货市场，年均增速超过31.1%，高于金融市场发展指数12年平均增速（30.9%）。信托市场、货币市场、外汇市场、银行卡市场、股票市场、黄金市场、票据市场、保险市场较为平稳，2006~2019年发展指数年均增速分别达27.8%、27.4%、26.1%、22.0%、19.3%、13.5%、12.0%、8.2%，低于金融市场发展指数12年平均增速（30.9%）。与此同时，市场总量和金融开放的年均增速分别达16.9%和15.4%。

从2019年景气程度来看，金融市场仍处于回升态势。2019年同比增速为6.5%，较2018年同比增速略减0.1个百分点，结束了2016年同比增速为负的情况，但低于2006~2018年30.9%的年均增速。2019年，期货市场、黄金市场、保险市场、股票市场、外汇市场实现较快增长，同比增幅在26.1%以上，景气程度高；债券市场、银行卡市场平稳运行，同比增幅低于10%，景气程度较高；信托市场、货币市场、票据市场、基金市场同比增幅为负，景气程度较低。金融市场总量和金融开放同比增幅分别达4.4%和-8.7%。

2.金融机构发展指数

金融机构发展指数由机构总量和各种机构（6种）等7个要素子指数构成。

从发展速度来看，以2006年为计算基期（基期数值设为1000点），2019年金融机构发展指数为4990点，当年增幅达2.9%，2006~2019年平均增速为13.2%，低于天津金融发展指数平均增速。其中，景气程度在2007年达到高点，较2006年大幅增长35.0%，随后在2008年增长趋势放缓，但仍比上年增长10.7%，2009年和2010年增速较高分别达17.6%和21.7%，2011年、2012年、2013年、2014年、2015年、2016年、2017年增速分别达4.6%、16.1%、8.2%、18.8%、15.8%、9.1%、11.5%，2018年和2019年增速分别为3.1%和2.9%（见表3）。

表3 2006~2019年天津金融机构发展指数

单位：点

年份	以2006年为基期指数	以上年为基期指数
2006	1000	1000
2007	1350	1350
2008	1494	1107
2009	1758	1176
2010	2140	1217
2011	2238	1046
2012	2598	1161
2013	2810	1082
2014	3339	1188
2015	3868	1158
2016	4219	1091
2017	4706	1115
2018	4851	1031
2019	4990	1029

从指数发展结构来看，2006~2019年年均增速最快的机构为共同基金、保险机构，年均增速均超过了19.3%，高于金融机构发展指数12年平均增速

（14.0%）。证券公司、银行机构、期货公司、信托公司发展较为平稳，发展指数年均增速分别达12.3%、11.6%、10.7%、0，低于金融机构发展指数12年平均增速（14.0%）。机构总量2006~2019年的平均增速为7.3%。

从2019年景气程度来看，金融机构总量增长平稳，增速与2018年接近。2019年同比增速为0，比2006~2018年年均增速7.9%下降7.9个百分点。保险机构增长较快，同比增幅在8.3%以上，景气程度高；证券公司、银行机构、信托公司运行平稳，同比增幅分别达4.3%、2.2%、0，景气程度适中；期货公司和共同基金同比增幅为-2.9%和-4.2%。金融机构总量同比增幅为10.2%。

3. 金融人才发展指数

金融人才发展指数由人才总量、人才质量和人才引力3个要素子指数构成。

从发展速度来看，以2006年为计算基期（基期数值设为1000点），2019年金融人才发展指数为2077点，当年增幅达2.3%，2006~2019年平均增速为5.8%，是天津金融发展指数平均增速的0.34倍。其中，2007年和2010年景气程度达到高点，分别同比增长19.6%和14.2%，2008年、2009年、2011年、2012年、2013年、2014年、2015年、2016年、2017年增速分别达0.5%、1.7%、4.8%、4.3%、6.9%、1.9%、6.3%、6.8%、7.7%。2018年和2019年增速分别为0和2.3%，金融人才增速略有提升（见表4）。

表4 2006~2019年天津金融人才发展指数

年份	以2006年为基期指数	以上年为基期指数
2006	1000	1000
2007	1196	1196
2008	1202	1005
2009	1223	1017
2010	1396	1142
2011	1463	1048
2012	1526	1043
2013	1631	1069

续表

年份	以2006年为基期指数	以上年为基期指数
2014	1662	1019
2015	1766	1063
2016	1886	1068
2017	2031	1077
2018	2030	1000
2019	2077	1023

从指数发展结构来看，人才质量在2006~2019年年均增速最快，年均增速高于6.1%，超过金融人才发展指数的平均增速（5.8%）。人才总量和人才引力增长较为平稳，发展指数年均增速分别达5.1%和5.8%，略低于或等于金融人才发展指数的平均增速（5.8%）。

从2019年景气程度来看，金融人才发展稳健，相比2018年平均增速略有上升。2019年同比增速达2.3%，比2006~2018年年均增速6.1%下降3.8个百分点。人才质量增长较快，同比增幅分别达4.1%，景气程度较高；人才总量和人才引力的同比增幅分别为1.1%和1.5%，景气程度适中。

4. 金融创新发展指数

金融创新发展指数由整体创新、机构创新、市场创新、产品创新、创新内部要素和创新外部要素6个要素子指数构成。

从发展速度来看，以2006年为计算基期（基期数值设为1000点），2019年金融创新发展指数高达6342点，当年增幅达3.8%，2006~2019年平均增速为15.3%，是天津金融发展指数平均增速的9/10，比较接近天津金融发展指数的年均增速，反映了在推动天津金融发展中金融创新发挥的重要作用。其中，2011年景气程度达到一个高点，较上年大幅增长42.1%，2007年、2008年、2009年、2010年，2012年、2013年、2014年、2015年、2016年和2017年，同比增速依次达13.1%、18.7%、18.8%、22.7%、24.1%、13.4%、8.2%、12.7%、8.3%和14.7%。2018年和2019年的同比增速分别为3.1%和3.8%（见表5）。

表5 2006~2019年天津金融创新发展指数

年份	以2006年为基期指数	以上年为基期指数
2006	1000	1000
2007	1131	1131
2008	1343	1187
2009	1595	1188
2010	1957	1227
2011	2782	1421
2012	3453	1241
2013	3915	1134
2014	4234	1082
2015	4773	1127
2016	5167	1083
2017	5926	1147
2018	6109	1031
2019	6342	1038

从指数发展结构来看，产品创新和机构创新是2006~2019年年均增速较快的创新类型，两个子指数的年均增速分别达30.2%、16.5%，均高于金融创新发展指数的平均增速（15.3%）。市场创新、整体创新、创新内部要素、创新外部要素指数发展比较平稳，子指数2006~2019年的年平均增速依次达9.1%、8.8%、5.4%、5.2%，比金融创新发展指数平均增速低（15.3%）。

从2019年景气程度来看，金融创新发展平稳，比2018年平均增速有所升高。2019年的同比增速降至3.8%，比2006~2018年16.3%的年均增速低12.5个百分点。产品创新保持快速增长，同比增幅为5.6%，景气程度较高；2019年，创新内部要素、创新外部要素、整体创新、机构创新和市场创新，同比增幅分别在5.3%、5.3%、3.9%、3.7%和0.9%。

5. 金融生态环境发展指数

金融生态环境发展指数由金融中介、信用环境、产业支撑、物价水平、宜居城市、政府服务、法律环境7个要素子指数构成。

从发展速度来看，以2006年为计算基期（基期数值设为1000点），2019年金融生态环境发展指数高达1866点，当年增幅达4.5%，13年平均增速为4.9%，还不到天津金融发展指数平均增速的1/3。其中，2008年、2011年景气程度达到高点，与上年相比分别增长8.8%和9.2%，其他各年同比增速在0.4%~6.6%，较为平稳（见表6）。

表6 2006~2019年天津金融生态环境发展指数

年份	以2006年为基期指数	以上年为基期指数
2006	1000	1000
2007	1066	1066
2008	1160	1088
2009	1209	1042
2010	1288	1065
2011	1406	1092
2012	1488	1058
2013	1561	1049
2014	1638	1049
2015	1707	1042
2016	1756	1028
2017	1816	1034
2018	1858	1024
2019	1866	1004

从指数发展结构来看，2006~2019年年均增速最快的要素为产业支撑，发展指数年均增速为5.9%。同时，政府服务发展指数的年均增速为5.2%，与金融生态环境发展指数2006~2019年平均增速（4.9%）持平。法律环境、金融中介、宜居城市、信用环境的发展指数较为平稳，年均增速分别达5.1%、4.9%、4.8%、4.3%，低于金融生态环境发展指数2006~2019年平均增速（4.9%）。此外，物价水平发展指数2006~2019年平均增速为–0.9%[1]。

---

[1] 本报告中物价水平指数为负，是源于物价水平为逆指标，物价上涨物价指数为负。

从景气程度来看，2019年金融生态环境的同比增速为4.5%，低于2006~2018年5.3%的年均增速0.8个百分点。其中，信用环境、政府服务、法律环境、金融中介、宜居城市、物价水平继续增长，同比增幅依次为6.3%、5.2%、5.1%、4.5%、3.3%和-0.3%。

（五）金融业发展信号预警

2019年，天津金融业整体发展较为稳定，增速比2018年有所上升。其中，2019年，金融市场同比增速达7.3%，金融创新同比增速达3.8%。相对而言，金融机构、金融人才和金融生态环境增速稳健，同比增速依次达2.9%、2.3%和0.4%。从2006~2019年的综合发展状况分析，在五个一级指标中，金融市场、金融创新、金融机构的年均增速比较高。2006~2019年的平均增速依次达28.9%、15.3%和13.2%。

2019年，一级指标的环比指数呈现分化。其中，金融创新、金融市场、金融人才的环比指数依次达1038点、1073点、1023点，比2018年略有升高。金融机构、金融生态环境的环比指数分别为1029点和1004点，比2018年稍有下降。

2019年，天津金融业整体、金融产业、金融市场、金融机构、金融创新、金融人才和金融生态环境的景气状况都处于增长偏低状态（见表7）。具体来说，天津金融发展指数、金融产业指数、金融市场指数、金融机构指数、金融创新指数、金融人才指数和金融生态环境指数的同比增速均为正，但比过去12年历史平均增速低50%，增长偏低。从2019年天津金融发展整体和分项的景气状况来看，金融市场、金融创新是促进金融整体景气的因素，金融机构、金融人才和金融生态环境的增速放缓是影响天津金融整体景气的因素。

作为反映地区金融体系发育状况的指标，特别是在京津冀协同发展和自贸区建设的大环境中，天津金融改革创新更应发挥示范引领作用。当前，加快金融生态环境建设，特别是创造必要的制度环境和经济"土壤"，显得尤为重要。

表7 2019年天津金融业景气程度信号分析

指数	金融整体	金融产业	金融生态	金融市场	金融机构	金融创新	金融人才
增长趋热							
快速增长							
正常趋涨							
正常趋缓							
增长偏低	√	√	√	√	√	√	√
不景气							

注：将景气程度分为6种情景：
（1）增长趋热：当年该指数增速高于过去12年历史最高增速；（2）快速增长：当年该指数增速低于过去12年历史最高增速、高于过去12年历史平均增速1.5倍；（3）正常趋涨：当年该指数增速低于过去12年历史平均增速1.5倍、高于过去12年历史平均增速；（4）正常趋缓：当年该指数增速低于过去12年历史平均增速、高于过去12年历史平均增速0.5倍；（5）增长偏低：当年该指数增速为正，但低于过去12年历史平均增速0.5倍；（6）不景气：当年该指数增速为负。

三 天津金融发展指数分项分析

对天津金融发展指数一级指标和二级指标分别进行深入分析，可以对天津市金融业的发展程度及景气状况有更加深入的了解，探究关键发展驱动因素和亟待提高的核心领域。

（一）金融整体发展度分析

以2006年为基期（1000点），通过综合天津金融业在金融产业（包括金融市场、金融机构、金融人才和金融创新四个一级指标）和金融生态环境的主观和客观评价，衡量金融业的整体发展状况及其景气程度。2019年，天津金融发展指数高达7623点，比2018年上升4.1%，增速较2018年略有上升。

从发展速度来看，2019年，金融市场成为推动天津金融发展指数上升的"主要引擎"；金融创新、金融机构和金融人才都保持稳健提高的态势；金融生态环境增速放缓。天津金融发展指数2006~2019年年均增速为16.9%，超过了同期天津市地区生产总值年均增速（9.3%）。2019年，天津金融发展指数同比增速比2018年略有上升，达4.1%（见图1）。

从增速判断景气状况来看，2006~2019年天津金融业的发展表现出"波动、平稳、调整"的特点，在经历了2007年和2008年的波动后，2009~2015年增速较为平稳；2016~2018年，天津金融发展指数受国内外金融市场阶段性调整的影响，其增速稍有放缓，但总体来看，天津金融业保持了平稳运行，在一定程度上支持了经济社会发展。从具体数据来看，2019年天津金融业增加值比2018年增加3.3%；2019年天津社会融资规模为2866.4亿元，贯彻了供给侧结构性改革的战略。

综观五个一级指标，2019年，金融市场增幅领先，是带动天津金融发展的核心力量；金融创新、金融机构、金融人才保持稳健运行；金融生态环境增速有所放缓，但仍保持增长。

（二）金融市场发展度分析

金融市场不仅是交易金融产品的场所，还是天津金融创新运营示范区建设的潜在突破口。2019年，天津金融市场交易规模有所回升，各类市场表现分化；直接融资快速增长，期货市场交易活跃，保险市场稳健发展。

在天津金融发展指数分析中，金融市场一级指标被赋予最高权重，高达42%，该指标包括二级指标13个。金融市场及其二级指标权重详见表8。

表8 金融市场及其二级指标权重

单位：%

市场类型	权重
金融市场	42
1. 市场总量	20
2. 股票市场	10
3. 债券市场	13
4. 保险市场	5
5. 货币市场	10
6. 期货市场	6
7. 基金市场	4

续表

市场类型	权重
8. 票据市场	2
9. 外汇市场	2
10. 黄金市场	2
11. 信托市场	9
12. 银行卡市场	5
13. 金融开放	12

1. 金融市场整体

2019年，金融市场发展速度比2018年略有提升。金融市场发展指数高达27133点，比2018年增长7.3%（见图5）。从整体来看，天津金融市场总量发展指数比2018年略有提升，金融市场开放发展指数比2018年略有下降。从金融市场的子市场来看，2019年，期货市场、黄金市场、保险市场、股票市场、外汇市场实现较快增长，同比增幅在26.1%以上，景气程度高；债券市场、银行卡市场运行平稳，同比增幅不及10%，景气程度较高；信托市场、货币市场、票据市场、基金市场同比增幅为负，景气程度相对较低。金融市场总量和金融开放同比增幅依次达4.4%和-8.7%（详见各金融子市场分析部分）。

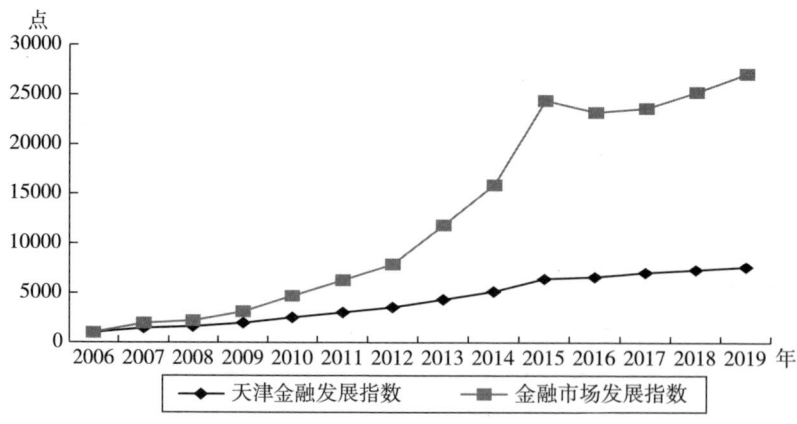

图5　金融市场发展指数与天津金融发展指数曲线

因为受到天津金融市场交易规模回升、各类市场表现分化、直接融资功能有所增强等叠加影响，2019年金融市场景气状况延续了2018年的回升态势，金融市场环比指数达1073点，高于同期天津金融发展环比指数的1041点，结束了2016年、2017年金融市场环比指数低于同期天津金融发展环比指数的情况，反映出金融市场的回暖（见图6）。

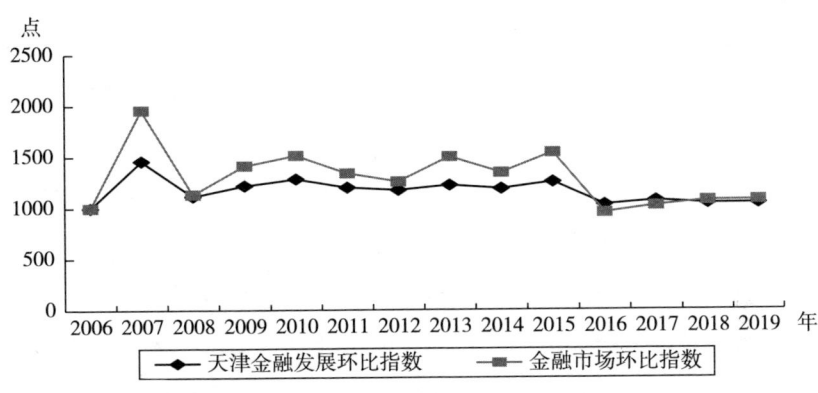

图6　金融市场环比指数与天津金融发展环比指数曲线

2019年，天津金融市场交易规模有所回升，各类市场表现分化，直接融资功能持续增强。其中，金融市场总量指数高达7626点，比2018年提升4.4%，扭转了自2016年以来的下降趋势，实现了正增长；受天津跨境贸易人民币结算量下降等因素的影响，金融开放发展指数为6416点，比上年降低8.7%。各个子市场表现分化，2019年债券市场交易额为32449.8亿元，比2018年上升13.1%；债券市场融资额为2414.0亿元，比2018年下降11.9%。2019年，股票市场融资额为180亿元，是2018年的19.8倍；股票交易量为27610.6亿元，比2018年上升37.4%；境内上市公司数量达54家，比2018年多增4家。保险市场的保险密度达3956.9元/人，比2018年上升10.2%；保险深度达4.4%，比2018年上升46.7%。货币市场交易额达316951.8亿元，比2018年减少8.4%；期货市场交易额为101536.3亿元，比2018年上升52.4%；信托市场中法人信托公司资产总额为3861.3亿元，比2018年下降3.6%；基金市场交易额为2184.4亿元，比2018年下降2.2%；票据市场中银行承兑汇票余额为3245.5亿元，比

2018年下降11.0%；银行卡市场中银行卡累计消费量达4975.1亿元，比2018年上升6.7%；黄金业务交易金额189.7亿元，同比上升43.3%。

2. 金融市场总量及开放

（1）市场总量

市场总量指标反映了一个地区金融市场的广度及深度，是天津金融业发展水平的重要体现，因此，该指标是描述天津金融创新运营示范区建设发展的一个重要指标。鉴于市场总量的重要性，本报告将该指标设定的权重为20%。2019年，市场总量发展指数为7304点，比2017年有所下降；环比指数为991点，较2017年下降了2点。

2019年，天津金融市场交易总量（沪深两市交易总额）比2018年增加20.6%，达62244.8亿元。与2018年相比，2019年天津金融业增加值增加3.3%。2019年，天津市新增地区社会融资规模增量为2866.4亿元，融资规模增量有所下降，较2018年减少427亿元。从融资结构来看，本外币各项贷款为2048亿元，贷款占新增地区社会融资规模的71.5%，同比上升1.5个百分点；表外融资减少1754.2亿元，同比多减699.5亿元，"去通道""缩链条"态势持续。实体经济直接融资984亿元，同比增加206亿元，占新增地区社会融资规模的34.3%，同比上升10.7个百分点。从过去13年的长期趋势来看，天津金融市场在融资能力、交易规模、产出水平等维度均有所提高。

2019年，金融市场交易总量环比指数提升至1044点，比2018年提高53点；社会融资规模环比指数为932点。

（2）金融开放

金融开放指标反映了天津金融业的国际化程度，本报告将该指标设定的权重为12%。自"十一五"时期以来，天津各个金融市场的对外开放水平稳步提高。特别是，成立天津自贸区后，天津以金融制度创新的方式，持续将跨境贸易和投资的便利化提升。受交易规模下降的影响，2019年，金融开放发展指数为6416点，比2018年略有下降；环比指数为913点，比2018年降低40点，主要受到了外资银行机构个数和跨境贸易人民币结算量下降的影响。

2019年，天津跨境贸易人民币结算金额达1821.6亿元，比2018年下降14.9%。2019年，天津外资银行机构数达21家，比上年减少24家；外资银行资产总额比2018年下降0.9%，降至785.0亿元。2019年，外资保险公司机构数为17家，与2018年持平。2019年，天津市的海外上市公司（含H股、S股）个数达4家，数量保持不变。

2019年，受中美贸易摩擦、人民币汇率波动等因素的影响，人民币跨境收付量下降。2019年，天津市人民币跨境收付1821.6亿元，同比下降14.9%。其中：收入为864.9亿元，同比下降10.5%；支出为956.7亿元，同比下降18.5%，净流出91.8亿元，同比下降55.9%。经常项下资金净流出200.5亿元，同比下降23.2%；资本项下净流入108.8亿元，同比增长1倍。与中国香港发生的人民币跨境收付量占比为27.9%，同比下降10.7个百分点；欧美国家占比为34.9%，同比增长6.0个百分点。境内主体参与积极，2019年新增企业1100家，同比增长15.6%。

3. 金融市场子市场

2006~2019年，天津金融市场子市场发展程度出现分化。债券市场、基金市场和期货市场是过去13年年均增速最快的市场，其发展指数年均增速超过31.1%。债券市场发展指数为110517点，比2018年增长5.6%；基金市场发展指数为55917点，比2018年下降22.2%；期货市场发展指数为33845点，比2018年增长52.4%。2019年，信托市场、货币市场、外汇市场、银行卡市场、股票市场、黄金市场、票据市场、保险市场的发展指数依次为24191点、23371点、20464点、13261点、9916点、5184点、4375点、2786点；比2018年依次增长了-3.6%、-8.4%、26.1%、6.7%、27.4%、43.3%、-11.0%、28.4%。

2019年，各金融市场子市场的增长情况依然呈现分化状态，期货市场、保险市场、股票市场、黄金市场表现为增速上升的态势，环比指数依次达1524点、1284点、1274点、1261点，比2018年分别提升了422点、290点、415点、307点。债券市场、银行卡市场呈现出增速下降的态势，环比指数分别达1056点、1067点，比2018年分别下降了-113点、-9点。2019年，信托市场、货币市场、票据市场、基金市场表现为负增长，环比指数分别达964点、916点、890点、778点。与2018年相比，2019年外汇市场保持不变，环比指数为1000点。

为了深入分析各个金融市场子市场的结构和特征，本部分将逐一分析各个子市场在2006~2019年的发展状况。

（1）股票市场

为了建设金融创新运营示范区，天津始终把直接融资的作用作为重点，把积极充分利用多层次股票市场作为建设金融创新运营示范区的关键措施。因此，本报告将股票市场指标设定的权重为10%。

2019年，股票市场发展指数为9916点，扭转了自2016年以来连续下降的态势，出现回升；环比指数为1274点，比2018年上升415点。2019年，天津股票市场交易量上升，股票市场融资额上升，境内上市公司数量比2018年增加4家。

2019年，天津股票市场交易量同比上升37.4%，达27610.6亿元。2019年，天津境内上市公司数量比2018年增加4家，达54家，其中，A股公司数49家、AB股公司数1家、AS股公司数1家、AH股公司数3家。2019年，天津上市挂牌企业迅猛增长。2019年，天津市新增上市公司4家，境内外上市公司和新三板挂牌公司累计达216家，年末证券账户达554.9万户，同比增长7.4%。2019年，股票市场融资额为180亿元，是2018年股票市场融资额的19.8倍。

2019年，股票市场交易量环比指数为1374点，股票市场融资额环比指数为19780点，境内上市公司数环比指数为1080点，以上三个指标的环比指数全部上升。

（2）债券市场

债券市场是现代金融市场的重要组成部分。成熟的债券市场为资金需求者和资金提供者创造了低风险的投融资平台，对于实施宏观调控、稳定金融市场、提升融资效率等方面发挥了积极作用。基于债券市场的重要地位，本报告将该指标设定的权重为13%。2019年，债券市场发展指数为110517点，较2018年增长5.6%；2019年，债券市场环比指数为1156点，较2018年下降113点，增速有所下降。

2019年，债券市场呈现平稳运行态势。2019年，天津（交易所）债券市场交易量达32449.8亿元，比2018年上升13.1%。2019年，天津国内债券筹资额达2414.0亿元，是当年股票市场融资额的13.4倍。2006~2019年，天津债券市场保持稳健发展，交易总量显著提升，融资规模略有下降（见表9）。

表9　债券市场组成要素增速及环比指数

指标	2006~2019年年均增速（%）	2019年同比增速（%）	2019年环比指数（点）
债券市场交易量（交易规模）	34.2	13.1	1131
当年国内债券筹资额（融资能力）	31.1	-11.9	881

2019年，天津市坚定不移地转变经济发展方式，贯彻新发展理念，做好"六稳"工作，落实"六保"任务，促进经济稳中有进、稳中向好发展，金融业认真落实稳健中性的货币政策，努力提供直接融资比例发展实体经济。2019年，天津市社会融资规模同比下降，直接融资比重显著提高，融资效率进一步提高。2019年，天津债券筹资额达2414.0亿元，其中，中期票据筹资额为447.0亿元，短期融资券筹资额为881.0亿元。2019年，非金融企业发行债务融资工具223只，金额为1747.7亿元，同比增长12.9%。

（3）保险市场

保险市场是分散风险和投资的重要平台，并且具有一定的资金筹措功能，中国银保监会提出要认识到银行保险机构在优化融资结构方面的作用，发挥理财、保险、信托等产品融资功能。考虑到保险市场的重要功能，本报告将该指标设定的权重为5%。2019年，保险市场继续呈现平稳增长态势。保险业共实现保费收入617.9亿元，同比增长10.3%。其中，财产险保费收入为152.2亿元，同比增长5.4%；人身险保费收入为465.7亿元，同比增长12.1%。保险市场发展更加多元化，其中，货物运输保险、保证保险、健康保险签单数量明显增加。2019年，保险市场发展指数为2786点，比2018年增长28.4%；环比指数为1284点，比2018年显著增长。

2019年，天津的保险密度和保险深度稳步增加，其中天津的保险深度达4.4%，保险密度达3956.9元/人（见表10）。2019年，天津市保险业在改革与创新中稳步推进，呈现出经营主体发展壮大，保险机构运营良好的特征。"十三五"时期，天津保险业在完善市场结构、拓宽产品品种、提升服务水平等方面取得成效，以多种方式投资实体经济，支持天津实现自身的崭新定位。

表10　2019年保险市场组成要素环比指数

单位：点

指数类型	2019年环比指数
保险深度	1467
保险密度	1102

（4）货币市场

货币市场是短期资金交易市场，为商业信用、国家信用、银行信用等各种信用形式的发展创造条件，为金融机构提供灵活有效的资金管理手段。考虑到货币市场的重要地位，本报告将该指标设定为10%的权重。2019年，货币市场发展指数为23371点，涨幅达-8.4%；2019年，货币市场环比指数为916点，较2018年下降617点，增速显著回落（见表11）。

2019年，货币市场交易额快速增长，天津市银行间同业拆借市场完成信用拆借533583.2亿元，同比上升15.7%，隔夜和7天拆借占比为91.7%。拆入和拆出加权平均利率分别为2.62%和2.53%，较上年分别下降0.41个和0.29个百分点；现券买卖成交金额为8642.1亿元，是上年的2.4倍。现券买入和卖出加权平均收益率分别为3.18%和3.17%，较上年分别下降0.61个和0.45个百分点。

表11　2019年货币市场交易额环比指数

单位：点

指数类型	2019年环比指数
货币市场交易额	916

(5)期货市场

经过近30年的发展,期货市场套期保值功能增强,服务实体经济能力提升,2019年,天津市期货市场发展指数为33845点,同比增长52.4%,市场交易规模稳步提升;2019年,天津市期货市场环比指数为1524点,当年增速较2016年有显著、持续的回升。

期货市场是金融衍生品市场的重要组成之一。伴随我国股指期货的推出,国内期货市场进入了新的发展阶段,期权品种涉及农产品、金属、金融等诸多领域,鉴于此,本报告将期货市场设定了6%的权重。2019年,天津期货市场发展指数为33845点,较2018年增长了52.4%,增速较2016年有持续、显著的回升。在经历了2007年、2009年、2010年的高速增长,2008年、2011年的增速放缓,以及2013~2015年增长速度显著回升后,2016~2017年增速低迷,其中,2016年天津期货市场环比指数为445点,2017年天津期货市场环比指数为1002点。2018年、2019年两年环比指数有显著回升,分别达到1102点和1524点(见表12)。

表12 2019年期货市场交易额环比指标

单位:点

指数类型	2019年环比指数
期货市场交易额	1524

天津市政府不断引导期货市场规则趋于完善,市场运行质量不断提升,支持期货市场创新发展,2019年,天津法人期货公司资产规模和业务规模纷纷实现较快增长。2019年,期货市场成交额为101536.3亿元,同比增长52.4%。2019年末,天津市6家法人期货公司资产合计137.2亿元,同比增长46.0%;净资产总额为24.5亿元,同比增长8.0%。

(6)基金市场

天津基金市场的发展提升了直接融资的占比,推动了区域科技创新和产业转型。基金市场发展指数在2019年增至55917点,比2018年下降了22.2%;环比指数下降至778点,比2018年下降了587点,增长速度明显回落(见

表13）。

表13　2019年基金市场交易额环比指数

单位：点

指数类型	2019年环比指数
基金市场交易额	778

建设资产管理中心是国内主要金融城市的发展目标之一。随着天津金融创新运营示范区建设，天津基金市场将会拥有更加优良的发展环境和更多的机遇。有考虑到基金市场的重要性，本报告将该指标设定为4%的权重。

从基金市场规模来看，2019年，天津基金市场交易规模为2184.4亿元，比2018年下降了22.2%。

（7）票据市场

票据市场是凭借商业票据从事短期融资交易的，不断促进金融市场的发展。2019年，天津票据市场发展指数为4375点，比2018年下降了11.0%；环比指数为890点，环比增速比2018年有所下降。

2019年末，天津市银行承兑汇票余额为3245.5亿元，同比增长19.7%，年累计发生额为3560.0亿元，同比增长3.7%。

（8）外汇市场

2019年，天津外汇市场发展指数上升到20464点，比2018年增长了26.1%，增速有所回升；环比指数为1261点，增长速度与上年持平（见表14）。

表14　2019年外汇市场交易额环比指数

单位：点

指数类型	2019年环比指数
外汇市场交易额	1261

中国的外汇市场包含外汇即期、外汇远期及其他外汇衍生品业务，外

汇市场是否运行高效，直接影响国际金融市场的投资决策，能否吸引国际资本。积极发展本地区的外汇市场和离岸人民币市场，有助于天津实现北方国际航运核心区的发展目标。鉴于外汇市场的作用和地位及其所处发展阶段，本报告将该指标设定为3%的权重。

2019年4月，天津自贸区正式挂牌四周年，《中国人民银行关于金融支持中国（天津）自由贸易试验区建设的指导意见》（以下简称"金改30条"）中准予实施政策全部落地，11项措施在全国复制推广。2019年4月，中国人民银行批复同意天津自贸区复制上海自贸区FT账户体系，"金改30条"中探索建立与自贸区相适应的账户管理体系获得突破。2019年末，已有两家银行正式接入FT账户分账核算业务系统，为企业办理FT账户业务34.2亿元人民币，天津成为领先广州、深圳首先上线两家银行的城市。FT账户的成功落地，为加快推进天津自贸区金融改革创新，推动人民币跨境结算比重，打造天津自贸区金融业对外开放示范窗口奠定了坚实基础。天津自贸区挂牌至2019年末，区内主体累计新开立本外币账户8.1万个；办理跨境收支2117.5亿美元，占全市总额的24.6%；结售汇942.4亿美元；跨境人民币结算4111.3亿元人民币，占全市总额的43.3%。

根据环球银行间金融通信协会（SWIFT）发布的数据，2020年8月人民币继续保持全球第五大活跃货币的位置。人民币全球支付占比由2020年7月的1.86%升至2020年8月的1.97%；从金额来看，2020年8月，人民币支付金额较7月增长了12.86%，同期全球所有货币支付金额总体增长了9.40%。2020年8月，在主要货币的支付金额排名中，美元、欧元和英镑分别以38.45%、36.29%和7.04%的占比位居前三。

（9）黄金市场

2019年，黄金市场发展指数为5184点，比2018年显著上升；环比指数为1433点。作为国际金融市场的重要组成部分之一，黄金市场有其独特的保值增值及货币政策功能，鉴于此，本报告将该指标设定为3%的权重（见表15）。

表15　2019年黄金市场交易额环比指数

单位：点

指数类型	2019年环比指数
黄金市场交易额	1433

近年来，天津黄金市场健康有序发展。2019年，天津黄金市场整体运行态势良好，其中，金融机构黄金市场业务发展平稳，总体趋势与全国基本一致，呈现出交易机构数量增加、交易品种丰富等特点。2019年，天津市黄金业务交易金额为189.7亿元，同比增长43.3%。

（10）信托市场

信托市场能够实现财产管理、协调经济关系、社会投融资的职能，2019年，天津信托市场发展指数为24191点，比2018年下降了3.6%；环比指数为964点，相比2018年回升了198点，下降增速明显放缓（见表16）。由于信托市场在投资领域和产品架构方面不断创新，开发丰富多样的投资渠道和产品，很多投资者利用信托市场进行金融资产的有效配置。近年来，天津信托市场保持快速成长。鉴于天津信托市场的作用及其地位，本报告将该指标设定的权重为9%。

表16　2019年法人信托公司资产总额环比指数

单位：点

指数类型	2019年环比指数
法人信托公司资产总额	964

2019年，天津法人信托公司信托资产总额为3861.3亿元，相比2018年下降了3.6%。自2018年以来，信托业监管持续加强，金融去杠杆导致信托业通道业务规模明显减少，信托市场的资产规模有所下降。在"资管新规"打破刚性兑付的背景之下，信托产品吸引力下降，资金募集难度增大。同时，禁止产品嵌套、合格投资者门槛上升、资金池管理等将让信托市场经历转型的"阵痛"。此外，2018年12月《商业银行理财子公司管理办法》正式发布

后，将对整个资产管理行业的格局产生较大影响，信托市场将面临更大的竞争压力。2019年，伴随信托监管环境持续收紧，天津信托贷款减少352亿元，同比多减160亿元。

（11）银行卡市场

2019年，天津银行卡市场发展指数为13261点，比2018年有所上升；环比指数为1067点（见表17）。近年来，伴随我国移动支付环境日趋完善，天津银行卡市场快速发展，极大地便利了本市居民的交易。基于银行卡市场的重要性，本报告将银行卡市场设定了5%的权重。

表17 2019年银行卡市场环比指数

单位：点

指数类型	2019年环比指数
银行卡累计消费量	1067

2019年，天津不断完善支付结算体系，服务水平日益提升。2019年，天津市各类支付系统共处理人民币业务134.9万亿元，同比增长1.8%。5月20日，天津取消企业银行账户许可，促进营商环境优化。不断完善农村支付环境建设，中国人民银行支付系统基本覆盖天津所有乡镇，农村地区人均持卡4.3张，网上银行和手机银行开户数量同比分别增长15.5%和18.8%。积极推进天津市移动支付便民工程，创新打造"小二生活"平台，聚焦服务实体商户，推动首个高校刷脸支付试点项目在天津落地，共计服务师生68.3万人次。实现公共交通领域移动支付的全覆盖。

（三）金融机构发展度分析

金融机构是金融创新运营示范区的"岛屿"，密切联系着金融"海洋"中的各种要素。考虑到金融机构重要的战略意义及其对金融业发展的影响程度，本报告将金融机构指标设定了33%的权重。本报告在金融机构指标下设定了7项二级指标，各个二级指标的权重详见表18。

表18 金融机构及其二级指标权重

单位：%

指标	权重
金融机构	33
1. 机构总量	5
2. 银行机构	40
3. 保险机构	20
4. 证券公司	15
5. 期货公司	6
6. 共同基金	4
7. 信托公司	10

1. 金融机构整体

2019年天津市金融机构继续保持着其平稳运行的态势，发展指数为4990点，比2018年上升2.9%；环比指数为1029点，比上年下降2点，增速略有下降（见图7和图8）。

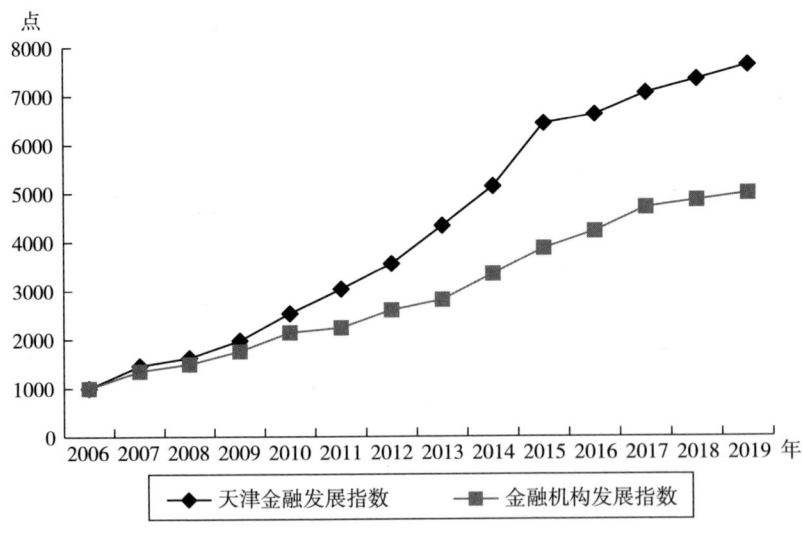

图7　金融机构发展指数与天津金融发展指数曲线

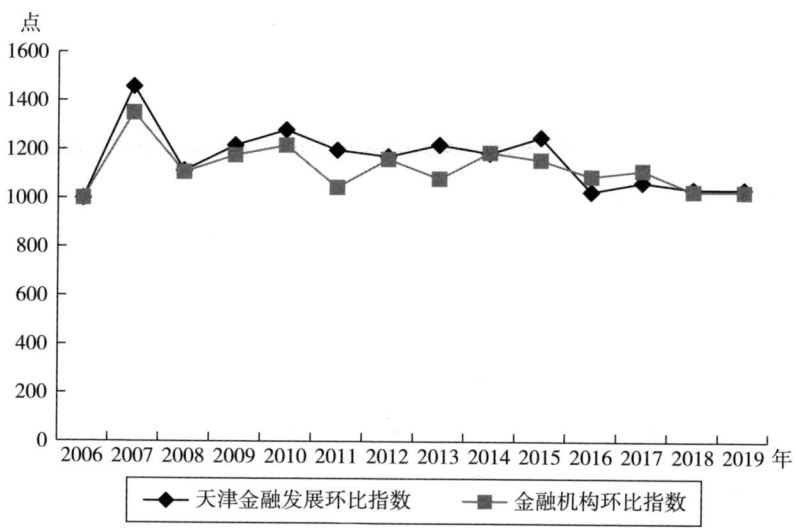

图8 金融机构环比指数与天津金融发展环比指数曲线

从发展速度来看，2019年金融机构发展指数上升到4990点，比2018年增长2.9%。2007年、2009年、2010年、2012年、2014年、2015年金融机构指数增速分别达35.0%、17.6%、21.7%、16.1%、18.8%、15.8%。金融机构的整体发展速度处于高位运行，但受到国际金融危机的冲击，2008年增速有所放缓，但仍比上年增长10.7%。2011年、2013年、2016年、2017年增速分别达4.5%、8.1%、9.1%、7.8%、11.5%。2018年增速为3.1%，2019年增速为2.9%，2019年发展速度相比2018年略有下降。

金融机构增速虽然出现了一定的波动，但其总体发展趋势仍是扩张的，受国际金融危机的影响，金融机构增速在经历了2007年的大幅提升之后，2008年增速放缓，此后经历持续、起伏的调整，2018年、2019年金融机构增速处于较低的水平。

2019年，天津市各类金融机构的数量和实力呈现分化特征。一方面，2019年天津市的商业银行机构数达2991个，比上年减少176个；2019年，天津市的法人证券公司1个，证券公司营业部数达153个，比上年增加2个；2019年，天津市的法人保险公司数达6个，保险公司机构数664个，与2018年个数持平；2019年，天津市的法人期货公司共有6家，期货公司营业部数量达30

个，比上年减少2个。另一方面，2018年，银行业金融机构资产总额达5.10万亿元，比上年增加0.15万亿元；2019年，不良贷款率达2.29%，比2018年减少0.31个百分点；2019年，法人证券公司资产总额高达529.38亿元，比上年增加39.54亿元；2019年，保费收入为617.89亿元，比上年增加57.91亿元；法人基金管理公司管理资产总额减少至12826.5亿元，比上年减少594.15亿元。

2.金融机构总量

从2019年天津市金融机构总量来看，发展较为平稳。2019年，机构总量发展指数为2495点，比2018年增长10.2%；环比指数为1102点，比2018年上升102点，增速有所提升。

一个地区金融机构的数量反映了该地区金融体系中"岛屿"的丰富程度，所以，本报告将该指标设定了5%的权重。2019年，天津市机构总量指数为2495点，与2018年持平；环比指数为1000点。

截至2019年末，天津市共有金融机构7525个，与2018年持平。2006~2019年，天津金融机构总数的年均增速为7.3%，增速较为稳健。

3.金融机构子行业

从金融机构行业结构来看，保险机构在2019年的增长速度较快，发展态势强劲；共同基金、证券公司、银行机构、信托公司、期货公司的增速相对平稳，发展态势比较稳健。

除金融机构整体评价外，金融机构所包含的7项二级指标中还包括6类金融机构。伴随全球经济回暖，天津市保险机构发展速度保持在较快水平，共同基金、证券公司、银行机构、信托公司、期货公司的发展速度持续保持稳定。6类金融机构在2019年的同比增速有所分化。

在天津市的6类金融机构中，2006~2019年发展速度最快的是共同基金，2019年共同基金发展指数高达10257点，环比指数为958点，环比指数比2018年增加195点，增速较上年企稳。近年来，法人基金管理公司管理资产总额在出现"井喷"式快速增长后，法人基金公司主动降低货币基金规模，降低单一产品集中度。保险机构、证券公司和银行机构的发展速度仅次于共同基金，发展指数分别达9917点、4542点和4170点。其中，保险机构的发展速度在2006~2019年呈现不断波动态势，2019年，保险机构发展指数为9917点，环比指数为1084点。银行机构的发展经历了由波动到收敛的过程，在2007~2012年的增速波动幅度较大，2013~2018年增速逐渐降低，2019年增速略有回升。2019年银行机构发展指数为4170点，环比指数为1022点。证券公司的增速在经历了2007~2015年的大幅波动后，2016~2018年增速逐步降低，2019年增速有所回升。2019年证券公司发展指数为4542点，环比指数为1043点，增速回升，由负转正。期货公司和信托公司的增速落后于上述四类机构，2019年，其发展指数分别达3746点和1000点。受国际金融危机的影响，期货公司的增速在2007~2011年出现震荡调整后，2012年以来增速趋于平稳，2019年期货公司发展指数为3746点，环比指数下降至971点。近年来，信托公司的法人机构数未发生变化，因此，信托机构的增速维持不变。

（1）银行机构

2019年，天津市银行机构持续发展，机构数量比上年均有所减少，资产、负债和营业收入平稳增长，净利润出现下降。

2019年，银行机构发展指数上升至4170点，比2018年增长了90点，增幅为2.2%。2019年，天津市商业银行机构总量合计达2991家，比2018年减少了176家。2019年，天津市银行业金融机构总资产规模合计5.097万亿元，比2018年增加了0.153万亿元，同比增长3.1%，增速稳健。2019年，负债总额为4.9万亿元，同比增长3.2%，增速较上年提高1.7个百分点。2019年，天津市银行业金融机构累计实现营业收入1173.2亿元，同比增长5.4%，升幅较上年提高4.2个百分点；累计实现净利润-32.3亿元，同比下降116.9%，降幅较上年提高67.2个百分点。

2019年末，天津市本外币各项存款余额为31788.8亿元，同比增长2.6%，较上年提高2.5个百分点，较年初新增795.8亿元，同比多增753.5亿元。其中，住户存款余额同比增长17.3%，较上年提高5.0个百分点，较年初增加1881.9亿元，同比多增693.3亿元；非金融企业存款较年初下降676.2亿元，同比多降159.3亿元；外币各项存款较年初减少0.2亿美元，同比少降26.3亿美元。天津市金融机构主动运用多种负债产品，2019年末，全市住户和非金融企业结构性存款余额较年初增加135.2亿元，同比增长5.4%，大额存单较年初增加692.0亿元，同比多增268.7亿元，余额同比增长74.1%。

2019年，天津市银行业信贷运行总体平稳，本外币各项贷款余额为36141.3亿元，同比增长6.0%，较上年同期回落1.8个百分点，较年初新增2026.1亿元，同比少增413.0亿元。如还原渤钢系企业债务处置冲减贷款，全市各项贷款增速要快于上年。外币各项贷款余额同比回落19.3%，较年初下降43.6亿美元，同比多降34.1亿美元。

2019年末，天津市积极推进不良贷款处置，改善资产质量，不良贷款实现双降。2019年末，天津市银行业不良贷款余额为882.3亿元，比年初减少56.8亿元；不良贷款率为2.29%，比年初下降0.3个百分点。关注类贷款余额为2420.2亿元，比年初增加748.1亿元；关注类贷款率为6.3%，比年初上升1.7个百分点。

银行业地方法人金融机构进一步壮大，金城银行成为国内首批5家民营银行试点之一。2019年末，天津的中资法人商业银行个数达5家。

（2）保险机构

2019年，天津市保险机构持续稳健发展。2019年，保险机构发展指数上升至9917点，比2018年增长了766点，增幅高达8.4%。2019年，天津拥有法人保险公司6家，与上年持平。2019年，天津市拥有保险公司机构664个，与2018年个数持平。

2019年，天津市保险业共实现保费收入617.9亿元，同比增长10.3%。其中，人身保险和财产保险收入分别为465.70亿元和152.19亿元，较上年分别增长10.3%和12.1%。全年财产保险公司签单12777.5万件，同比增长238.8%。其中，货物运输保险、保证保险、健康保险签单数量明显上升。2019年，全年赔付支出158.17亿元，比上年下降3.6%。其中，人身险和财产险赔付额分别为78.87亿元和79.29亿元，比上年分别下降3.6%和1.4%。

（3）证券公司

2019年，天津证券公司稳步向前发展，证券业发展指数高达4542点，比

2018年增长4.3%；环比指数为1043点，增速比2018年有所回升。伴随天津证券业的稳健发展，证券业机构的数量和实力保持稳定。2019年，天津共有法人证券公司1家，与上年持平。2019年，天津拥有证券公司营业部153个，比2018年增加2个。2019年，法人证券公司资产规模上升，盈利能力增强。2019年，法人证券公司资产总额为513.4亿元，较上年增长6.5%；负债总额为310.4亿元，较上年增长9.6%；实现净利润10.0亿元，较上年增加4.1亿元。2019年末，法人证券公司风险覆盖率和净稳定资金率分别较监管预警标准提高156.4个和58.2个百分点。

（4）期货公司

受国际金融危机和欧洲债务危机的持续影响，天津期货公司指数在经历了2007~2010年连续4年的快速上升后，增速在2011年有所降低，跌入谷底，2012~2014年增长速度逐步提升，2015~2018年增速有所回落。2019年，天津期货公司发展指数为3746点，环比指数为971点。2019年，期货公司总体上实现平稳发展，资产规模稳步上升。2019年末，天津市法人期货公司6家，与2018年持平；2019年末，天津市6家法人期货公司资产合计137.2亿元，较上年增加46.0%；净资产总额为24.5亿元，较上年增加8.0%；代理交易额为73718.8亿元，较上年上升66.7%；代理交易量为11937.0万手，较上年上升71.5%；2019年末，天津期货公司营业部达30家，比2018年减少2家。

（5）基金公司

2019年，共同基金增长势头强劲，发展指数提升到了10257点，比2018年有所回落。

近年来，天津市共同基金业发展迅速。2006年法人基金管理公司管理的基金净值仅有1.88亿元，经过2007~2012年的震荡成长之后，2013年迅速提高至1943.6亿元，2014年为5906.1亿元，2015年为6739.3亿元，2016年为8449.7亿元，2017年进一步提升至17893.0亿元，2018年回落到13420.7亿元。2019年进一步回落至12826.5亿元。

2019年，法人基金公司业务规模缩减，业务结构优化。2019年末，法人基金公司资产总额为127.6亿元，较上年上升22.1亿元；负债总额为18.4亿元，较上年下降0.7亿元。管理基金总数为62只，较上年增加17只，基金净值为12826.5亿元，同比减少594.2亿元，单一产品集中度有所下降。

（6）信托公司

2019年，天津市信托公司继续保持了其稳定发展的态势，2019年信托公司发展指数为1000点，与2018年持平。

近一段时期，天津市信托公司持续稳健发展。2019年，天津市共有法人信托公司2家、营业机构2家，与2018年相比未发生明显变动。2019年，天津市信托公司的自营资产总额达135.2亿元，比2018年增加10亿元。

（四）金融人才发展度分析

根据国际权威的全球金融中心指数的研究，在影响国际金融中心的六大因素中，人才供给因素扮演着最为重要的角色。考虑到金融人才在区域金融发展中的重要作用，本报告将金融人才设定为10%的权重。

金融人才的数据更新存在滞后性，单一的数据不能全面地反映金融人才的整体发展水平。为全面反映天津金融业人才发展状况，本报告为金融人才设定了3项二级指标，二级指标的权重详见表19。

表19 金融人才及其二级指标权重

单位：%

指标	权重
金融人才	10
1. 人才总量	40
2. 人才质量	35
3. 人才引力	25

注：2006~2011年，不纳入主观指标时的二级指标权重分别为人才总量40%、人才质量20%、人才引力40%。

1. 金融人才整体

2019年，金融人才整体发展趋稳中有进，发展指数为2077点，比2018年增长2.3%，增长速度略有回升；环比指数为1023点，比上年上升23点（见图9和图10）。

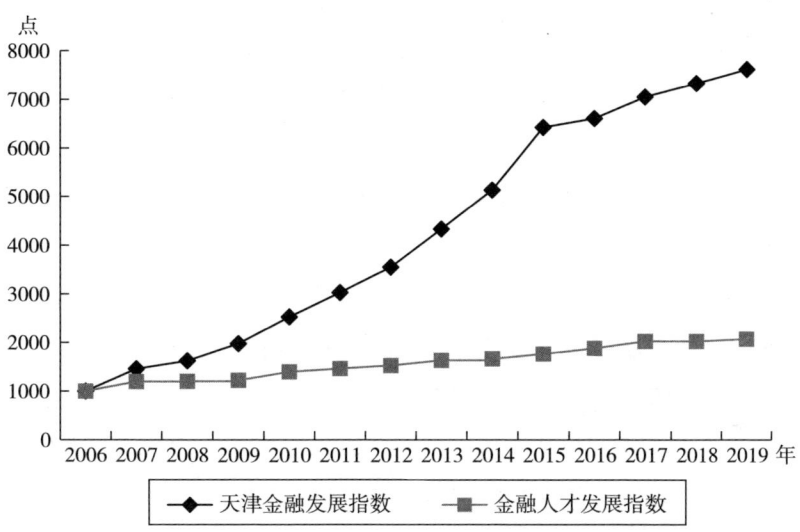

图9　金融人才发展指数与天津金融发展指数曲线

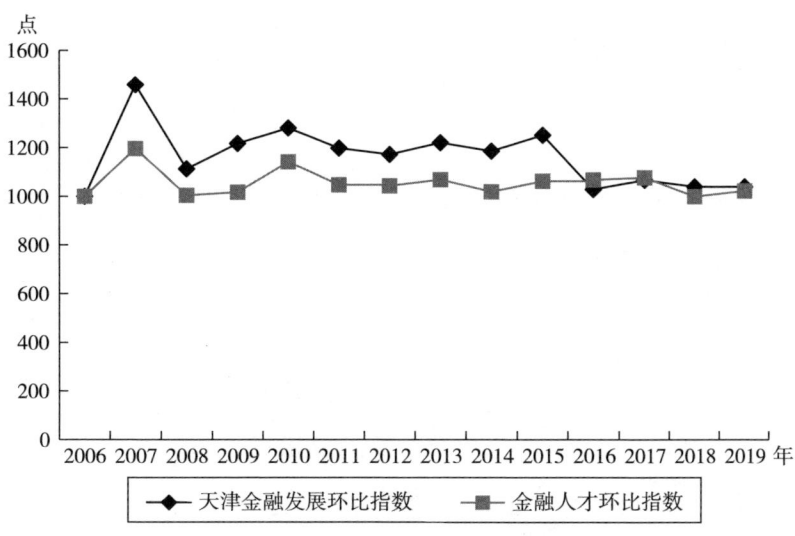

图10　金融人才环比指数与天津金融发展环比指数曲线

2007年和2010年,金融人才的增长速度较快,增速超过14.2%,国际金融危机和欧债危机对世界经济和全球金融市场的影响剧烈,2008年和2009年金融人才的增速有所放缓,伴随经济局势的缓和复苏,2011~2017年,天津金融人才增速维持在5%左右的稳定发展状态。2018年,增速进一步收敛。2019年增速略有回升,当年同比增长2.3%。

从增速的波动趋势来看,金融人才增速呈现出波动态势,在2007年金融人才的增长率迅速提高之后,由于2008年国际金融危机的影响,增长率逐渐放缓。此后,经历了2010年增速再次提升后,2011~2017年金融人才增速趋缓,维持在5%左右,2018年和2019年金融人才增速分别为0和2.3%。

近年来,天津不断加强对高层次、稀缺性金融人才的引进和培养工作,持续推动人才引进方式的改革创新,天津金融人才素质稳步提高。

2019年,天津金融从业人员达23.210万人,与2018年持平,比2006年提升15.14万人;金融从业人员占地区的比重达2.6%,比2006年增加1.2个百分点;高等学校毕业生人数达13.71万人,比2018年降低0.16万人。金融从业人员高等学历比例达75%,比2018年提升1个百分点;金融从业人员工资水平达12.3万元,比2006年增长6.3万元。

2. 金融人才各方面

从人才发展结构来看,2019年金融人才质量稳步提高,发展结构更加健康;人才引力、人才总量的增速较低,发展态势稳定。

金融人才的衡量标准具体有3项二级指标,分别是人才总量(人才充裕度)、人才质量、人才引力(金融人才引进力度)。从整体来看,伴随全球经济复苏和天津市对金融行业的大力支持,2019年天津金融人才整体发展水平较2018年得到了一定程度的改善。其中,人才引进力度的提升较为显著,人才质量和人才总量的发展态势稳定。

在反映金融人才发展的三个指标中,人才质量发展突出,位居第一。2019年,人才质量发展指数为2156点,环比指数为1041点,与2018年基本持平。人才质量在经历了2007年和2008年的大幅提升后,2009~2018年人才质量增速大致维持在3%~4%。人才引力的中长期发展较为稳健,发展指数为

2086点，环比指数为1015点，比2018年增加了67点，增速略有上升。人才引力在2007年和2010年的增速较快，其余年份增速处于相对较低水平。2019年，人才总量发展指数为1903点，环比指数为1011点，比2018年增速略有上升。人才总量在经历了2010~2013年的较快增长之后，2016~2018年增速逐年趋缓，2019年增速略有回升，其余年份增速均处于相对较低水平。

（1）人才总量

2019年，人才总量发展指数为1903点，与2018年相比增长1.1%，增速比上年有所下降。

2019年，天津金融人才保持平稳适度增长，其中，人才总量（人才充裕度）、人才质量和金融人才引进力度均有小幅提升。2019年，天津金融从业人员数达23.21万人，与2018年持平，比2006年提升15.14万人，其中，银行业金融机构从业人员达10.1万人。2006~2019年，天津金融从业人员的年均增速达8.5%。2019年，天津金融从业人员占地区的比重达2.6%，比2006年增加1.2个百分点。2006~2019年，天津高等院校毕业生数达13.71万人，2006~2019年，天津市高等院校毕业生人数的年均增速达4.0%。本地区的金融人才充裕度进一步提升。

（2）人才质量

2019年，天津金融人才质量保持平稳增长，金融人才质量发展指数为2156点，比2018年增长86点，增幅达4.1%。从客观数据来看，2019年，天津金融从业人员高等学历比例达75%，比2018年提高1个百分点。

（3）人才引力

2019年，天津人才吸引力度稳步提升，人才引力发展指数为2086点，比2018年增长1.5%，环比指数为1015点。从客观数据来看，2019年，天津市金融从业人员工资水平达12.3万元，2006~2019年天津市金融从业人员工资水平的年平均增速达5.7%。

3. 金融人才服务体系

天津市不断搭建金融人才综合服务平台，逐步形成集人才培训、综合服务和法规政策为一体的创新型城市。

近年来,天津市积极落实"十二五""十三五"规划中有关金融人才的各项任务,人才资本优先积累、人才投入优先保证机制不断完善健全,"引才、育才、聚才、用才"工作体系建设稳步开展。

近年来,天津不断加大人才引进力度。2019年,"海河英才"行动计划共引进各类人才24.8万人,其中,资格型4.8万人、技能型人才6.4万人。2019年末,在津院士37人,新建博士后工作站35个,新进站博士后385人,一批顶尖领军人才和急需紧缺的高层次人才集聚天津。

(五)金融创新发展度分析

在天津金融发展指数中,金融创新是关键衡量指标。

2019年,面临国家多重战略机遇,天津市委、市政府积极推动和加快金融创新运营示范区建设。天津正积极推进科技金融、物流金融、航运金融、租赁金融、绿色金融等领域的发展与创新,不断完善金融基础设施建设和金融管理能力建设,助力天津市经济高质量发展。本报告综合考虑创新发展速度的衡量方法仍处于探索尝试阶段,以及金融创新对一个地区金融发展的战略重要性较高等因素,为保证最终指标的正确性,设定金融创新的权重为15%。该指标包括6项二级指标,二级指标权重详见表20。

表20 金融创新及其二级指标权重

单位:%

指标	权重
金融创新	15
1.整体创新	10
2.机构创新	20
3.市场创新	20
4.产品创新	15
5.创新内部要素	25
6.创新外部要素	10

1. 金融创新整体

金融创新指数的计算，采用主观和客观方法相结合进行计算。客观数据计算法反映数据的客观表现，主要运用于机构创新和市场创新的计算，整体创新和产品创新则采取主观评价和客观数据法相结合的方法，主观评价方法主要用于衡量创新内部要素和创新外部要素。利用主观评价法进行往年倒推是无法实现的，因此，主观评价法[①]仅对2012年及其后年份的天津金融发展指数进行了引用，2006~2011年的天津金融发展指数及其子指数仅使用客观数据法。

2019年，金融创新发展指数为6342点，比2018年增长233点，增幅达3.8%，连续多年保持较快增长；环比指数为1038点，与其他一级指标的环比指数相比，金融创新环比指数处于中间位置（见图11和图12）。

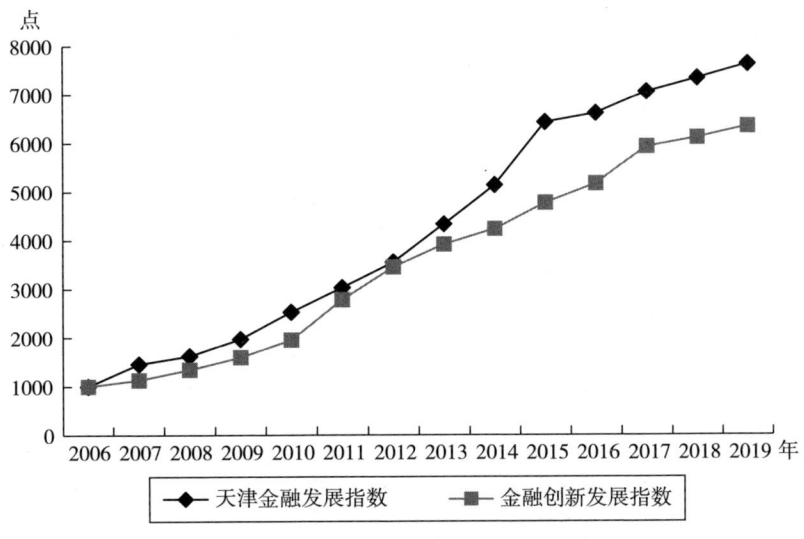

图11　金融创新发展指数与天津金融发展指数曲线

---

① 本报告中主观指标均基于2012年、2013年等年份的问卷调查，逐年外推获得。

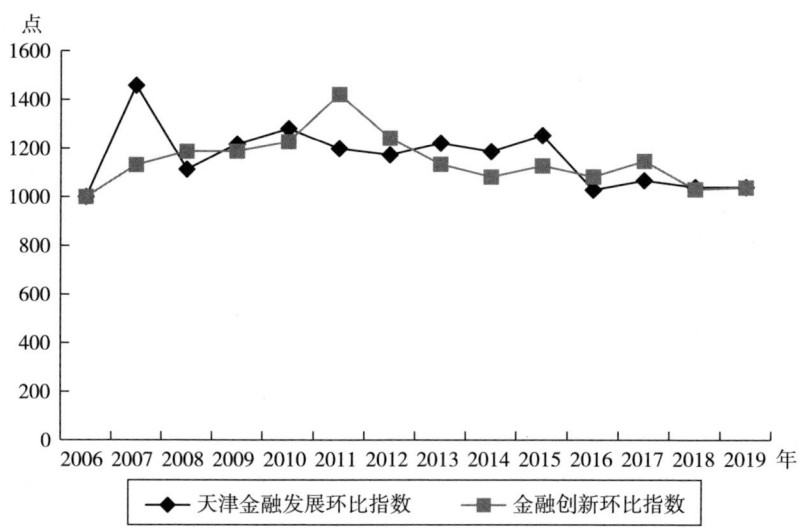

图12　金融创新环比指数与天津金融发展环比指数曲线

从具体金融创新事件来看，2019年天津金融创新取得斐然成绩。天津切实推进金融创新运营示范区建设工作，推动金融业发展迈上新台阶。继续加快金融改革创新，巩固扩大融资租赁、互联网金融等新型业态优势；大力发展直接融资，丰富融资渠道，推动金融要素集聚；继续增强对自贸区建设的金融支持力度，促进京津冀金融协同发展；不断增强对实体经济、民营经济、中小微企业和产业结构调整的支持力度，促进经济高质量发展。

2019年，天津金融创新运营示范区建设实现新突破。启动OTC科创专板，推动科创企业加速发展，融资产品形式得到创新，推出全国首单知识产权证券化产品和北方地区首单保障房资产支持专项计划。国家租赁创新示范区发展迈出新步伐，飞机保税退租再租赁交易、飞机租赁资产证券化及无形资产租赁业务在天津率先开展。天津自贸区金融改革创新获得新进展，"金改30条"中11项措施在全国获得复制推广，复制上海自贸区FT账户建设取得突破性进展。银行间金融产品形式日益丰富。渤海银行发行全国首单非上市商业银行永续债券，金额为200亿元，成功发行华北地区首单信用风险缓释凭证支持的短期债券和天津市首单绿色定向债务融资工具。海河产业基金协议认缴规模达1150亿元，位居全国政府引导基金前列。天津市推出"知识产权质押+回购"、保税仓单质押融资等52项金融创新产品，金融支持实体经济的能力得到有效提升。

2. 金融创新各方面

金融创新的实现，涉及众多方面，不同领域的发展速度呈现分化。2019年，市场创新显露出了生机；整体创新、机构创新、产品创新、创新内部要素和创新外部要素平稳发展。总体来说，2019年天津金融创新水平处于良性发展阶段，机构创新、产品创新、市场创新等领域继续保持较高的增长速度，处于国内金融创新的前列。

2006~2019年金融创新在各个方面都实现了发展。其中2006~2019年增长速度一直处于领先位置的创新类型包括机构创新、产品创新，2006~2018年年均增速超过16.0%，高于其他创新领域。市场创新、整体创新在2006~2019年年均增速达9.1%和8.8%，年均增速较为平稳。2012年引入主观评价类指标，因此创新内部要素和创新外部要素的计算将2012~2019年增速的几何平均值假定为2006~2019年年均增速，分别达5.3%和5.2%，保持在相对稳定的水平。

2019年，在机构创新、产品创新、市场创新三个创新领域中，产品创新的增长速度较快，发展指数为7279点，比2018年增长了5.6%；机构创新、市场创新的发展指数分别为30788点和3105点，比2018年分别增长了3.7%和0.1%。除三个创新领域外，整体创新发展指数为2980点，比2018年增长了3.9%。创新内部要素和创新外部要素的发展指数分别为1518点和1497点，分别比2018年增长了5.3%和5.2%。

从增长速度来看，2019年，整体创新、机构创新、市场创新、产品创新呈现出稳步增长的态势，环比指数分别达1039点、1037点、1001点、1056点，环比指数比2018年分别与上年持平、下降8点、上升9点、上升48点；创新内部要素和创新外部要素的环比指数增速分别达1053点和1052点，增速仍然处于较低水平。

（1）整体创新

2019年，整体创新发展指数为2980点，比2018年提升3.9%；环比指数为1039点，与2018年持平。

推动天津金融改革开放是实现天津城市定位的重要举措,是贯彻国家多重战略的重要支撑,是实践中国"自下而上"金融改革的重要组成。基于金融整体创新的作用,该指标被设定为10%的权重。

整体创新通过3项三级指标进行衡量,分别从金融整体创新、金融先行先试试点、金融创新人才供给三个方面反映金融整体创新,2019年金融整体创新的三个领域都有了稳步发展。2019年,天津金融重大先行先试环比指数为1000点;天津整体金融创新环比指数为1049点;天津金融创新人才充裕度环比指数为1048点。总体来看,金融整体创新在上述3项指标的协同带动下,发展态势稳健。

2019年,金融重大先行先试环比指数为1000点,金融创新人才充裕度的环比指数为1048点,整体金融创新的环比指数为1049点,呈现稳健发展趋势。

(2)机构创新

2019年,机构创新发展指数为30788点,比2018年增长3.7%;环比指数为1037点,比2018年下降8点,增速有所回落。

机构创新是金融创新活动的重要组成,对于建设金融创新运营示范区具有重要作用。考虑到机构创新指标的重要性,该指标被设定为10%的权重。2019年,金融机构创新呈现平稳较快发展,创新型金融机构数量和种类均有所提升,发挥了金融创新运营示范区的示范效应。2019年,天津初步建立了国家租赁创新示范区,租赁2.0版创新政策加快推进落实,飞机、国际航运船舶、海工平台等融资租赁业务在国内保持领先地位,形成机构、产品、政策、智库为一体的生态圈。2019年,天津融资租赁法人机构数达2052家,比2018年增加44家,2006~2018年融资租赁法人机构数的年均增速达70.5%,增速迅猛。融资租赁合同余额达2.2万亿元,较上年增长0.18%。2019年,在天津注册的金融租赁公司达12家,较2018年增加1家,中车金融租赁引进落地。2019年,产业基金公司数达2家,与2018年持平。2019年,海河产业基金协议认缴规模达1150亿元,位居全国政府引导基金前列。2019年,天津财务公司数达7家,比2018年减少1家。2019年,私募股权基金本地投资案例数达51个,比2018年增加5个。2019年,私募股权基金本地投资金额达23.9亿美元,比2018年增加3.3亿美元。2019年，典当公司数达176家，与2018年持平。2019年，小额贷款公司数达95家，与2018年持平。2019年，金融租赁公司、汽车金融公司、中德住房储蓄银行、金城银行等其他法人金融机构达17家，比2018年增加2家。

金城银行的注册不仅成为天津自贸区内的唯一一家民营法人银行，而且还是我国北部地区唯一批准建成的，是天津金融机构创新性发展的重要一环。2019年末，晋城银行的资产总量已达307亿元，比年初增加93.33亿元，增幅为44%。其中，各项贷款余额为147.59亿元，比年初增加45.09亿元，增幅为44%。具体而言：投资业务余额为53.94亿元，比年初增加24.48亿元，增幅为83%；存（拆）放同业款项余额为46.58亿元，比年初减少1.87亿元，下降4%。银行的负债总额为272.22亿元，比年初增加92.51亿元，增幅为51%。其中，一般性存款余额为235.79亿元，比年初增加113.07亿元，增幅为92%；同业存（拆）放款项余额为26.95亿元，比年初减少21.06亿元，降幅为44%。自2019年以来，金城银行在天津市实现营业收入7.37亿元，同比增长30%；净利润高达1.70亿元，同比增长12%。

2020年，360公司正式入股天津市金城银行。360作为中国重要的互联网公司之一，这一举措是将银行与科技产业紧密联系起来。首先，金城银行可以利用互联网大数据收集信息进行更有针对性的销售和风控，有效降低目标客户信息渠道成本。其次，金城银行与计算机科技的合作，将会加强创新金融科技的能力，更好践行普惠金融服务于实体经济，进而为天津市的经济发展增添助力。

（3）市场创新

2019年，市场创新发展指数为3105点，与2018年基本持平；环比指数为1001点，比2018年增加9点，发展总体稳健。

鉴于市场创新是金融改革创新的首要目标，因此该指标被设定为20%的权重。2019年，天津市金融市场区域创新型市场的交易品种与规模发展趋势平稳，对天津市运营示范区的建设具有重要意义。

一直以来，天津市政府致力于帮助中小企业的发展，2019年11月，由科技部、全国工商联、天津市政府在天津联合举办2019中国企业国际融资洽谈会暨民企投融资洽谈会。此次洽谈会以"融资融智·共享共赢——促进民企高质量发展"为主题，会上不仅举办了推介展示，而且直接面对面举行签约、对接等活动，会议充分表明了政府为企业发展提供扶持的决心。

截至2019年末，在"新三板"挂牌的天津本地企业达162家，比2018年末减少32家；截至2019年末，天津滨海柜台交易市场（区域性股权市场）挂牌公司达913家，比2018年末减少164家。

（4）产品创新

2019年，金融产品创新发展指数为7279点，比2018年增长5.6%；环比指数为1056点，比2018年上升48点，增速有一定程度上的回升。

作为金融创新活动[①]的重要组成部分，金融产品的创新指标被设定为15%的权重。2019年，天津市金融产品创新不断发展，产品种类和交易规模迅速增加，一定程度上为天津市金融创新注入活力。从客观数据来看，2019年末，天津市普惠小微贷款[②]余额从可比口径基础上统计为1210.1亿元，同比增长48.1%，比上年提高16.7个百分点；法人基金管理公司新基金产品数达62个，比2018年增加17个，比2006年增加61个。2019年，天津市创新性地推出了"知识产权质押+回购"、保税仓单质押融资等52项金融类创新产品，不仅丰富了金融产品的门类，而且进一步精细化了金融服务实体经济的内涵。

（5）创新内部要素

2019年，创新内部要素发展指数达1518点；环比指数为1053点，发展速度较为稳健。

创新内部要素由金融机构创新能力、技术创新程度、组织形式创新程度、管理创新程度、服务创新程度5个三级主观评价指标组成，内部要素反

---

① 根据《帕尔格雷夫经济学大辞典》的界定，"当一个新的金融产品或服务被人们广泛接受用来代替或补充已有的金融工具、机构或业务流程时，就可以称之为创新性的，而不只是新的或新颖的，这和任何其他创新性产品或服务一样。……金融创新重要的不是一种产品或过程（这通常是不明显的）的创新，而是创新在市场中的扩散。"

② 单户授信500万元以下的小微企业贷款、个体工商户和小微企业主经营性贷款。

映了金融体系内部影响金融创新的能力。考虑到创新内部要素在金融创新中有比较重要的影响,该指标被设定为25%的权重。

考虑到创新内部要素数据不容易获取,本报告采取主观评价方法获得各个要素的评分。同时,考虑到主观评价法难以进行往年倒推,所以本报告仅体现了创新内部要素2012~2019年的主观评价,每个三级指标的权重被设定为20%(见表21)。

表21 创新内部要素及其三级指标的权重

单位:%

指标	权重
创新内部要素	25
1.组织形式创新程度	20
2.金融机构创新能力	20
3.管理创新程度	20
4.技术创新程度	20
5.服务创新程度	20

基于前期调查,技术创新程度环比指数为1049点,服务创新程度环比指数为1064点,管理创新程度环比指数为1059点,组织形式创新程度和金融机构创新能力的环比指数都为1046点。

(6)创新外部要素

2019年,创新外部要素发展指数为1497点,环比指数为1052点,增速保持持续稳定。

创新外部要素包括高校合作推动创新力度和监管部门推动创新力度,从两个方面体现金融体系外部影响创新的能力。与创新内部要素相同,由于数据度量较困难,本报告同样选取了主观评价法对创新外部要素进行评分。由于主观评价法的固有限制,时间倒推较为困难,所以在创新外部要素主观评价的年份选择上,只提取了2012~2019年的数据。考虑到创新外部要素对金融创新的影响力度,将创新外部要素指标设定为10%的权重,将两个三级指标分别设定为50%的权重（见表22）。

表22 创新内部要素及其三级指标的权重

单位：%

指标	权重
创新外部要素	10
1.高校合作推动创新力度	50
2.监管部门推动创新力度	50

基于前期调查，高校合作推动创新力度环比指数为1060点，监管部门推动创新力度环比指数为1044点。

（六）金融生态发展度分析

良好的金融生态环境可以促进金融实现更积极、更高质量的发展，使金融业可以保持向好的势头。金融生态环境的质量关系着推动金融业的未来趋势和保持金融市场健康有序发展。众所周知，政策规划和政策指导方向可以引导金融业的发展。所以，可将政策作为传导中介，通过政策的各方面影响打造良好的外部环境，直接创建一个稳定、健康的金融生态环境。综合考虑上述因素，本报告将金融生态环境指标设定为20%的权重（见表23）。在评价、度量天津金融生态环境方面，本报告选取七大指标，分别是金融中介、信用环境、产业支撑、物价水平、宜居城市、政府服务和法律环境。其中，使用主观问卷调研方式描述的是政府服务和法律环境；使用定量指标度量的是产业支撑、物价水平和宜居城市；使用主观评价[①]和定量指标结合方式的是金融中介和信用环境。

---

① 本报告中主观指标均基于2012年、2013年等年份的问卷调查，逐年外推获得。

表23 金融生态环境及二级指标的权重

单位：%

指标	权重
金融生态环境	20
1. 金融中介	12
2. 信用环境	8
3. 产业支撑	35
4. 物价水平	10
5. 宜居城市	5
6. 政府服务	20
7. 法律环境	10

1. 金融生态环境整体

2019年，金融生态环境维持稳健、良好的发展态势，发展指数为1866点，比2018年小幅上升4.5%，增速有所提升；环比指数为1004点，与其他四个一级指标相比较低（见图13和图14）。

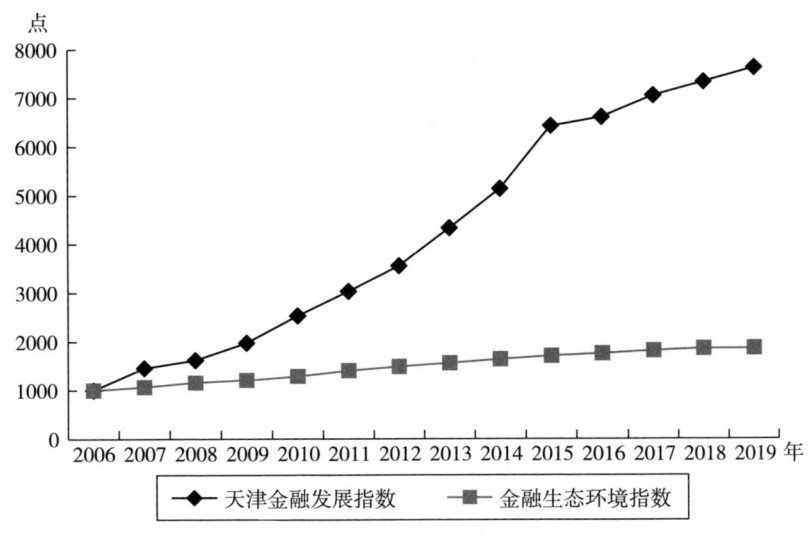

图13 金融生态环境指数与天津金融发展指数曲线

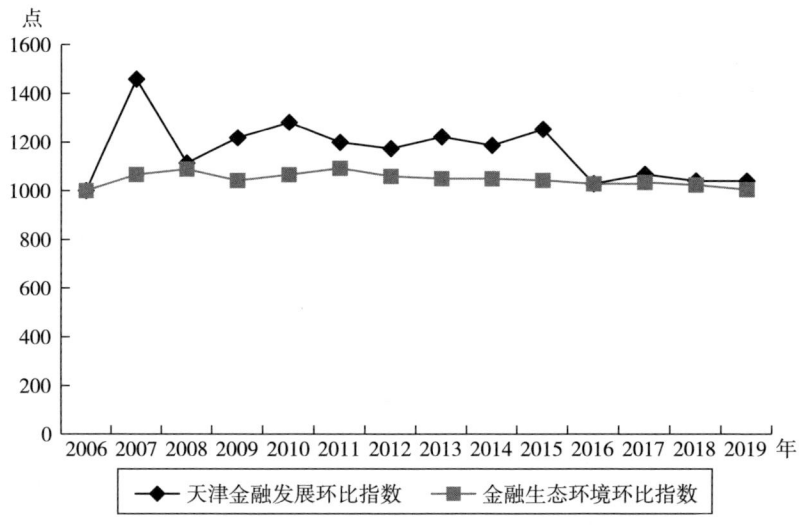

图14　金融生态环境与天津金融发展指数的增速曲线

天津金融生态环境持续改善，虽然前进的速度相对低于金融机构、金融市场，但是仍旧稳步增加，逐渐积累，为天津市金融发展提供了稳定的保障和健康的基础。法律环境、金融中介、信用环境、产业支撑等领域都在逐步走向完善与成熟，其发展历程与发展程度与天津市金融生态环境所经历的每一时期和整个社会经济环境的特点具有一定的契合度。

2019年，天津金融生态环境不断进行优化，金融服务效能逐渐增强。

第一，体现在支付结算体系方面。2019年，天津市各类支付系统共处理人民币业务134.9万亿元，同比增长1.8%。5月20日，天津市商业银行取消企业银行账户开户许可，简化流程环节，进一步改善营商环境；持续优化农村支付环境建设，中国人民银行支付系统在天津的所有乡镇目前已经实现基本覆盖，人均持卡达4.3张，网上银行和手机银行开户数量同比增长15.5%和18.8%，金融发展为农村的发展也带来了极大的改变；天津市民生服务方面也受到支付结算体系发展的支持，比如，中国人民银行天津分行联合支付公司、科技公司共同打造了"小二生活"平台，立足于服务实体商户。首个高校刷脸支付试点项目在天津实施，累计共服务师生68.3万人。公共交通领域也同时实现了移动支付的全覆盖。

第二，体现在征信基础设施建设方面。天津市大力推进构建应收账款融资服务平台，项目成交金额为940.7亿元，其中，中小微企业融资占总量的57.5%，一定程度上解决了这类企业融资的难题；2019年，天津市信用环境发展趋于良好，金融机构分别查询个人信用报告6185.2万笔、企业信用报告28.0万笔，自助查询占个人信用报告查询总量的99.9%，征信自助查询机基本实现区县全覆盖；与和平区、蓟州区人民政府签署备忘录，对于共同推进小微企业及农村信用体系建设达成一致协议；联合开展"诚信建设万里行""征信助力中小微与民营企业融资成果展"等活动，与6所院校签订开展征信知识宣传教育合作协议，推进征信知识的普及。

第三，体现在创新机制模式上。自2019年以来，天津市积极推广金融知识的普及宣传，联合开展"助力乡村振兴 金融扶智进百村"等活动，开创了一条金融扶贫、扶智相互促进共同发展的新途径；制作"'津'融微课堂"一系列金融知识相关学习视频，利用线上教育模式推进金融知识普及；对在天津的金融机构进行全面评价，除了对6家银行和1家支付公司进行现场审验，还对其余82家机构进行非现场评估，促进天津市金融机构合理合规；12月26日，天津市金融消费纠纷调解中心正式设立，主要负责行政调解、人民调解、司法调解、行业调解，形成了多层次调解机制，使天津市金融消费权益保护大大增强；"12363"呼叫中心共负责受理咨询5175件，投诉113件，消费者对整体服务比较满意。

2. 金融生态环境各方面

2019年，法律环境和政府服务的发展指数分别为1494点和1503点；宜居城市发展指数为1829点，与2018年相比上升了3.3个百分点；产业支撑发展指数为2107点，与2018年相比下降了6.5个百分点；物价水平发展指数为892点，与2018年相比下降了0.5个百分点；信用环境发展指数为1728点，与2018年相比提高了6.3个百分点；金融中介的指数为1853点，与2018年相比提高了4.5个百分点。

2006~2019年，金融生态环境主要子领域呈前进趋势，年均增速处于第一位的是产业支撑，超过了5.9%，远大于其他子领域。随后是金融中介、宜居城市和信用环境，年均增速分别为4.9%、4.8%和4.3%。在指数评价方法上，由于2012年首次引入主观评价法，所以对于采取主观评价法收集数据的法律环境和政府服务而言，其2012~2019年的年均增速假定为2006~2019年的年均增速，分别为5.1%和5.2%，较为稳定。2006~2019年，年均增速是负的子领域为物价水平。总体而言，2019年天津金融生态环境依旧呈现出良好的增长态势，法律环境、信用环境、产业支撑、政府服务和金融中介等子领域呈现稳健发展趋势。

从增长速度来看，2019年，保持稳定增长趋势的子领域为法律环境和政府服务，这两个子领域发展前景较为乐观，环比指数分别为1051点和1052点；2019年，信用环境、金融中介和宜居城市的环比指数分别为1063点、1045点和1034点；产业支撑和物价水平的环比指数分别为935点和997点。

（1）金融中介

2019年，金融中介发展指数为1853点，与2018年相比增加了4.5个百分点；环比指数为1045点，与2018年相比降低了30点，增速略有降低。

金融机构和专业服务业机构的互利共生是金融中心和金融区的重要特征之一。本报告将金融中介服务机构这一指标设定为12%的权重，反映了金融中介服务机构在金融环境中的重要作用。

通过调查行业数据，可以发现金融中介专业人才和金融中介服务机构的密度呈现稳步增长的趋势。①2019年，万人注册会计师达1.426人/万人，比2018年增加0.033人/万人，比2006年增加0.426人/万人；②2019年，天津万人执业律师人数达4.890人/万人，比2018年增加0.235人/万人，比2006年增加3.06人/万人；③2019年，万人会计师事务所达0.071个/万人，比2018年增加0.002个/万人，比2006年增加0.024个/万人；④2019年，天津万人律师事务所达0.549个/万人，比2018年提升0.025个/万人，比2006年增加0.324个/万人；⑤2019年，万人专业保险中介机构数达0.212个/万人，比2018年增加0.011个/万人，比2006年增加0.145个/万人。

由于七个指标采用主观评价法获取数据，所以在时间上，各个环比指数仅获取了2012~2019年的数值。基于前期调研，2019年会计审计服务环比指数为1053点，金融法律服务环比指数为1052点，融资担保服务环比指数为1048点，资讯信息服务环比指数为1048点，投资咨询服务环比指数为1047点，信用评级服务环比指数为1044点，资产评估服务环比指数为1040点。

（2）信用环境

信用环境是对某个地区金融生态环境发展状况考量的重要指标，基于它的重要性，本报告将信用环境指标设定为8%的权重。2019年末，信用环境发展指数为1728点，比2018年提高了6.3个百分点；环比指数为1063点，增速较为稳定，与上年基本持平。

基于前期调查，公民信用意识环比指数为1077点，信用数据库建设环比指数为1070，信用文化建设环比指数为1067点，政府补贴政策环比指数为1060点。

（3）产业支撑

2019年，天津市构建了联合实体经济、现代金融、科技创新及人力资本协同发展的产业体系；不断调整、优化产业结构，追求更高质量、更有成效、更加绿色的产业结构，全力推动天津市经济发展。鉴于天津产业体系的重要性，本报告将产业支撑设定为35%的权重。2019年，产业支撑发展指数为2017点，比2018年有所下降；2019年，产业支撑环比指数为935点。

2019年，天津市产业支撑和实体经济持续发展。天津市地区生产总值为14104.28亿元，比2018年增长4.8%。天津市工业增加值比2018年增长3.6%，规模以上工业增加值增长达3.4%，较2018年上升了1.0个百分点。外贸进出口回稳向好，港口货物吞吐量为5.08亿吨，比2017年增加了0.07亿吨，全年外贸进出口总额为7346.03亿元人民币（1063.39亿美元），同比下降9.1%。其中，进口总额为4328.22亿元，较上年下降11.2%；出口总额为3017.81亿元，降幅为5.9%。一般贸易出口总额为1577.97亿元，较上年增长1.4%；加工贸易出口总额为1271.44亿元，降幅为10.9%。全市新批外商投资企业共711家，合同外资额为315.94亿美元，实际直接利用外资为47.32亿美元，同比增长3.0%。2019年，天津市三次产业增加值占全市总产出比重依次为1.3%、35.2%、63.5%。其中，第一产业增加185.23亿元，较上年升幅为0.2%；第二产业增加4969.18

亿元，较上年升幅为3.2%；第三产业增加8949.87亿元，较上年升幅为5.9%。

（4）物价水平

一个地区的物价水平，既影响该地区的居民生活和企业运营成本，又反映一个地区的经济繁荣程度。为了把物价因素纳入天津金融生态环境中，在研究物价水平时，本报告选取了居民消费价格指数和办公室租用成本两个指标。考虑到物价水平对金融生态环境的影响，本报告将物价水平指标设定为10%的权重。2019年，天津物价水平发展指数为892点，比2018年降低了0.3个百分点；环比指数为997点，比2018年减少了5点，增速略有下降。

2019年，居民消费价格指数为102.7%，与2018年相比略有上升，可以看出居民消费价格持续保持平稳状态；2019年，天津办公室租用成本为120.8元/平方米·月，比2006年提高了19.2元/平方米·月，与2018年基本持平，天津市办公室租用成本稳定。

（5）宜居城市

2013年，习近平总书记在天津视察时提出加快打造美丽天津。美丽天津和宜居城市的建设对于金融机构和金融人才的集聚具有积极的促进作用。考虑到宜居城市在金融生态环境建设中的作用，本报告将宜居城市指标的权重设定为5%。2019年末，宜居城市发展指数为1829点，同比增加3.3个百分点；环比指数为1033点，比2018年减少了104点，发展增速略有下降。

2019年，天津空气质量达标天数为219天，达标比例为60.0%，重污染天数为15天，PM10浓度下降3.8%；天津市建成区绿化覆盖率达38.0%，与2018年持平；天津市的万人城市轨道交通运营里程达0.149公里/万人，比2018年增加了0.004公里/万人；天津市的艺术表演场所为71个，比2018年增加3个。

（6）政府服务

2019年，政府服务发展指数为1503点；环比指数为1052点，继续保持稳步发展。

本报告中的一系列体现政府服务的要素组成了政府服务，包括税收优惠相关政策、政府补贴政策、金融机构奖励政策、金融人才奖励政策、金融区域布局和基础设施建设政策、金融配套服务产业相关政策、金融监管、政府推动信用环境建设活动。综合考虑政府服务在金融生态环境中的重要作用，将该指标设定为20%的权重。由于政策支持要素获得数据较为困难，本报告在获得要素评价数据方面采用了主观评价法。由于主观评价法难以进行时间倒推，所以选取的数据时间仅为2012~2019年。8个三级指标的权重详见表24。

表24 政府服务及其三级指标的权重

单位：%

指标	权重
政府服务	20
1. 税收优惠相关政策	15
2. 政府补贴政策	15
3. 金融机构奖励政策	10
4. 金融人才奖励政策	10
5. 金融区域布局和基础设施建设政策	10
6. 金融配套服务产业相关政策	15
7. 金融监管	15
8. 政府推动信用环境建设活动	10

基于前期调查，税收优惠相关政策环比指数为1050点，政府补贴政策环比指数为1058点，金融机构奖励政策环比指数为1055点，金融人才奖励政策环比指数为1047点，金融区域布局和基础设施建设政策环比指数为1057点，金融配套服务产业相关政策环比指数为1049点，金融监管环比指数为1048点，政府推动信用环境建设活动环比指数为1054点。

（7）法律环境

2019年，法律环境发展指数为1494点；环比指数为1051点，继续稳健发展。

法律环境由全国金融法律规章，天津市金融法规、规章，金融执法，金融诉讼仲裁环境等若干反映法律环境的要素构成。法律环境指标被设定为10%的权重，以反映法律环境对金融生态环境的影响。由于法律环境相关要素不容易获取数据，本报告采取主观评价法获得要素评分。同时，考虑到主观评价法难以进行时间倒推,所以,基于前期调查获得法律环境指标的时间仅为2012~2019年。

法律环境的4个三级指标的权重相同,都为25%(见表25)。基于前期调查,全国金融法律规章、天津市金融法规、规章、金融执法、金融诉讼仲裁环境4个三级指标的环比指数分别为1052点、1060点、1052点和1042点。

表25 法律环境及其三级指标的权重

单位:%

指标	权重
法律环境	10
全国金融法律规章	25
天津市金融法规、规章	25
金融执法	25
金融诉讼仲裁环境	25

Ⅱ 分报告
Sub Reports

B.3
2019年天津金融机构发展报告

王 韩 张 博[*]

摘 要: 本报告分析了2019年天津市金融机构的发展状况。天津市银行机构稳健发展，资产规模稳步回升，但盈利能力稍有下降；存贷款总体平稳，结构进一步优化；不良贷款实现双降。证券机构发展平稳，资产规模持续扩大；法人证券公司资产规模有所增长；法人基金公司业务略有缩减，但业务结构较为优化；法人期货公司资产规模增长迅速；上市公司数量稍有增加，其总市值增长幅度较大。保险机构多元化发展，保费收入稳步增加，支出略有下降。租赁行业集聚效应显著，发展前景良好。此外，信托机构、商业保理和小额贷款公司保持稳健发展，智能科技产业发展迅猛。

关键词: 金融机构 银行机构 证券机构 保险机构 租赁机构

---

[*] 王韩，天津财经大学金融学院博士研究生，研究方向为国际金融、货币政策、区域金融；张博，天津财经大学金融学院硕士研究生，研究方向为国际金融。

2019年，天津市以习近平新时代中国特色社会主义思想为指导，以习近平总书记对天津工作提出的"三个着力"重要要求为元为纲，深入学习贯彻习近平总书记视察天津重要指示和在京津冀协同发展座谈会上的重要讲话精神，坚持落实"巩固、增强、提升、畅通"八字方针，着力做好稳就业、稳金融、稳外贸、稳投资、稳预期工作。2019年，天津市整体经济运行稳中有进、稳中向好，继续扎实推进高质量发展，加快动能转换的步伐，显著改善营商环境，不断释放市场活力，持续增进民生福祉，社会经济等事业的发展取得显著新成效。2019年，天津市地区生产总值继续增加，达14104.28亿元，与上年相比增长率为4.8%，增幅高达646亿元。具体来看，第一、第二、第三产业也呈现增长态势，其增加值依次为185.23亿元、4969.18亿元、8949.87亿元，分别增长了0.2%、3.2%、5.9%。第一、第二、第三产业的产业结构是1.3∶35.2∶63.5。

就金融业而言，天津市将继续认真贯彻落实稳健的货币政策要更加灵活适度的要求，加大支持经济转型升级的力度，促进结构调整，提高金融对民营经济、中小微企业、制造业和相关重点领域的服务，完善并畅通贷款市场报价利率传导机制，将实体经济融资成本有效降低。继续打好防范并化解重大金融风险攻坚战，合理处置化解不良资产，将金融业抵御相关风险的能力进一步增强。将金融改革与创新稳步推进，继续积极落实落实金融支持自贸试验区建设政策，进一步加快建设金融创新运营示范区步伐，加大科技金融、物流金融、绿色金融及租赁金融发展力度，保证整体市场稳健发展，不断提升金融服务实体经济效力。

一 天津银行业金融机构发展状况

截至2019年第四季度，天津市银行业金融机构资产总额约为5.1亿元，比上年同期增长3.1%。天津市银行业金融机构总数为2991家，比上年同期减少176家。其中，除小型农村金融机构外，其他金融机构数量比2018年均有所减少（见图1）。从金融从业人数来看，2019年金融从业人数达100635人，比

2018年增加了34455人，增长率高达52%。此外，法人机构的数量也从2018年的47家增加到2019年的49家（见图2）。

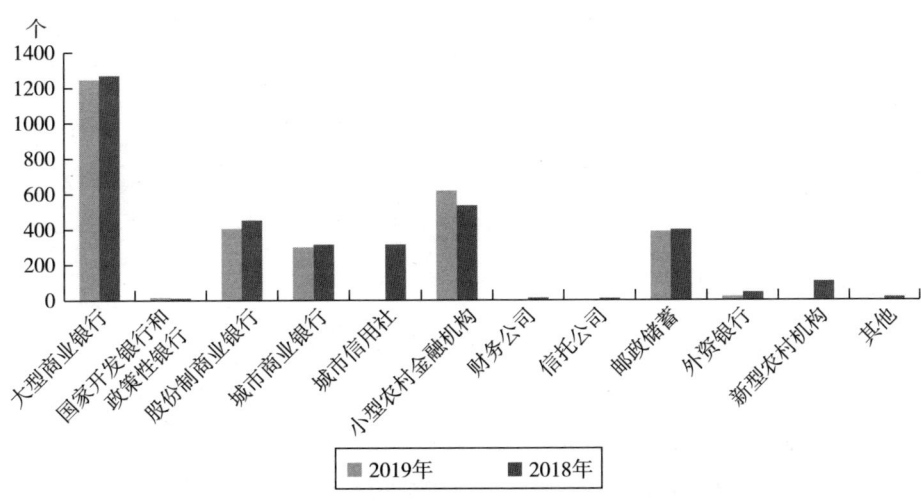

图1　2018年、2019年天津银行业金融机构数量对比
（资料来源：天津银保监局）

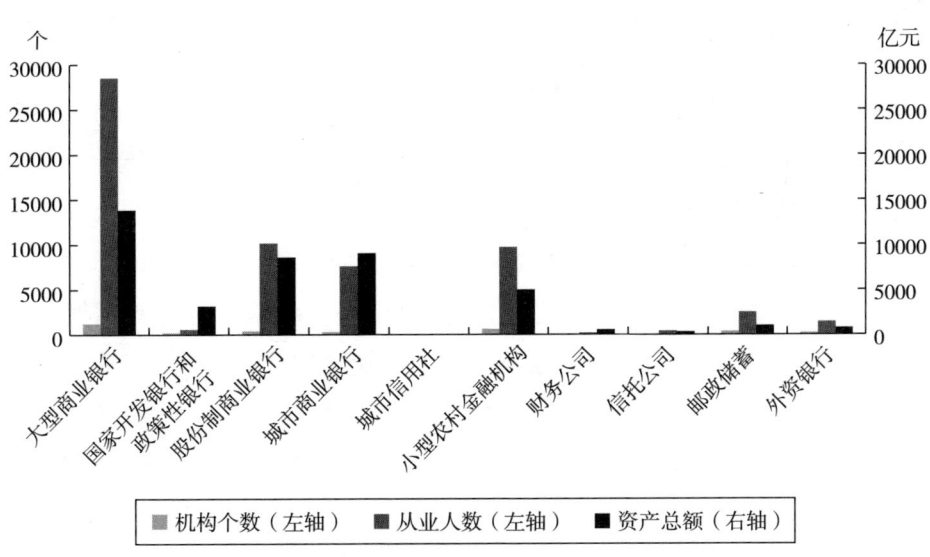

图2　2019年天津银行业金融机构情况
（资料来源：天津银保监局）

(一)资产规模和盈利方面

2019年,天津市银行业金融机构资产规模呈现增长态势,但是盈利能力稍有下降。截至2019年末,天津市银行业金融机构资产总额和负债总额分别为5.1万亿元、4.9万亿元,同比增速依次为3.1%、3.2%,相较于上年,二者增速均显著提高,增幅分别是1.8%和1.7%。就营业收入而言,2019年天津银行业金融机构累计达1173.2亿元,与上年同期相比增长了5.4个百分点,涨幅提高4.2%;然而,全年累计经济润为负,为-32.3亿元,比2018年降低116.9%,降幅提高67.2%。

(二)存贷款余额方面

2019年,天津市银行业金融机构存、贷款整体运行稳定,保持增长态势,且住户存款以较快的速度增加,贷款结构得到了进一步优化。截至2019年年末,天津市本外币各存、贷款余额分别为31788.8亿元、36141.3亿元,同比增速为2.6%、6.0%,较2018年同期分别提高2.5个百分点、下降1.8个百分点,与年初相比,二者均有所增加,增幅依次为795.8亿元、2026.1亿元。具体来看,与上年同期相比,2019年住户存款余额增长17.3%,提高5.0%,比年初新增1881.9亿元,同比多增693.3亿元;非金融企业存款与外币存款均表现为下降,与年初相比下降额分别为676.2亿元、0.2亿美元,与上年同期相比依次多降159.3亿元、少降26.3亿美元。天津市金融机构积极主动灵活运用不同种类的负债产品,截至2019年末,与年初相比,天津市住户及非金融企业结构性存款余额增加135.2亿元,同比增速为5.4%,大额存单增加692.0亿元,同比增幅为268.7亿元,余额的同比增速为74.1%。还原渤钢系企业债务处置冲减贷款,天津市各项贷款增速要快于上年。外币各项贷款余额比上年同期下降19.3%,较之于年初回落43.6亿美元,降幅达34.1亿美元(见图3)。

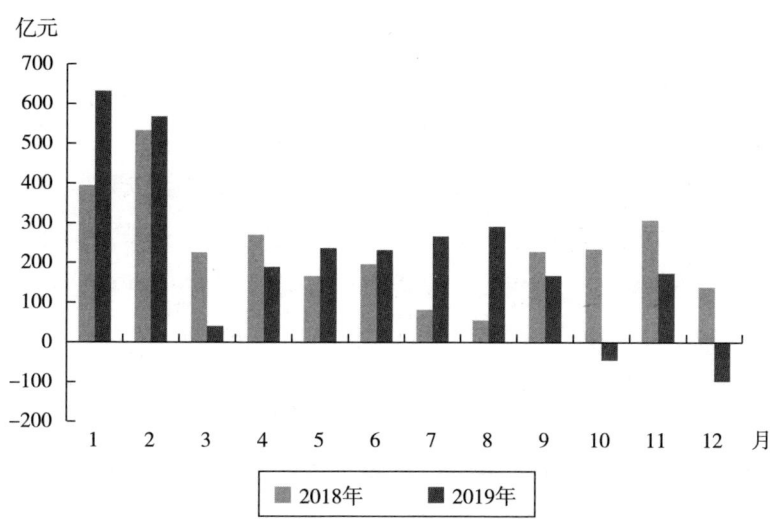

图3 2018年、2019年天津金融机构贷款增加额变化情况
（资料来源：中国人民银行天津分行）

结构性货币政策工具和信贷政策发挥显著作用，信贷结构得到了进一步优化。其中的小微贷款、私人控股企业贷款、涉农贷款和保障性住房开发贷款有所增加。首先是可比口径普惠小微贷款[①]，其余额于2019年显著增加，高达1210.1亿元，与上年同期相比，增长48.1%，较上年升高了16.7个百分点；其次是私人控股企业贷款，较上年同期增长13.9%，达4917.8亿元，比上年提高5.3%，其余额与全部企业贷款的比重为20.3%，比上年提高2.2%；再次是涉农贷款，结束了三年的负增长，实现同比增加6.2%，其余额为1945.2亿元；最后是保障性住房开发贷款，其余额为1039.8亿元，同比增速高达18.4%，超过全部房地产开发贷款增长速度8.8%。

（三）贷款利率方面

2019年，天津市金融机构人民企业一般贷款加权平均利率比上年有所下降，降低了0.10%，至5.13%。其他利率，如转贴现利率、贴现和民间借

---

① 单户授信500万元以下的小微企业贷款、个体工商户和小微企业主经营性贷款。

贷利率均下降，但个人住房按揭贷款利率表现为上升。由于美联储降息等因素的冲击，外币存贷款利率稍有下降。自2019年8月完善贷款市场报价利率（LPR）形成机制后，与之前7个月相比，8~12月天津市企业一般贷款加权平均利率降低了0.15个百分点。2019年，天津市发放支小再贷款比上年同期增长507.1%，相关企业贷款利率降低1.05%；支农再贷款突破近两年的"零"金额，总共发放3笔，引导相关企业贷款利率降低1.05%；再贴现的发放额同比增长120.9%，其中投入小微企业的数额高达99.6%，引导相关企业贴现利率降低1.17%。

（四）不良贷款和关注类贷款方面

2019年，天津市积极有序处置不良贷款，将资产质量改善，实现不良贷款的双降。截至2019年末，天津市银行业不良贷款余额比年初降低56.8亿元，降至882.3亿元；不良贷款率也随之下降0.3个百分点，仅有2.29%。关注类贷款余额比年初增加748.1亿元，达2420.2亿元；关注类贷款率比年初上涨1.7个百分点，为6.3%。

（五）人民币跨境收付进而资金流动方面

2019年，天津市人民币跨境收付量有所下降，资金的净流出缩窄。受中美贸易摩擦及人民币汇率波动等因素的影响，人民币跨境收付量降低。天津市2019年人民币跨境收入和支出都有所下降，二者同比增速分别为-10.5%和-18.5%，分别降至864.9亿元和956.7亿元，净流出91.8亿元，总首付额为1821.6亿元，与上年同期相比下降了14.9%。经常项目变现为资金净流出，但流出金额有所下降，同比减少23.2%，降至200.5亿元，资本项目实现资本净流入108.7亿元，比上年同期翻一番。其中，同中国香港交易的人民币跨境收付量所占比重为27.9%，近1/3，欧美国家占全部的34.9%，比上年同期增长6%。境内主体积极参与，2019年全年新增1100家企业，同比增长15.6%。

（六）防范和化解金融风险方面

天津市银行业金融机构积极防范和化解金融风险，并取得良好进展，进一步将资产质量做实，将辖内商业银行预期超过90天的贷款全部纳入不良；处置不良贷款大幅增加；重点企业和地方隐性债务在防控风险方面取得了良好进展。市场秩序得到了进一步的规范，解决法人机构股东股权问题成效显著，交叉金融风险实现持续收敛，整治车险市场取得了良好成效，进一步遏制了车险市场乱象。实现金融服务实体经济质效的提升，民营企业贷款和京津冀协同发展贷款以较快的速度增长；普惠型小微企业贷款余额达1184亿元，贷款余额及贷款户数均为增长态势，实现了"双增"目标；涉农贷款也实现了持续增长的目标，其余额为2015亿元。

（七）银行业金融机构涉农信贷方面

2019年天津市银行业金融机构涉农信贷表现出了良好的增长态势。截至2019年第三季度，天津市中资银行金融机构加大涉农信贷的投放，涉农信贷余额与年初相比增长2.01%，增至2024.93亿元；普惠型涉农贷款增速显著，超过其他各项贷款增速10.67%，其余额比年初增长了17.32%，高达141.28亿元，农村金融的可得性得到进一步增强。2019年第三季度，困难村贷款和困难村基础设施与公共服务贷款的投放额均稳定增长，二者余额分别为19.70亿元和5.69亿元，比年初依次增长98.18%和28.73%；向困难村发放农户贷款额累计达15.54亿元，其中涉及农户2505户，就业就学贷款累计发放4642亿元。

（八）债券发行方面

截至2019年末，天津市中外合资企业、民营企业及国有企业三种类型的企业发行过债务融资工具，总计有116家企业，所涉及的行业包括信息科技、交通运输、制造业、公共事业等十余个领域，且各个企业均经由市场获得了自身所需融资。截至2019年末，天津市非金融企业通过银行间债券市场进行的融资额突破万亿元，高达10057.7亿元，居全国第九位，按存量计数，其金额为4034.14亿元,居全国第七位。

二 天津证券机构发展状况

2019年,天津市证券业机构稳健发展,相关经营风险基本可控,法人证券公司资产规模继续增长,但基金管理公司相关业务的规模稍有减少,期货公司代理交易规模扩大(见表1)。

表1 2019年天津证券业基本情况

项目	数量
总部设在辖内的证券公司数(家)	1
总部设在辖内的基金公司数(家)	1
总部设在辖内的期货公司数(家)	6
年末国内上市公司数(家)	54
当年国内股票(A股)筹资(亿元)	180
当年发行H股筹资(亿元)	0
当年国内债券筹资(亿元)	2414
其中:短期融资券筹资额(亿元)	881
中期票据筹资额(亿元)	447

资料来源:天津证监局、中国人民银行天津分行。

(一)法人证券公司资产规模方面

2019年,天津市法人证券资产规模保持稳定增长态势,其经营风险也在可控范围内。2019年天津市法人证券公司资产规模和负债总额平稳增长,分别为513.4亿元和310.4亿元,同比增速依次为6.5%、9.6%;净利润显著增加,较年初增加4.1亿元,达10亿元(见图4)。截至2019年末,与监管预警标准相比,法人证券公司净稳定资金率和风险覆盖率分别高出58.2个和156.4个百分点。

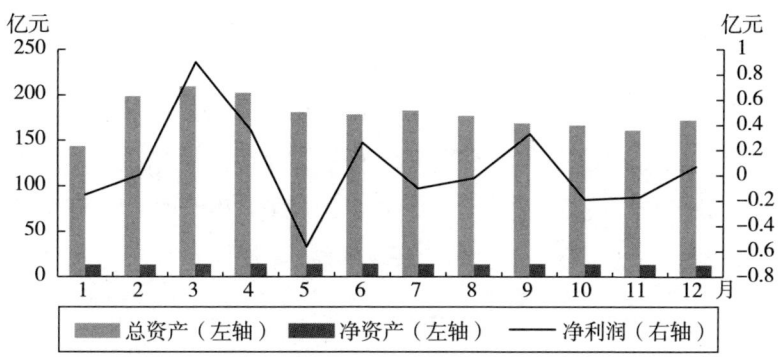

图4　2019年天津市12个月证券营业部资产和利润规模
（资料来源：天津证监局官网）

（二）法人基金公司业务方面

2019年，天津市法人基金公司业务结构得到了优化，但业务规模有所减少。截至2019年末，法人基金公司资产总额稳定增长，与上年同期相比，增加22.1亿元，达127.6亿元，负债总额稍有下降，为18.4亿元，降幅为0.7亿元。管理基金总数为62只，较上年增加17只，基金净值和单一产品集中度均下降，其中基金净值比上年同期减少594.2亿元，仅有12826.5亿元（见图5）。

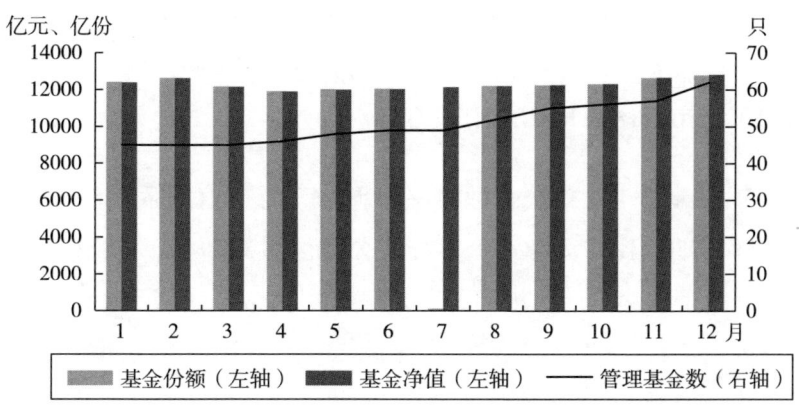

图5　2019年天津市12个月基金基本状况
（资料来源：天津证监局官网）

（三）法人期货公司资产规模和代理交易方面

2019年，天津市法人期货公司资产规模发展迅速，代理交易继续以较快的速度增长。截至2019年末，天津市法人期货公司资产总额及净资产总额分别为137.2亿元和24.5亿元，同比增速分别为46.0%和8.0%；代理交易量和代理交易额分别以71.5%和66.7%的同比增速增加至11937.0万手和73718.8亿元（见图6）。

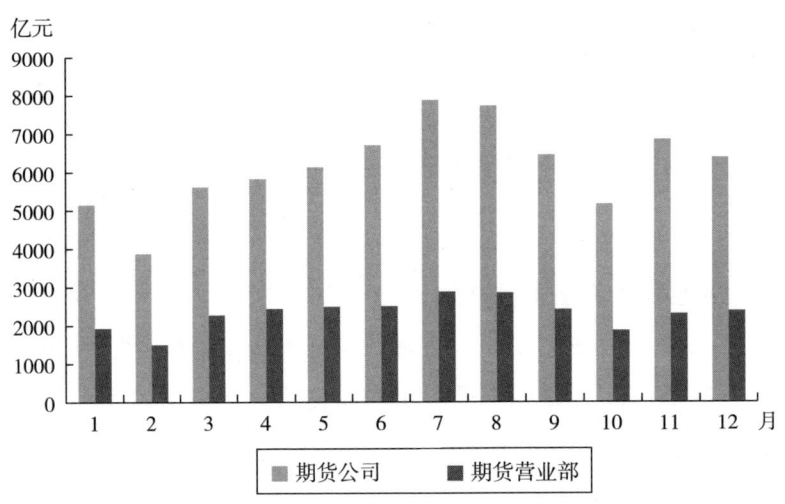

图6　2019年1~12月天津市期货交易额基本状况
（资料来源：天津证监局官网）

（四）上市公司数量和总市值方面

2019年，天津市上市公司数量平稳增加，总市值翻番。截至2019年12月，与上年同期相比，天津市上市挂牌公司数量新增4家，都为A股公司，其中包括上海证券交易所上市的公司1家、深圳证券交易所主板上市的公司1家、科创板上市公司2家（见表2）。除此之外，与2018年同期相比，2019年末上市公司总市值增长87.1%，达7208.4亿元。新三板挂牌公司及区域性股权市场挂牌公司稍有缩减。

表2 上市挂牌公司基本状况

指标名称	单位	当期值	上年同期
上市公司家数	家	54	50
其中：A 股公司家数	家	49	45
AB 股公司家数	家	1	1
AH 股公司家数	家	3	3
AS 股公司家数	家	1	1
其中：上海证券交易所上市公司家数	家	27	26
深圳证券交易所主板上市公司家数	家	8	7
中小板上市公司家数	家	9	9
创业板上市公司家数	家	8	8
科创板上市公司家数	家	2	—
新三板挂牌公司家数	家	162	194
区域性股权市场挂牌公司家数	家	913	1077
拟上市公司家数	家	21	20
证券信用评级公司家数	家	1	1
上市公司总股本	亿股	790.85	644.68
上市公司总市值	亿元	7208.4	3853.01

资料来源：天津证监局官网。

三 天津保险机构发展状况

整体来看，2019年，天津市保险市场增长速度较快。全年原保险保费收入比上年增长10.3%，高达617.89亿元。其中，人身险保费收入和财产险保费收入均有所增加，分别增长12.1%和5.4%，分别达465.70亿元和152.19亿元。2019年全年赔付支出比上年减少3.6%，为158.17亿元。其中，人身险和财产险分别赔付78.87亿元、79.29亿元，依次下降5.8%、1.4%。

（一）资产规模方面

2019年，天津市保险公司经营主体保持稳定，资产规模有所回升。截至

2019年末，天津市共计法人保险公司6家，省级分公司69家，比上年多6家。保险公司在天津的分支机构资产总计1548.6亿元，比上年同期增加10.4%。其中，财产险公司和人身险公司的资产总额比上年同期均有所增加，增速依次为5.5%和10.9%，依次达131.2亿元、1417.4亿元（见图7和表3）。

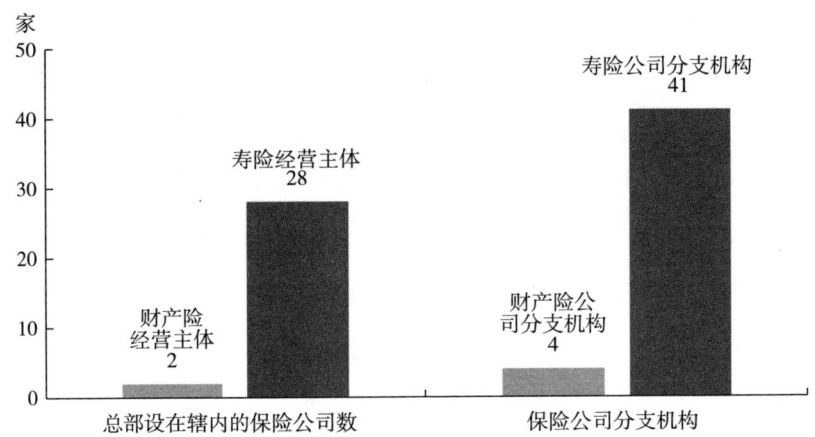

图7　2019年天津保险机构基本情况

（资料来源：天津银保监局官网）

表3　2019年保险业经营情况

项目	本年累计
原保险保费收入（亿元）	617.89
1. 财产险	152.19
2. 人身险	465.71
（1）寿险	355.27
（2）健康险	91.95
（3）人身意外伤害险	18.49
保险金额（亿元）	546123.71
保单件数（万件）	13301.02
原保险赔付支出（亿元）	158.16
1. 财产险	79.29
2. 人身险	78.87
（1）寿险	48.12
（2）健康险	27.79
（3）人身意外伤害险	2.96

资料来源：天津银保监局官网。

（二）保费收入方面

2019年，天津市保费收入继续保持增长态势，但与其他城市存在较大差距。截至2019年末，天津市保险业保费收入共计617.9亿元，同比增速为10.3%。其中，财产险和人身险的保费收入均有所增长，同比增速依次为5.4%、12.1%，其金额分别为152.2亿元和465.7亿元。财产险公司全年签单量达12777.5万件，比上年同期增长238.8%，是上年的两倍之多。其中，签单数量显著增加的险种包括健康、保证保险、货物运输保险。

然而，与一线城市相比，无论是保费总收入，还是不同险种保费收入，天津均与北京、上海、深圳存在较大差距。就保费总收入而言，2019年天津市保费收入仅有671.99亿元，不及深圳的1/2、北京市的1/3；天津市财产险保费收入仅有152.19亿元，依然是几个城市中最低的，不及上海的1/3、北京的1/2；天津市的寿险、人身意外险和健康险保费收入均与北京、上海、深圳存在较大差距（见图8）。

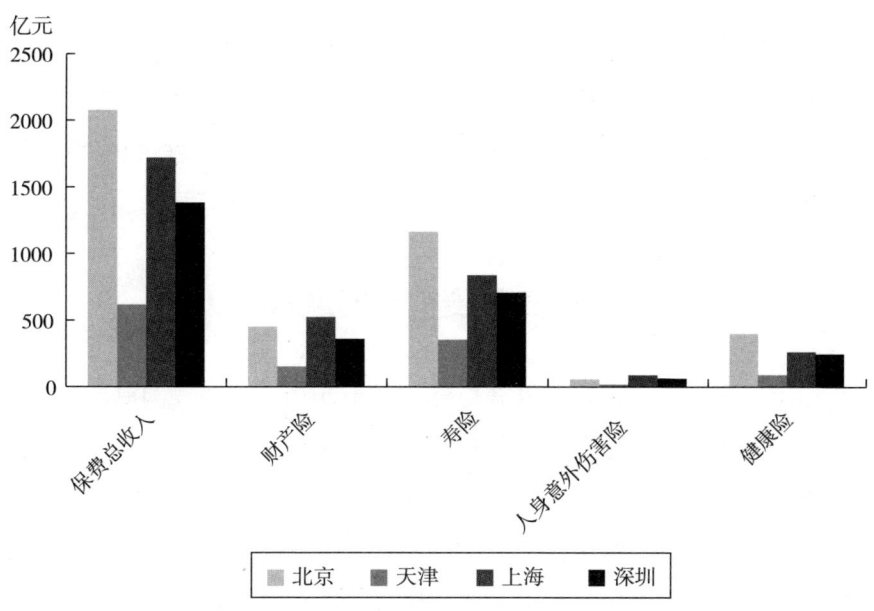

图8 2019年天津、北京、上海和深圳不同险种保费收入对比

（资料来源：天津银保监局官网）

(三)销售渠道方面

2019年,天津市保险销售渠道得到了些许改善,但占主导地位的仍然是个人代理。2019年,通过银邮代理渠道获得的保费收入为143.7亿元,同比增速为10.1%,占原保险保费收入的比重为31.7%,比上年同期减少0.3%。通过公司直销渠道获得的保费收入同比增长14.6%,达41.1亿元,占原保险保费收入的比重为9.1%,比上年同期上升0.3%。通过个人代理渠道获得的保费收入高达253.4亿元,同比上涨10个百分点,占原保险保费收入的比重为56%,比上年同期减少0.5%。

(四)农业保险方面

2019年,天津市农业保险"扩面增品"。第一,在"扩面"方面,2019年前三个季度,天津市保险业承保各类牲畜累计达363.66万头、农作物累计达581.02万亩,参保农户共82.18万户次,为天津市农业发展提供风险保障累计159.61亿元。第二,在"增品"方面,天津银保监局会同天津市农业农村委、天津市财政局联合印发《关于印发天津市政策性三大粮食作物制种保险工作实施方案的通知》,推出三种制种保险,包括小麦制种、水稻制种和玉米制种,政策性农险品种比年初增加3个,共19个。天津辖区内"保险+期货"保险承保农产品累计达1000吨,承担风险保障达530万元。

四 天津租赁机构发展状况

2019年,全国融资租赁业发展稳健。截至2019年末,我国融资租赁企业数量共计12130家(不包括收购海外的企业、港澳台当地租赁企业、SPV公司、分公司和单一项目公司),比上年同期增加353家,增长率为2.91%。其中,在金融租赁方面,银保监会于2019年审批了一家新企业,即中车金租。截至12月底,已有70家企业获批开业,比上年同期增加1家,增速为1.43%。内资租赁,2019年改变了监管体制,调整了内资试点审批机构,基本停止了自贸区审批内资企业进行融资租赁业务试点，仅有天津尚未停止。截至12月底，全国内资融资租赁企业数量总计403家，比上年同期增加6家，同比增速为1.51%。外资租赁，除上海、广东、天津、陕西和辽宁外，其他地区外资租赁企业均未增加。截至12月底，全国共11657家外资租赁企业，比上年同期增加364家，增速为2.97%。

截至2019年9月底，经监管公开批复、股东无外资企业的现存内资融资租赁公司共计363家。其中，归属天津市辖区的内资租赁企业数量是最多的，占全国比重约1/3。同时，天津市内资租赁公司的注册资本总额居全国首位，占全国内资租赁公司总注册资本2605.12亿元的38%。此外，全国仅3家公司的注册资本高于100亿元，而归属天津的长江租赁有限公司及天津渤海租赁有限公司则占其2/3。2019年天津市融资租赁业发展具有如下特点。

（一）企业规模增大，业务总量迅速提升

归属天津市的融资租赁企业无论是在数量上还是在规模上，在全国均占有绝对的优势。从规模来分析，截至2019年末，天津市融资租赁总部企业注册资金总额达8780亿元，比上年同期增长1.3%。截至2019年12月底，按照已经注册资金排序，有108家企业入围全国融资租赁企业50强，其中，入围10强的注册地在天津的企业共3家，且天津渤海租赁有限公司和工银租赁分别位居第一和第二名，二者注册资金分别为221.0亿元人民币和180亿元人民币，注册时间分别是2008年和2007年（见表4）。截至2019年末，天津市内资融资租赁企业总数和注册资本总额分别为119家和1016.1亿元，其中有长江租赁有限公司和天津渤海租赁有限公司两家企业的注册资本金超过了100亿元。融资租赁在天津市社会发展中发挥着重要作用，天津市积极采取监管和发展并行的措施，率先审批回复内资租赁企业，2019年新增内资和金融企业共7家，其中在天津自贸区的有6家，对行业的整体发展具有重要的积极意义。融资租赁合同余额增长0.18%，达22060亿元左右，其中的金融租赁、内资租赁、外资租赁合同余额依次为9230亿元、6380亿元、6450亿元（见图9）。就增加值而言，2019年天津市融资租赁业合同余额的增加值为40亿元，其中外

资租赁基本不变，内资租赁和金融租赁表现为增加态势。在业务方面，天津市融资租赁业务总量是世界总量的7.7%。由此可见，天津市融资租赁业具有显著的聚集效应，这在全国甚至世界都具有典型的意义。

表4 2019年全国融资租赁企业10强排行榜

排序	企业名称	注册年份	注册地	注册资金（亿元）
1	天津渤海租赁有限公司	2008	天津	221.01
2	工银金融租赁有限公司	2007	天津	180.00
3	平安国际融资租赁有限公司	2012	上海	132.41
4	浦航租赁有限公司	2009	上海	126.83
5	国银金融租赁股份有限公司	1984	深圳	126.42
6	远东国际租赁有限公司	1991	上海	125.35
7	长江租赁有限公司	2004	天津	107.90
8	芯鑫融资租赁有限责任公司	2015	上海	106.50
9	郎丰国际融资租赁（中国）有限公司	2016	珠海	103.50
9	上海易鑫融资租赁有限公司	2014	上海	103.50
10	中航国际租赁有限公司	1993	上海	99.78

资料来源：中国租赁联盟、天津滨海融资租赁研究院。

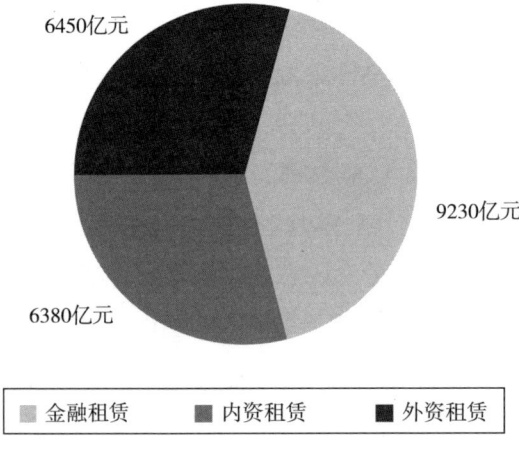

图9 2019年天津融资租赁业合同余额情况

（资料来源：中国租赁联盟、天津滨海融资租赁研究院）

（二）突出"融资与融物相结合"特色功能，增加有效金融供给

首先是全力促进国家战略的实施。到2019年末，向京津冀协同发展投资的租赁余额比上年同期增长21.87%，高达927.76亿元。积极向"一带一路"沿线国家及地区辐射，2019年与"一带一路"沿线国家及地区相关的飞机租赁业务数量占2019年新投放的飞机租赁业务的比重高于60%。

其次是积极支持现代制造业的发展。民生和工银金融租赁帮助国内船厂建造气体运输船和超级矿砂船等高技术船舶，对于船舶工业加速转型升级有一定的促进意义。2019年，审批和投放的、由国内船厂订造的船舶租赁项目金额为160亿元左右；中车、中煤科工和中铁建金融租赁以中央企业产业股东优势为依托，在轨道交通、煤炭机械和工程机械等领域形成特色业务，租赁盾构机、轨道机车、工程机械的数量依次为18余台、148辆、近3万台套。截至2019年末，战略性新兴产业进行工业转型项目租赁余额达1611.92亿元，绿色租赁业务的规模超过1370亿元。

再次是为小微企业提供融资服务。以厂商租赁等业务方式向大量个体工商户和小微企业提供更具针对性的金融服务，为天津市个人和小微企业提供租赁余额达81亿元，比上年同期增长12.32%。

最后是大力为新冠肺炎疫情防控和企业复工复产提供支持。辖内金融租赁公司将绿色服务通道开通，将医疗设备租赁投放力度加大，积极调整航空公司等相关企业运输防疫物质。聚焦物流运输、交通等易受新冠肺炎疫情影响的企业融资、缓付租金及其租息。

到2020年3月底，为"三必需一重要"企业提供融资租赁资金已经超过100亿元，办理租息和租金展期51亿余元，涉及中小企业（其中包括小微企业和个体工商户等）超过7200户。其中，工银金融租赁积极创新，采用远程验证方式顺利完成武汉市重要制造企业——武昌船舶重工集团订造的32.5万吨矿砂船舶的交付，并按时支付1.5万元尾款；10月，与中国商飞合作共同完成一架ARJ21飞机的交付，这是新冠肺炎疫情期间第一架交付的国产飞机。民生金融租赁向西部航空提供了飞机租赁及相关服务，主要负责运输重要防疫物资。

（三）大力支持天津市租赁特色产业发展

为促进天津市租赁业的进一步发展，形成天津特色，自2019年以来，中国人民银行天津分行积极引导融资租赁行业进行跨境投融资时选择人民币，充分利用"两个市场、两种资源"的优势，为中小企业解决融资难、融资贵的问题，进而推进地方经济稳健发展。2019年前6个月，就人民币跨境投融资而言，天津市融资租赁行业涉及金额达35.31亿元，同比增速为71.46%。企业资金需求量较大取决于融资租赁行业的属性。租赁标的以大型设备为主的融资租赁公司所需资金的规模往往比较大，回收成本所需时间比较长，一般情况下企业会通过将资本金扩充或者借用债务以满足其自身的发展需求。2019年上半年，融资租赁企业的跨境人民币资本金增加额和境外人民币融资金额均有所增加，依次是5亿元、23.79亿元，与上年同期相比，分别增长3.3倍、1.67倍。同时，利用人民币进行跨境结算更加便利化。融资租赁公司投放于国内市场的项目较多，使用人民币结算资金划转和租金回收，这不仅会减少损失，更节省了外汇资金结汇的时间成本，企业为满足其投融资需求更多地选择人民币作为结算方式。

（四）东疆融资租赁产业加速集聚

当前，在天津东疆落户的融资租赁企业越来越多，产业聚集效应显著，其中的金融租赁企业的股东大多数是国内外大型商业银行与其他规模较大的资产管理企业，可以向金融租赁公司提供稳定且数量充足的资金，同时可以将融资成本控制在较低水平，融资过程中存在的最主要问题可以成功避免。2019年，得到国内多个首创利好政策的支持，数量众多的高投资额租赁企业项目在东疆落户，同时东疆的租赁业也持续拓展新的发展空间，加速培养租赁新业态，在调整中向前发展。自2019年以来，东疆保税区首个保税租赁规定出台，天津自贸区率先开展飞机融资租赁对外债权登记业务；金额为50亿元的中国电信融资租赁项目在东疆落户；5月，东疆完成国内首单融资租赁方式出口汽车，东疆出口贸易方式得到了创新；8月，国内第一个纯电动跑车融资项目在天津东疆落户；12月，远东宏信普惠融资租赁（天津）有限公司由远东宏信有限公司与旗下租赁公司远东宏信（天津）融资租赁有限公司合资成立，注册资金高达20亿元；四川省酒业集团有限责任公司将交子融资租赁（天津）有限公司设立在东疆，其注册资金为1.7亿元。此外，12月，民生金融租赁经由天津东疆保税港区的单一项目公司（SPV）成功开展了4艘64000载重吨大灵便型干散货船的离岸融资租赁业务，顺利完成天津自贸区第一单船舶离岸融资租赁业务。

截至2019年第三季度，在东疆保税区注册的租赁公司数量超过3394家，注册资金累计高达5499.32亿元，其中三项业务的规模占全国的比重超过80%，包括海工平台、船舶和飞机。东疆在融资租赁业务方面顺利成为国内名副其实的"排头兵"。东疆融资租赁业务累计完成飞机1524架、发动机114台、国际航运船舶164艘、海上石油钻井平台19座，海工设备、船舶和飞机租赁资产累计898亿美元左右。东疆融资租赁的聚集效应排在国内最前列。当前，东疆已经聚集了新能源、汽车、工程装备、医疗设备、轨道机车、海工平台、船舶和飞机等全领域租赁门类，三家金融租赁公司总部（包括中车、中煤科工和中铁建）和以招商局、国药、国网、电信、联通为代表的内外资大型租赁企业陆续于东疆落户；超过一半在全球排名前25位的飞机租赁公司在东疆设立了项目公司并顺利开展业务。

（五）融资租赁业发展政策环境良好

2019年，天津市相关部门出台了系列利好政策，包括《天津市全面深化服务贸易创新发展试点实施方案的通知》《关于印发天津自由贸易试验区内资租赁企业从事融资租赁业务试点确认工作流程的通知》《中国（天津）自由贸易试验区创新发展行动方案》（以下简称《行动方案》）等。《行动方案》提出将汽车、船舶和飞机等先进制造业对外开放、汽车贸易转型升级、海关特殊监管区域功能升级等率先推进，并将北方国际航运核心区服务功能进一步提升等具体任务19项。新出台的政策对制造业极大利好，将推进产业再赋能和产业金融活力进一步增强。在引进、维修航空器和船舶制造、开发环节，外资、内资融资租赁企业将会有更加广阔的运作空间。《行动方案》的出台对于天津辖内租赁公司更加顺利打通内外部市场具有助推作用，同时提升租赁公司的跨境融资能力，将多样化的客户资源引入国内；吸引越来越多的外资企业在天津落户，将国外先进的管理技术引进，进而弥补产业存在的缺陷，形成行业国际合作与竞争新优势。

2019年，滨海新区加快推进"一制三化"政策实施，将政务一网通平台与其他各部门互联互通、业务协同、数据共享加快推进，将地域壁垒打破，数据屏障打通，将"一窗受理，全城通办"实现，把"马上办、就近办、网上办、一次办"全面推行，"多证合一、证照分离、照后减证"全面落实，推进无人化、无纸化、无障碍及无差别审批。

滨海新区积极探索研究功能区市场化、企业化改革新模式。尤其是将功能区人事、薪酬制度改革等方面深化，将聘任制范围进一步扩大，建立更加科学规范的薪酬评价体系，加快步伐形成以事定岗、以岗择人、以效定酬的运行机制。将功能区招商机制改革进一步深化，构建招商特殊贡献奖励制度，公开选聘招商人员要面向市场，组建分行业、分区域、专业化的招商团队。

五 天津其他金融机构发展情况

（一）信托机构运行情况

2019年，天津市信托业发展势头有所减弱。一是资产规模稍有减少。2019年天津市信托业总资产规模为3861.3亿元，比2018年的3878.1亿元减少了约0.44%。2019年，天津市信托业资产规模分布依然是实业资产占最高，达58%，其次是其他产业，而金融机构占比最低（见图10）。二是营业收入减少。2019年天津市信托业营业收入为16.17亿元，比2018年减少1.73亿元，降幅超过10%，达10.7%。三是净利润减少。2019年天津市信托业净利润约为8.24亿元，比2018年减少了1.8亿元，其中北方国际信托股份有限公司净利润减少1.7亿元左右。

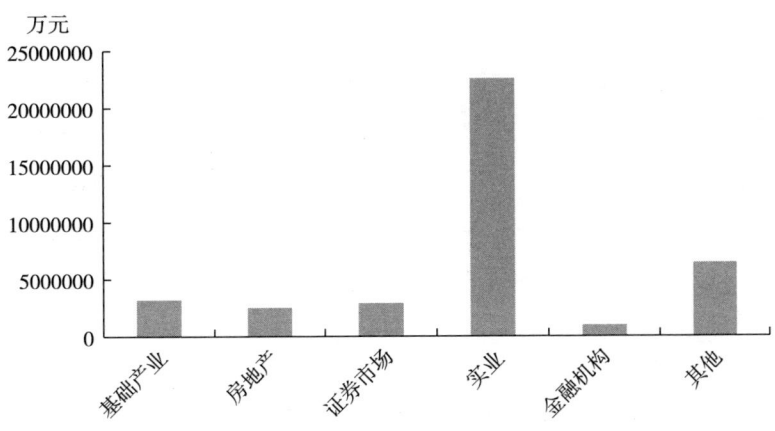

图10　2019年天津信托业资本分布情况
（资料来源：2019年北方信托和天津信托年报）

2019年天津市新增信托项目328个，其中包括163个集合信托项目，收益率为12.57%，101个单一信托项目和64个财产信托项目。2019年已清算结束的信托业务有326个，收益率为10.32%；集合类有163个，收益率为12.57%；单一类有191个，收益率为7.9%；财产管理类有28个，收益率为10.42%（见表5）。

表5　2019年天津市信托业业务发展情况

指标	清算结束的业务			新增信托项目		
	集合类	单一类	财产管理类	集合信托项目	单一信托项目	财产信托项目
项目个数（个）	107	191	28	163	101	64
项目金额（亿元）	486.15	1373.36	351.37	588.39	215.30	953.06

资料来源：2019年北方信托和天津信托年报。

目前，天津市信托业面临着巨大的挑战。近几年，其他金融机构，如银行、证券、保险等发展态势良好，对信托业造成了一定的威胁。经过改制及上市，银行业大幅提升了自身财务情况，同时将积聚许久的风险化解。资产证券化及企业年金管理等为证券行业奠定了扎实的基础。经历多年的迅速发展，保险业也为行业的进一步开放做了充足的准备。基金管理公司也通过合资的方式同外资金融机构充分融合。相比之下，信托业受到了一定的冲击。大部分内外资机构的主要策略是将争夺理财市场作为抢滩市场，而信托业的重点发展业务是理财业务,这无疑对信托业带来巨大的挤压。

目前,天津市信托业发展面临一系列问题。一方面,受到外部环境的制约,天津经济发展水平有待提高,市场需进一步优化;存在众多的委托理财机构,在同行业中不具竞争优势;有关法律法规不够健全,法律体系需进一步完善。另一方面,公司内部环境约束。信托企业结构存在不足,内控环节不够完善;核心业务及竞争模式匮乏,缺乏专业技术人才,在产品创新开发方面存在一定困难。

(二)商业保理机构运行情况

在商业保理方面,天津市是国内试点城市之一,2004年天津市就落户了国内第一家商业保理公司。近几年,天津市大胆探索相关政策支持、产业配套和体制机制等,同市场主体共同积极创新商业保理相关业务。

如图11所示,截至2019年第二季度,天津市商业保理公司数量共755家,按照注册数量排序,位居全国第二,开业比例高于50%,远远超过全国平均水平(20%)。2017年在天津注册的商业保理公司同比增加119家,其增长速度稍有下降。由于政策的影响,2018年天津市新注册的公司有181家,达到峰值。但是在2019年上半年,监管趋严,导致新注册公司数量只有20家。尽管如此,天津商业保理仍具有良好的发展前景,能够在市场、政策和科技等利好支持下快速发展。

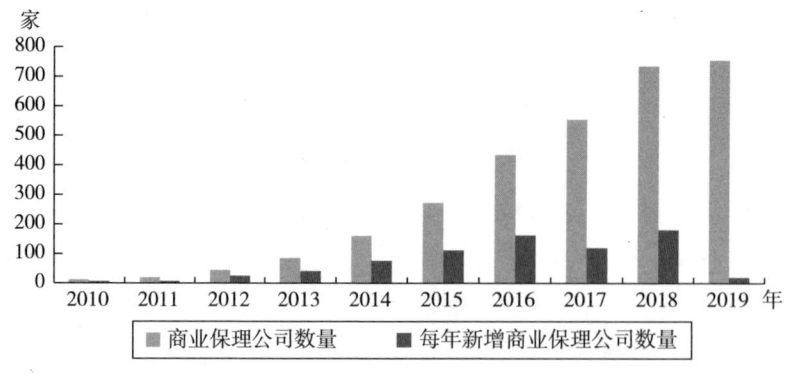

图11　2010~2019年天津市商业保理公司基本情况
(资料来源:Wind数据库)

1. 天津自贸区商业保理发展态势良好

天津自贸区是国务院批准设立的区域性自由贸易区，其包括滨海新区中心商务片区、天津机场片区和天津港东疆片区。其中，以融资租赁和创新金融等现代服务业为重点任务的东疆片区及中心商务片区积极加快商业保理的发展。

截至2020年4月，共有超过200家商业保理公司在中心商务片区完成注册，其中注册资本约达300亿元，公司总资产超过750亿元。中心商务片区通过制度创新及政策研究不仅完成了一系列创新案例，如影视保理融资，还在全国率先将《商业保理企业执行〈企业会计准则〉有关事项的通知》发布，第一次将保理行业的会计准则加以明确；另外，《商业保理合同示范文本》的率先发布为保理仲裁提供了更加明确的依据。中心商务片区完成了第一单以保理融资债权为基础资产的资产证券化项目，且在全国首创企业债权线上确认新模式，助推区内保理公司在全国首批加入中央银行征信系统。

在防控新冠肺炎疫情期间，东疆片区管委会全力支持，天津市的一家商业保理公司只利用两周就完成了线上五家医院的增资，并通过保理的方式推进集团产业链上下游企业供应链金融的开展，以及时满足上下游中小微企业对融资的需求。仅4个月的时间，该公司已经发放的保理融资累计达6700笔，保理融资款达60亿元，对整体产业链的良性发展具有一定的促进意义。

2. 天津严监管先试先行商业保理行业

自商务部将商业保理正式划入中国银保监会监管以后，中央和地方相关部门持续加大对商业保理行业的金融监管力度，加大力度清理整顿违法违规企业，为合规企业创造优良发展环境。作为国内商业保理试点的领军地区，在行业发展及监管等方面天津市在全国均位居前列。《天津市商业保理试点管理办法（试行）》明确提出，商业保理公司不得从事吸收存款和发放贷款等金融活动，禁止专门从事或者受托进行催收及讨债业务。坚守商业保理公司在天津落户的注册资本金不少于5000万元的底线，并严格要求实缴到位，且将落地时间表加以明确。此外，对商业保理风险资产加以限制，不得高于公司净资产的10倍。天津市严监管政策的先试先行对商业保理行业的正本清源具有较大的推动作用，促进行业整体的加速合规发展。

（三）小额贷款公司运行情况

近几年，天津市小额贷款公司发展迅速，为支持地方经济发展发挥了积极作用。截至2019年12月，天津市小额贷款公司共95家，实收资本118.01亿元，贷款余额为127.38亿元，从业人员达1510人。但是与北京相比，天津市小额贷款行业的发展还存在一定差距（见表6）。

表6　2019年全国、北京和天津小额贷款公司运行情况比较

	机构数量（家）	从业人员（人）	实收资本（亿元）	贷款余额（亿元）
全国	7797	84783	8235.27	9240.81
北京	105	1179	143.44	142.28
天津	95	1510	118.01	127.38

资料来源：中国人民银行发布的《2019年小额贷款公司统计数据报告》。

（四）智能科技产业发展情况

有机衔接"智能"与"科技"是天津市提出的智能科技产业创新的战略举措。经过近几年的精心培育和发展，以人工智能为核心、以新一代信息技术为引领、以智能制造为主攻方向、以新型智能基础设施为关键支撑、各领域深度融合发展的新兴产业已经形成，是天津市高质量发展的关键引擎。《天津市智能科技产业发展年度报告（2020）》表明，天津市共有智能制造相关行业26个，是国内智能制造行业最为齐全的城市，并且天津市智能制造业企业总数所占规模以上工业的比例约为20%，按增加值计算，智能制造业所占比重约为30%。

现有数据显示，天津市智能科技产业的政策环境日益优化，170余项相关政策陆续出台，支持方向包括智能制造、智慧医疗、智慧农业、智慧交通等十个重要领域，具体内容涵盖多个方面，包括金融、人才、创新、产业等，形成由顶层设计引领、实施细则支撑、人才资金进行保障的政策机制。

设立百亿元智能制造专项资金,自2018年以来,已支持的项目数量累计911个,共四批,市区两级财政支持资金共36.4亿元,带动373亿元的项目总投资,形成的放大带动效应高达1∶10。

天津市人工智能迅速发展,印发《新一代人工智能产业发展三年行动计划》,成功获批国家新一代人工智能创新发展试验区,中国新一代人工智能发展战略研究院等多家高端创新平台在天津市汇聚。尤其是,由飞腾CPU+麒麟OS操作系统共同构建的"PK"体系,成为国家信创工程主流技术路线,也是网络强国战略于天津市的实现。

天津市推进智能制造赋能深度,其中的辰星阿童木机器人为制药、电子等领域300多家客户提供服务,行业占有率远超其他行业;美克家具制造自动化项目将家具制造的客户对工厂模式率先实现;长荣云印刷柔性智能印刷新模式示范项目生产效率有效提升15%,运营成本减少了15%,成为制造业企业探索"互联网+"的标榜。

应用场景以日益加快的速度拓展,新兴基础设施建设飞速推进。智慧城市、智能制造等垂直行业打造5G应用场景80个;天津港为全球港口向智慧化转型提供了"天津方案"。对标先进城市北京、上海等,天津"跨越式恶补"新一代信息基础设施。互联网出口宽带翻倍增加,是2017年的4.2倍,高达25T,移动宽带和固定宽带的下载速度都位居全国第三,仅用3年的时间,二者分别提高了4位和8位,国家授予了天津市"宽带中国"示范城市的荣誉称号。天津市制定并出台加快5G产业发展的实施意见,建成1.53万个5G基站,套餐用户超过70万人,基本实现城镇区域的覆盖。

B.4
2019年天津金融市场发展报告

王会奇　刘浩杰[*]

摘　要： 2019年天津金融市场运行稳中有进、稳中向好。金融市场各项业务平稳增长的同时，不断加大对实体经济的支持，为天津经济高质量发展注入活力。本报告从货币信贷市场、证券期货市场、保险市场和外汇市场四大方面，分析2019年天津金融市场发展情况，并对未来的发展进行展望。

关键词： 金融市场　货币信贷市场　证券期货市场　保险市场　外汇市场

2019年，天津市始终坚持以习近平新时代中国特色社会主义思想为指导，认真学习习近平总书记视察天津重要指示和在京津冀协同发展座谈会上的重要讲话精神，贯彻落实习近平总书记对天津工作"三个着力"（着力提高发展质量和效益、着力保障和改善民生、着力加强和完善党的领导）重要要求，扎实推进"五位一体"总体布局、"四个全面"战略布局的实施，坚持稳中求进工作总基调，宏观调控更加注重深化供给侧结构性改革，坚定不移地转变经济发展方式，贯彻新发展理念，做好"六稳"工作，落实"六保"任务，促进经济稳中有进、稳中向好发展。与此同时，天津市紧扣高质量发展要求，依托天津区位优势和天津港战略地位，持续优化营商环境，加快各类要素聚集，进一步释放市场活力，巩固高质量发展态势，推动经济社会健康稳定发展。

---

[*] 王会奇，供职于中国人民银行天津分行；刘浩杰，天津财经大学金融学院博士研究生，研究方向为国际金融。

2019年，天津市地区生产总值为14104.28亿元，人均地区生产总值为90370.63元。其中，第一产业增加值为185.23亿元；第二产业增加值为4969.18亿元；第三产业增加值为8949.87亿元。三大产业结构为1.3∶35.2∶63.5。

2019年，天津市各类金融机构超过4000家；本外币各项存贷款余额双双突破3万亿元；金融业增加值占天津市地区生产总值的比重超过10%，金融业成为天津市国民经济发展的重要支柱产业之一。2019年，天津市社会融资规模整体增加，虽然贷款融资规模有所下降，但债券融资规模大幅上升。从结构来看，2019年，天津市社会融资规模增量为2866.37亿元，较上年少426.6亿元。其中，人民币贷款增量为2317.27亿元；外币贷款、委托贷款、信托贷款、未贴现银行承兑汇票分别减少268.99亿元、637.76亿元、352.39亿元、764.02亿元；企业债券、地方政府专项债券分别增加874.84亿元、919.97亿元（见图1）。

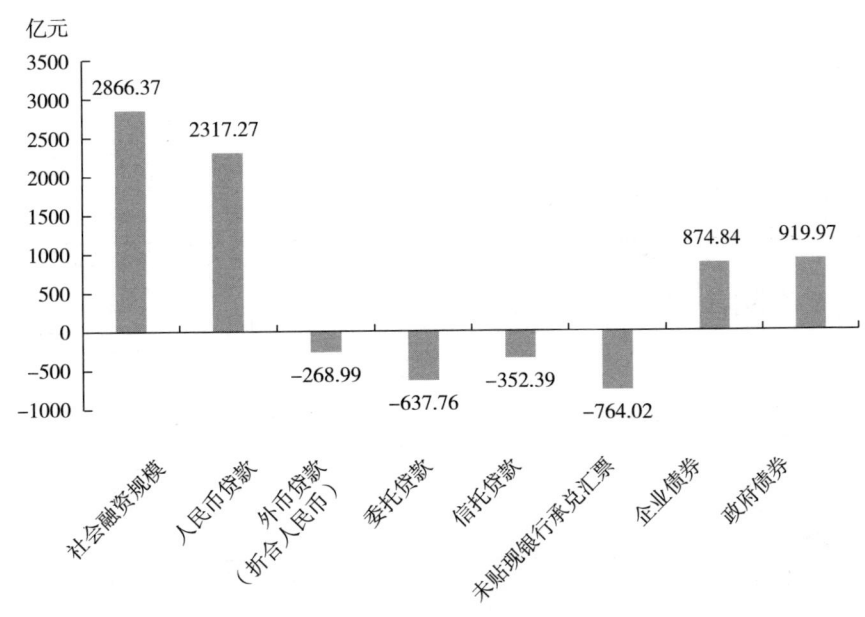

图1　2019年天津市社会融资规模分布情况

（资料来源：中国人民银行天津分行）

未来，天津金融业将继续稳步推进金融改革与创新，继续落实金融支持天津自贸区建设政策，加快建设金融创新运营示范区，大力发展科技金融、物流金融、租赁金融和绿色金融，促进各类市场稳定发展，不断提升金融服务实体经济效力。

一　货币信贷市场发展状况

2019年，天津市存贷款余额持续增加，年末金融机构（含外资）本外币存款余额为31788.78亿元，较上年末增长了2.6%，与年初相比增量为795.83亿元。具体来看，住户存款与年初相比增量为1881.88亿元，较上年增量多0.26亿元；非金融企业存款与年初相比减少了676.16亿元，较上年增量少159.3亿元。截至2019年末，金融机构（含外资）本外币贷款余额为36141.27亿元，较上年增加了6.0%，与年初相比增量为2026.11亿元（见表1）。可以看出，天津市存款增长面临较大压力，银行主动运用多种负债产品稳定存款，但贷款规模一直稳定增长，表明2019年天津信贷市场稳步发展、结构进一步优化。

表1　2019年末天津市金融机构（含外资）本外币存贷款情况

单位：亿元

指标	2019年末数	比2019年初增加
金融机构本外币各项存款余额	31788.78	795.83
住户存款		1881.88
非金融企业存款		-676.16
非银行金融机构存款		-5.27
机关团体存款		314.74
财政性存款		259.90
金融机构本外币各项贷款余额	36141.27	2026.11
住户贷款		1577.73
非金融企业及机关团体贷款		487.50
非银行金融机构贷款		-0.04

资料来源：中国人民银行天津分行。

（一）信贷市场

1. 存款平稳增长

截至2019年12月底，天津市金融机构（含外资）本外币各项存款余额为31788.78亿元，同比增长2.6%。1~12月，天津市金融机构本外币各项存款比年初增加795.83亿元。其中，住户存款增加1881.88亿元，非金融企业存款减少676.16亿元，机关团体存款减少314.74亿元，财政性存款减少259.90亿元，非银行金融机构存款减少5.27亿元（见图2）。

2019年12月，天津市金融机构本外币各项存款比上月增加592.52亿元。其中，住户存款增加379.02亿元，非金融企业存款增加373.31亿元，机关团体存款减少120.42亿元，财政性存款减少230.62亿元，非银行金融机构存款增加182.64亿元。

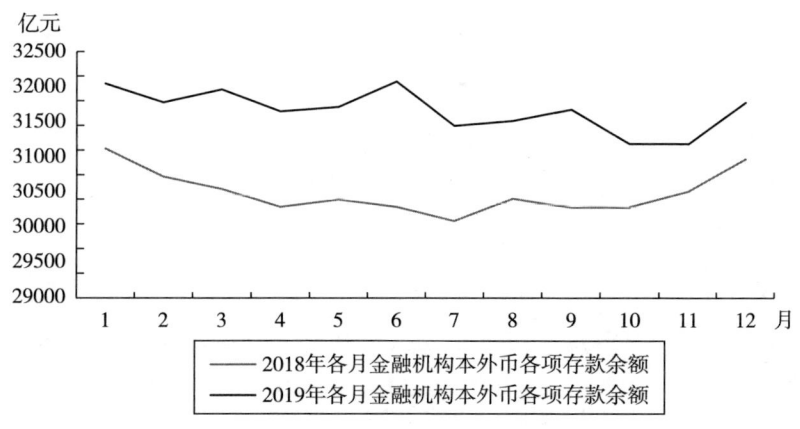

图2　2018年和2019年各月金融机构各项本外币存款余额

（资料来源：中国人民银行天津分行）

2. 贷款大幅上升

截至2019年12月底，天津市金融机构（含外资）本外币各项贷款余额为36141.27亿元，同比增长6.0%。1~12月，天津市金融机构本外币各项贷款比年初增加2026.11亿元。其中，住户贷款增加1577.73亿元，非金融企业及机关团体贷款增加487.50亿元，非银行金融机构贷款减少0.04亿元（见图3）。

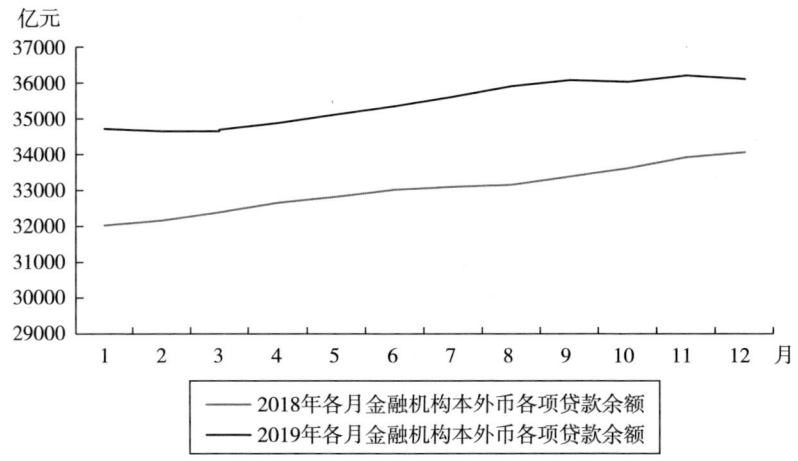

图3 2018年和2019年各月金融机构各项本外币贷款余额
（资料来源：中国人民银行天津分行）

2019年12月，金融机构各项贷款比上月减少97.61亿元。其中，住户贷款增加93.63亿元，非金融企业及机关团体贷款减少221.78亿元，非银行金融机构贷款增加0.80亿元。

较2019年初，非银行金融机构贷款增量为-0.04亿元，非金融企业及机关团体贷款增量为487.50亿元，住户贷款增量为1577.73亿元。

3. 小微企业贷款利率明显下降

2019年，天津市金融机构人民币企业一般贷款加权平均利率为5.13%，比上年下降0.10个百分点，贷款市场报价利率（LPR）形成机制完善后，利率较前期下降0.15个百分点（见表2和表3）。积极推进不良贷款处置，不良贷款实现双降。

表2 2019年天津市金融机构人民币一般贷款各利率浮动区间占比情况（改革前）

单位：%

月份	1	2	3	4	5	6	7
合计	100.0	100.0	100.0	100.0	100.0	100.0	100.0
下浮基准	14.1	15.1	23.0	20.1	24.2	18.1	23.0
	17.3	29.4	20.0	16.3	21.4	32.7	27.8

续表

	月份	1	2	3	4	5	6	7
	小计	68.5	55.5	37.0	63.5	54.5	49.2	49.1
	（1.0–1.1]	18.5	19.2	19.1	18.9	11.5	11.5	9.6
上浮	（1.1–1.3]	12.6	10.7	13.2	13.2	12.2	12.6	10.0
	（1.3–1.5]	10.5	9.3	9.9	10.7	10.6	9.4	7.0
	（1.5–2.0]	18.3	10.1	10.6	14.7	12.7	8.5	14.6
	2.0以上	8.6	6.2	4.2	6.0	7.5	7.2	7.9

表3 2019年天津市金融机构人民币一般贷款各利率浮动区间占比情况（改革后）

单位：%

	月份	8	9	10	11	12
	合计	100.0	100.0	100.0	100.0	100.0
	LPR减点	13.9	16.3	15.3	14.9	27.0
	LPR	0	0.1	1.3	1.4	0.9
	小计	86.0	83.5	83.5	83.6	72.0
	（1.0–1.1]	25.8	25.8	27.4	20.2	16.1
上浮	（1.1–1.3]	26.2	25.3	19.4	23.9	13.3
	（1.3–1.5]	11.5	17.6	12.6	19.1	9.9
	（1.5–2.0]	10.6	9.9	12.9	10.0	8.0
	2.0以上	8.9	5.7	11.2	10.4	12.8

资料来源：中国人民银行天津分行。

4. 表外业务总体下降

随着我国利率市场化改革稳步推进、企业融资渠道融资需求多样化发展，银行依靠传统业务盈利能力下降，迫使其利用金融市场进行业务创新致使银行表外业务激增，推高银行信用风险。从2016年起，多部门联合出台相关文件，加强金融监管，整治市场乱象、规范同业业务，防范系统性金融风险，表外业务逐步回落。2019年，天津市银行业机构表外融资持续下降，净减少1754亿元，较上年同期多减699亿元。具体来看：第一，中国银保监会对委托贷款的资金来源和投向进行严格限制，减少嵌套引导资金服务实体，委托贷款减少638亿元，同比少减291亿元；第二，降"通道"、限房价、传统政府和信托机构合作终身追责等措施效果明显，信托贷款减少352亿元，同比多减160亿元；第三，监管趋严，票据融资持续降温，未贴现银行承兑汇票减少764亿元，同比多减830亿元，其中全年银行承兑汇票累计签发4279亿元，较上年同期减少915亿元（见图4）。

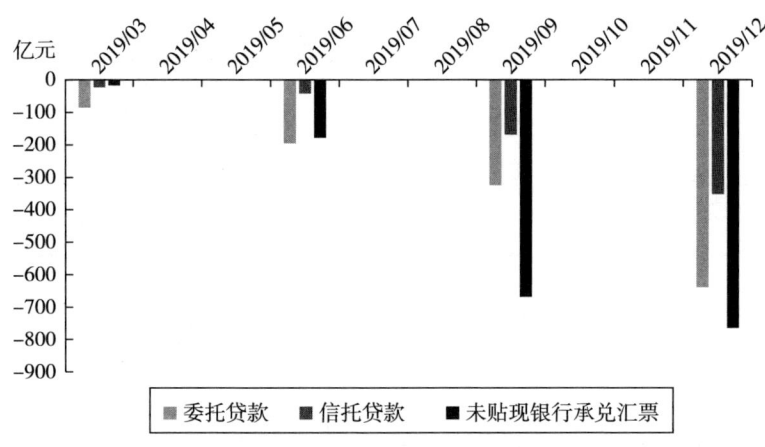

图4　2019年表外业务规模
（资料来源：天津银保监局）

（二）货币市场

金融市场交易活跃，融资效率进一步提升。2019年，天津市社会融资规模达2866.4亿元，较上年减少426.6亿元，表外融资减少1754.2亿元，直接融资占社会融资规模的34.3%，同比上升10.7个百分点。货币市场交易活跃，信用拆借、现券买卖业务量分别增长15.7%、1.4倍，非金融企业在银行间市场发行债务融资工具1747.7亿元，同比增长12.9%（见表4）。

表4　2019年天津同业拆借情况

月份	融入金额（亿元）	市场占比（%）	融出金额（亿元）	市场占比（%）
1	1253.85	0.87	1016.75	0.7
2	1503	1.31	830.04	0.73

续表

月份	融入金额（亿元）	市场占比（%）	融出金额（亿元）	市场占比（%）
3	1812.8	1.2	1240.28	0.82
4	1818.74	1.2	1272.31	0.84
5	2125.15	1.42	1213.1	0.81
6	1538.77	1.24	463.85	0.37
7	1900.7	1.36	859.9	0.62
8	1910.31	1.66	1529.7	1.33
9	1631.27	1.52	1264.13	1.18
10	1696.19	1.78	1210.62	1.27
11	1540.45	1.39	1063.95	0.96
12	1840.44	1.62	1046.85	0.92

资料来源：中国外汇交易中心。

（三）票据市场

票据市场作为联系实体经济和资本市场的工具，拓宽了市场主体的融资渠道，在货币市场中占有重要地位。2019年，在金融机构风险偏好下降、有效信贷需求不足的情况下，中国人民银行天津分行认真贯彻执行金融宏观调控政策，引导票据市场支持实体经济发展，解决民营中小微企业融资难、融资贵问题的功能进一步强化，在货币政策传导上发挥了积极作用。

天津市票据市场规模继续扩大，服务实体经济能力进一步增强。商业银行等金融机构能够通过票据市场实行信贷管理、增加收益。2019年，天津市银行承兑汇票余额为3245.5亿元，同比增长19.7%，年累计发生额为3560.0亿元，同比增长3.7%；企业利用票据的签发和贴现或通过二级市场转贴现等方式获取低成本融资资金，2019年企业贴现余额为577.1亿元，同比增长15.2%，年累计发生额为1701.4亿元，同比下降30.6%；中央银行能够通过再贴现市场引导资金流向，2019年再贴现余额为50.4亿元，同比增长71.3%，年累计发生额为102.1亿元,同比增长85.5%;买断式转贴现余额为854.4亿元,同比下降18.3%,年累计发生额为6461.1亿元,同比下降43.8%。

二 证券期货市场发展状况

天津市始终贯彻落实党的十九大精神,不断深化金融体制改革,增加金融服务实体经济能力。引导多层次资本市场,如股票、债券、基金、期货市场的健康有序发展,推动资本市场服务天津经济建设,助推经济转型。2019年,天津市各类证券业机构稳定发展,经营风险基本可控,法人证券公司资产规模稳步增长,基金管理公司业务规模有所缩减,期货公司代理交易规模增加。截至2019年12月31日,天津市共有法人证券公司1家、证券分公司33家、证券营业部153家、法人基金管理公司1家、基金管理公司分公司1家、法人期货公司6家、期货分公司4家、期货营业部30家、上市公司54家、新三板挂牌公司162家、区域性股权市场挂牌公司913家。证券营业部总资产为172.40亿元,较上年138.50亿元增加33.90亿元;期货公司总资产为137.19亿元,较上年93.98亿元增加43.21亿元;管理基金数为62只,较上年45只增加17只。

(一)股票市场发展

2019年,国家出台更大规模的减税降费措施,引导制度改革,进一步激发释放市场活力,强调提高直接融资比重,引领我国股票市场有序健康发展,拓宽企业直接融资渠道,引导资金合理流动进行优化配置。天津市积极优化金融营商环境显成效,2019年末,法人证券公司资产总额为513.4亿元,同比增长6.5%;负债总额为310.4亿元,同比增长9.6%;实现净利润10.0亿元,较上年增加4.1亿元。天津市证券营业部总资产为172.4亿元,同比增长24.5%;客户交易结算资金余额为144.9亿元,同比增长26.3%;指定与托管市值为3273.3亿元,同比增长7.5%;资金账户为350万户,同比增长6.5%(见图5和表5)。

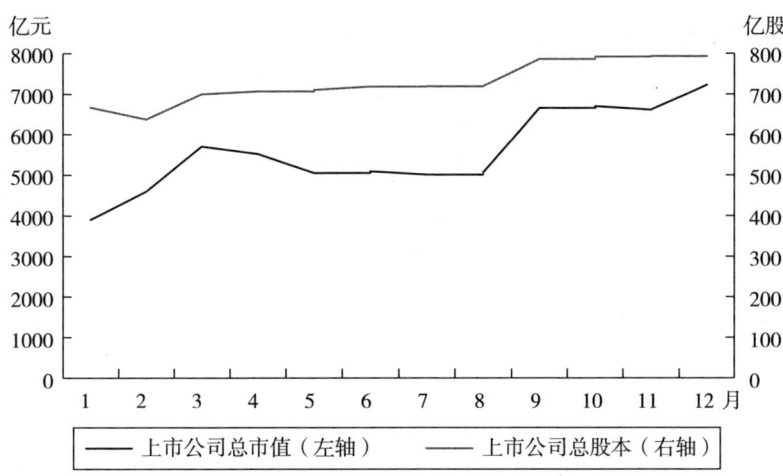

图5　2019年上市公司总市值和总股本变化
（资料来源：天津证监局）

表5　2019年12月天津股票市场概况

指标	单位	当期值	上年同期值
上市公司数	家	54	50
其中：A股公司数	家	49	45
AB股公司数	家	1	1
AH股公司数	家	3	3
AS股公司数	家	1	1
其中：上海证券交易所上市公司数	家	27	26
深圳证券交易所主板上市公司数	家	8	7
中小板上市公司数	家	9	9
创业板上市公司数	家	8	8
新三板挂牌公司数	家	162	194
科创板上市公司家数	家	2	—
上市公司总股本	亿股	790.85	644.68
上市公司总市值	亿元	7208.4	3853.01

资料来源：天津证监局。

（二）债券市场发展

2019年，天津市债券市场发行与运行状况良好，债券交易额为16899.11亿元，较上年16930.48亿元下降31.38亿元（见图6）。全年共发行地方政府专项债券规模达919.97亿元，为天津市建设发展提供充足的资金。

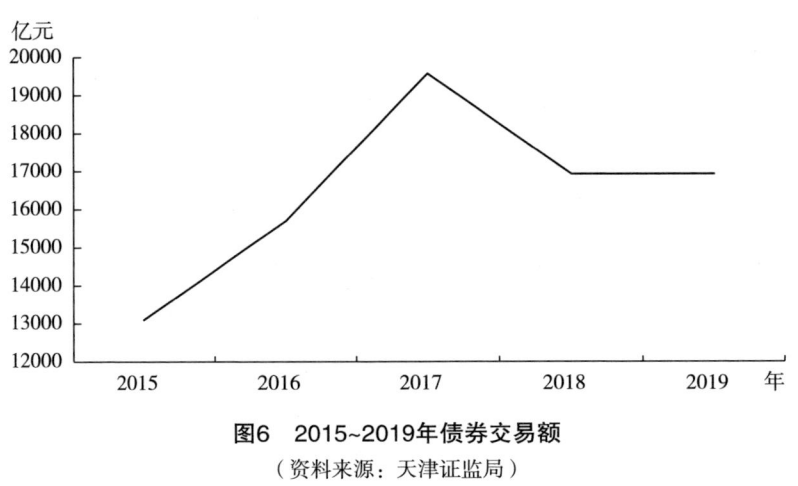

图6　2015~2019年债券交易额
（资料来源：天津证监局）

天津市认真实施积极的财政政策，严格规范各类资金使用，通过将新增债券限额分配用于区级棚户区改造、生态环保等重点项目，持续改善民生。截至2019年末，天津市国内债券筹资额达2414亿元，较上年减少326亿元，同比下降11.89%。其中，短期融资券筹资881亿元，较上年增加229亿元，同比增长35.12%；中期票据筹资额447亿元，较上年减少354亿元，同比下降44.19%（见表6）。

表6　2019年天津债券融资概况

单位：亿元

年份	债券筹资额	短期融资券筹资额	中期票据筹资额
2009	226.10	36.00	
2010	342.00	67.00	
2011	323.00	73.00	

续表

年份	债券筹资额	短期融资券筹资额	中期票据筹资额
2012	612.50	131.00	144.50
2013	1032.80	248.50	537.00
2014	1503.10	387.70	930.40
2015	1596.70	394.90	926.70
2016	1826.10	474.50	651.40
2017	1629.20	457.90	387.70
2018	2740.00	652.00	801.00
2019	2414.00	881.00	447.00

资料来源：Wind数据库。

为积极推进天津市债券发行场所全覆盖，2019年上海证券交易所和深圳证券交易所累计债券交易金额分别为27991.33亿元和4458.44亿元，较2017年有所减少，分别减少7%和12%（见图7）。

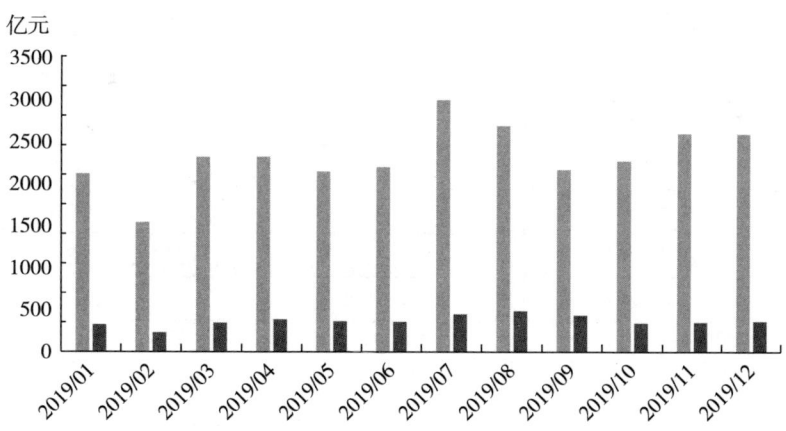

注：该交易额只包括上海证券交易所和深圳证券交易所。

图7 2019年1~12月天津市债券交易金额

（资料来源：Wind数据库）

（三）基金市场

基金市场是用于发行基金份额筹集资金并将资金用于证券投资的场所，需要在不断变化着的市场环境和行业环境中引领其健康发展。2019年，天津市法人基金公司业务规模缩减，业务结构优化。截至2019年末，法人基金公司资产总额为127.6亿元，同比增加22.1亿元；负债总额为18.4亿元，同比减少0.7亿元。共管理基金62只，同比增加17只，基金净值为12826.5亿元，同比减少594.2亿元（见表7）。后续仍需细化市场需求，推出个性化产品，不断优化产品配置结构结构，追求长效发展。

表7　2019年天津基金市场概况

月份	管理基金数（只）	基金份额（亿份）	基金净值（亿元）
1	45	12410.53	12389.34
2	45	12634.67	12630.93
3	45	12167.19	12160.62
4	46	11915.52	11903.27
5	48	12018.83	12000.08
6	49	12054.5	12039.42
7	49		12141.98
8	52	12208.97	12208.81
9	55	12245.63	12258.07
10	56	12306.85	12322.32
11	57	12655.82	12667.41
12	62	12791.02	12826.5

资料来源：天津证监局。

（四）期货市场

期货市场是市场主体按照协议在预定日期进行交割的场所，具有发现价格、回避价格波动风险、稳定市场、投资工具等重要作用，法人期货公司资产规模快速增长，代理交易保持较快发展。2019年末，天津市6家法人期货公司资产合计137.2亿元，同比增长46.0%；净资产总额为24.5亿元，同比增长8.0%；代理交易额为73718.8亿元，同比增长66.7%；代理交易量为11937.0万手，同比增长71.5%（见表8）。

表8 2019年末天津期货市场概况

类别	指标	单位	当期值	上年同期值
基本情况	期货公司家数	家	6	6
	辖区期货分公司数	家	4	3
	辖区期货营业部数	家	30	32
	期货交割库数	家	52	52
期货公司	总资产	亿元	137.19	93.98
	净资产	亿元	24.50	22.68
	净利润	万元	-386.01	731.12
	代理交易额	亿元	6367.96	4683.85
	代理交易量	万手	1057.72	825.3
期货营业部	净利润	万元	-358.99	-341.08
	代理交易额	亿元	2374.69	1804.75
	代理交易量	万手	416.86	304.16

资料来源：天津证监局。

三 保险市场发展状况

天津市高度重视加快发展现代保险服务业的重要意义，稳步推进保险市场发展，不断拓宽服务领域，扩大市场规模。2019年，天津市共有保险类机构69家，原保险保费收入为617.89亿元，保险金额为54.61万亿元，经营主体保持稳定，资产规模总体增长，保费收入稳步增长，销售渠道略有改善。

（一）保险市场稳定发展，资产规模总体增长

政府积极引导加大开展各类责任保险，推动其在重点领域发展，不断扩大引进保险资金规模，鼓励保险资金通过股权、债权、基金等方式对接服务

企业融资需求。2019年末，天津市共有6家法人保险公司、69家省级分公司，较上年增加6家。保险公司在天津的分支机构资产总额为1548.6亿元，同比增长10.4%。其中，财产险公司资产总额为131.2亿元，同比增长5.5%；人身险公司资产总额为1417.4亿元，同比增长10.9%。

（二）保费收入稳步增长，保险保障覆盖面扩大

天津市促进保险公司提供多样化产品服务，除各类责任保险外，还深入推进"三农"保险、健康保险，结合本地区实际，大力推进中长期出口信用保险、境外租赁保险、航运保险、保证保险等。2019年，天津市保险业共实现保费收入617.9亿元，同比增长10.3%。其中，财产险保费收入为152.2亿元，同比增长5.4%；人身险保费收入为465.7亿元，同比增长12.1%（见表9）。全年财产险公司签单12777.5万件，同比增长238.8%。其中，货物运输保险、保证保险、健康保险签单数量明显增加。

表9 2019年天津保险业收入情况

单位：亿元

项目	2018年	2019年	同比增加
原保险保费收入	559.98	617.89	57.91
1.财产险	144.44	152.19	7.75
2.人身险	415.54	465.71	50.17
（1）寿险	329.16	355.27	26.11
（2）健康险	72.08	91.95	19.87
（3）人身意外伤害险	14.31	18.49	4.18
赔款、给付	164.14	158.16	−5.98
1.财产险	80.39	79.29	−1.1
2.人身险	83.75	78.87	−4.88
（1）寿险	59.12	48.12	−11.00
（2）健康险	22.23	27.79	5.56
（3）人身意外伤害险	2.40	2.96	0.56

资料来源：天津银保监局。

（三）销售渠道略有改善，个人代理仍占主导

天津市保险市场销售渠道主要为银邮代理、公司直销及个人代理。2019年，银邮代理渠道实现保费收入143.7亿元，同比增长10.1%，占原保险保费收入的31.7%，同比下降0.3个百分点；公司直销渠道实现保费收入41.1亿元，同比增长14.6%，占原保险保费收入的9.1%，同比上升0.3个百分点；个人代理渠道实现保费收入253.4亿元，同比增长10.0%，占原保险保费收入的56.0%，同比下降0.5个百分点。我国保险市场发展相对滞后，且缺乏有效的竞争规则及营销理念，保险公司需建立系统全面的长远发展战略，拓宽销售渠道。

四 外汇市场发展状况

（一）跨境人民币业务量下降

2019年，天津市开展跨境人民币结算业务的范围已达148个国家（地区），办理跨境人民币业务的企业达6020多家。业务主要集中在金融证券、租赁、科技制造业、批发业、房地产、钢铁化工等行业。

自2018年3月以来，美国政府以巨大贸易逆差为由对我国开展知识产权调查，中美贸易摩擦充满反复性与不确定性，2019年年中人民币汇率出现较大幅度波动，人民币跨境收支规模下降。2019年，天津市人民币跨境收支总额达1821.6亿元，同比下降14.9%（见图8）。其中：收入为864.9亿元，同比下降10.5%；支出为956.7亿元，同比下降18.5%，净流出为91.8亿元，同比下降55.9%。经常项目资金净流出为200.5亿元，同比下降23.2%；资本项目净流入为108.8亿元，同比增长1倍。与中国香港发生的人民币跨境收支占比为27.9%，同比下降10.7个百分点，欧美国家占比为34.9%，同比增长6.0%。境内主体参与积极，2019年新增企业1100家，同比增长15.6%。

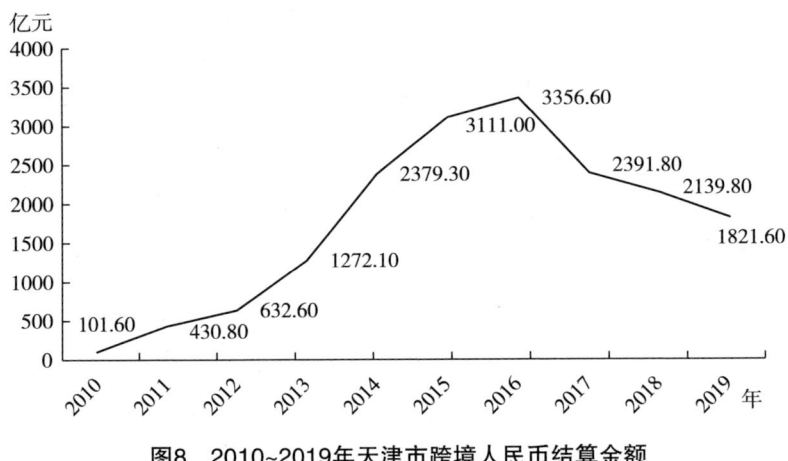

图8　2010~2019年天津市跨境人民币结算金额
（资料来源：天津市统计局网站）

（二）外贸出口规模小幅下降

2019年，天津市外贸进出口总额达7346.03亿元，同比下降9.1%。其中，进口额为4328.22亿元，同比下降11.2%；出口额为3017.81亿元，同比下降5.9%（见图9）。一般贸易出口额为1577.97亿元，同比增长1.4%；加工贸易出口额为1271.44亿元，同比下降10.9%。

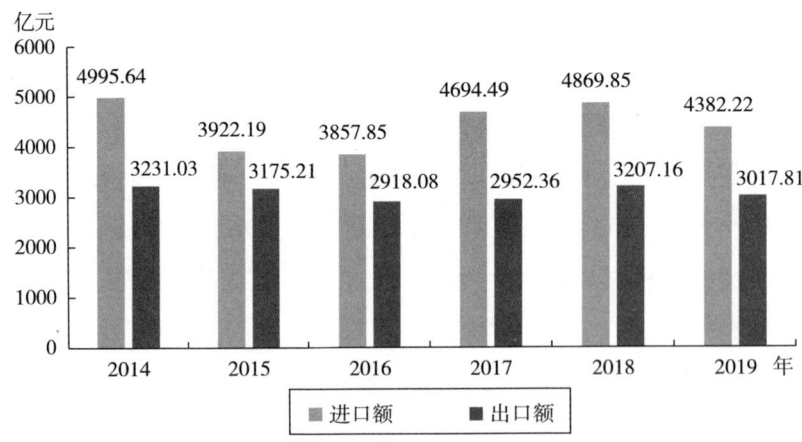

图9　2010~2019年天津市外贸进出口额
（资料来源：天津市统计局网站）

2019年，天津对外开放步伐加快。积极融入"一带一路"建设，大力发展海铁联运，国际集装箱班列开行491列，11个中欧产业合作项目签约，新设立4个"鲁班工坊"。全年新设境外企业机构131家，中方投资额达15.95亿美元。对外承包工程新签合同额为50.20亿美元，完成营业额54.24亿美元。2019年末，在外劳务人员达2.15万人。

招商引资势头良好。全年天津市共引进内资项目4525个，实际利用内资2882.44亿元，同比增长8.5%。其中：引进服务业项目3654个，到位资金2489.13亿元，同比增长3.1%，占比为86.4%；引进制造业项目598个，到位资金279.68亿元，同比增长58.3%，占比为9.7%。天津市新批外商投资企业711家，合同外资额为315.94亿美元，实际直接利用外资47.32亿美元，同比增长3.0%。

五　天津金融市场展望

（一）金融科技深度应用，全面赋能银行业数字化转型

拥抱金融科技，实施数字化转型，已成为上市银行共同的战略选择。2019年，上市银行继续加大科技投入力度。大中型上市银行平均科技人员占比提升至4%以上，平均科技投入资金占营业收入比例约为2%。在基础平台建设、数字化零售金融、数字化公司金融、数字化同业业务等方面取得长足进展。数字经济和智能经济是经济发展的新阶段、新生态，也是金融支持和服务的新阵地、新战场。各种迹象表明，现在5G、人工智能等技术的运用，不仅促进了数字经济的发展和智能经济的萌芽，而且为传统金融业的创新发展提供了新动能，将来甚至在很大程度上改变金融业发展壮大的生态环境。

未来，天津将加快金融科技深度应用，发展数字经济和智能经济，加快金融创新。天津金融业也将积极主动地投入以金融创新服务支持数字经济和智能经济发展的前沿阵地，自始至终都要保持金融与数字经济和智能经济互动发展的良性局面。

1. 发展消费金融

消费金融是为满足消费者具体消费需求的现代金融服务方式，是金融机构向消费者提供用于购买装修、旅游、电子产品、教育、婚庆等具体的消费需求的个人消费贷款服务。除银行提供的贷款服务外，接触较多的消费金融服务有京东金融的"京东白条"、蚂蚁金服的"花呗"、苏宁的"任性付"等被大众接受的P2P小额理财服务。根据中国银监会2013年发布的《消费金融公司试点管理办法》中的定义，消费贷款是指消费金融公司向借款人发放的以消费（不包括购买房屋和汽车）为目的的贷款。以天津银行为例，2017年天津银行的个人贷款仅占客户贷款及垫款总额的13.8%，而2018年一年就增长至36.7%，到了2019年又增长至43.3%，个人贷款金额从2017年的343.79亿元暴增至2019年的1271.42亿元，增幅超过900亿元。值得一提的是，经历了2018年的暴发性增长后，2019年天津银行个人消费贷依然保持了17.7%的惊人增速，这体现了天津金融业消费金融的巨大潜力。

2020年，天津将助力金融科技发展，为消费金融开发更多的产品应用场景，提升消费者体验，激活和拓展市场空间。同时，利用金融科技建立构建完善的风控运营体系，解决消费金融面临的征信记录缺失、运营经验缺乏，降本增效。在科技的驱动下，消费金融将不断提升风险防控能力，不断提升运营能力与科技创新能力，科技驱动下的产品创新和风控体系的建立将为消费金融迎来更大的发展空间。

2. 推动金融与科技深度融合

未来，金融科技是推动金融行业转型升级的主要推动力，也是实现经济高质量发展的新引擎。金融与科技的深度融合不仅对创新金融产品和服务、提升金融服务品质和效率、加快金融数字化和智能化转型具有重要意义，还对维护国家金融安全、分析、预警和防范金融市场的系统性风险具有重要意义。

2020年，天津将加强金融科技战略部署，实现金融与科技的深度融合。一是加强金融科技战略部署，从顶层设计出发，做好金融科技发展规划，将金融科技打造为金融发展的"新引擎"。二是提升金融科技应用水平，鼓励大数据、云计算、人工智能等在金融风险管理中的应用。三是做好金融科技人才队伍建设工作。推动天津市高校试点开设金融科技专业，培养金融科技人才，为今后天津金融科技产业发展提供人才储备。四是强化金融科技监管。在发展金融科技的同时，建立健全金融科技监管规则体系，探索监管方式，增加监管的专业性和穿透性，规范金融科技健康平稳发展。

（二）加大金融创新改革，建设国家创新示范区

1. 推进自贸区金融创新

天津自贸区作为北方第一个自由贸易区，借助自贸区先行先试的优势，深化"放管服"改革，多举措促进行政审批、贸易投资、金融开放等领域便利，在金融创新方面发挥越来越重要的作用。规划建设、招商引资等方面工作顺利推进，截至2019年末，天津自贸区区内新增企业46605户，近3年内开具过销售发票的企业达37688户，占81%。累计新增外资企业2707户，实际利用外资100.17亿美元。其中：2019年新增外资企业278户，占全市的40%；实际利用外资22亿美元，占全市的46.5%。累计新设境外企业机构266家，中方投资额为232亿美元，其中2019年新设境外企业机构39家，占全市的60.3%。

天津自贸区涉及多项金融和贸易优惠政策福利，营商环境创新创优，对资本吸引力强，对全市税收贡献可观。2019年，中方投资额为7.92亿美元，占全市的49.7%。累计实现税收1635亿元，其中2019年实现税收484.22亿元，占全市的29.6%。累计实现进出口贸易额11029.23亿元人民币，其中2019年实现进出口贸易额2071亿元，占全市的28%。区内企业累计新开本外币账户8.1万个，跨境收支为2117.5亿美元，结售汇为942.4亿美元，跨境人民币结算4111.3亿元，占全市的39.8%。

2020年，首先，天津将自贸区发展为京津冀协同发展示范区，发挥自贸区的服务与开放功能，打造面向"一带一路"沿线国家和地区的综合服务中心，依托自贸区的开放优势与制度优势，为京津冀地区企业提供跨境融资、投资咨询、融资租赁、会计审计等综合性服务。其次，天津优化区域金融资源配置，鼓励融资租赁公司创新债券与资产证券化产品、试点发行京津冀地

方政府债券、支持开展服务京津冀协同发展的租赁与保理项目进行跨境融资，提升自贸区投融资服务功能。最后，天津充分发挥天津港北方国际航运中心的优势，改革口岸物流服务、优化口岸通关环境，推动天津港成为服务京津冀地区货物、产品、人员、技术大进大出的绿色通道。

2.加快建设国家租赁创新示范区

天津东疆保税港区成为全国首家获批开展经营性租赁收取外币租金业务的区域，试点以来，累计办理业务突破77亿美元。天津积极推进全国首个融资租赁公司外债便利化试点，已有4家融资租赁企业获得试点资格，有28家特殊项目公司共享外债额度，完成外债登记21笔。天津自贸区挂牌至2019年末，自贸区内88家融资租赁公司办理境内融资租赁业务收取外币租金近40亿美元，办理售后回租项目外币支付货款2.1亿美元。2018年末，天津自贸区获批开展飞机离岸融资租赁对外债权登记业务，成为全国首个也是唯一获批开展该项业务的地区。

2020年，天津坚持服务国家战略，推动中国租赁产业转型升级，拓展与"一带一路"沿线国家相关的出口和离岸租赁业务，进一步拓宽国际市场空间；以天津自贸区深改方案为契机，进一步创新支持融资租赁的发展。同时，未来东疆也将加快建设国家租赁创新示范区，打造租赁2.0的升级版，即一方面打造以政策、服务、平台为核心的创新体系，另一方面在资产管理、价值评估、交易处置、人才培养、资产保护等细分领域打造专业化、国际化的营商环境，为租赁企业提供一个创新的平台，引领行业发展。

（三）优化京津冀金融产业链布局，推动金融市场和基础设施一体化

金融作为现代经济的血脉，是撬动京津冀协同发展不可或缺的重要力量。目前，京津冀三地金融顶层设计亟须加强，金融生态和金融服务建设有待进一步完善。

2020年，天津将加快推进金融基础设施互联互通，加强区域间金融机构跨省市业务联动，开展京津冀一体化金融产品和服务创新，增强金融服务京津冀协同发展的能力。同时，统筹考虑天津在区位、资源和制度等方面的优势特色，推动跨区域、跨部门项目平台分工合作、相融互促，不断把天津产业、港口、生态等资源优势向京冀两地延伸。充分发挥京津冀产业协同发展投资基金等引导效应，积极推动三地金融市场发展，更好地为京津冀基础设施建设、交通一体化、产业升级、环境改善等重点领域和重点项目提供股权融资、债权融资等综合性金融服务。此外，天津将加强与河北金融基础设施的联动，通过政策鼓励和引导金融机构数据中心、呼叫中心等劳动密集型的后台服务功能转移至河北，支持河北打造专业化的综合运营服务平台。与此同时，强化区域金融风险的联防联控机制与经济金融数据的监测共享和金融风险信息共享机制，为金融协同管理提供充分的信息、数据、资源、政策支持。

B.5
2019年天津金融产品创新发展报告

李向前 刘泊静[*]

摘　要： 党的十九大报告提出，"质量、效率、动能"的大力变革是促进我国当代经济发展重要途径。当前，天津正是经济结构调整的深水期，加快产业金融、科技金融、对外开放金融协同发展是天津实现高质量发展的基本路径，是优化调整结构、转变发展动力的着力点。因此，为实现天津经济运行、完成"一基地三区"和"五个现代化天津"建设目标，金融的改革创新是关键。本报告梳理和介绍了2019年天津银行产品与业务创新，证券产品与业务创新、保险产品与发展情况及其他金融类产品服务创新，并进一步对天津未来金融产品发展方向与概况进行了展望，包括供给侧金融产品改革、发展互联网高科技产业金融产品、进一步丰富自贸区特有金融产品与业务。

关键词： 金融产品　金融创新　银行产品　证券产品　保险产品

一　天津银行产品与业务创新

（一）天津各银行不断创新普惠金融产品

天津各银行将继续用金融联系实体经济，持续优化金融产业，秉持

---

[*] 李向前，中国滨海金融协同创新中心副主任，教授，研究方向为货币政策、区域金融；刘泊静，天津财经大学金融学院博士研究生，研究方向为国际金融。

"金融为民"的理念，大力推动天津普惠金融的发展进程，从金融发展的角度推动了天津经济实现高效率、高质量发展。截至2019年末，天津市商业银行普惠型小微企业贷款余额达1217.09亿元。2019年4月，中国人民银行天津分行提出加强民营企业金融服务，进一步完善利率定价机制，对民营企业和国有企业严格落实平等待遇原则，尤其要关注贷款利率歧视问题，实现包括天津小微企业在内的民营企业贷款利率稳步下降并保持合理水平。

自2019年以来，天津滨海农商银行与天津滨海—中关村科技园运营服务公司创新对小微企业金融服务形式，为便利园区内开设新企业，对入驻企业推出了专属金融产品"装修贷"，对需要服务的企业进行整体授信。目前，天津市农商银行正积极研究特色金融业务，围绕农业、汽车等产业链核心及重要核心产业的上下游客户不断探索新的供应链业务，推出"立项贷""股改贷"等服务小微企业的金融项目。

自2019年以来，中国建设银行天津市分行先后推出三种不同的普惠金融项目，分别是"抵押快贷""交易快贷""个体工商户经营快贷"，服务于小微企业。

"抵押快贷"是为有房产抵押、有发展潜力的小微企业提供的贷款服务。该项目可提供最高1000万元的贷款额度，贷款期限最长可为三年，贷款对象可以利用线上或者线下进行借贷，按月付息，为企业提供了极大的资金流动性支持。"个体工商户经营快贷"的贷款期限略短于前者，期限最长为一年，贷款额度按照个体工商户的日常交易、企业现存金融资产及纳税额等方面的实际情况进行核算，额度最大为300万元，如申请50万元以下用款金额，各个体工商户允许使用个人账户进行支用。"交易快贷"是利用小微企业的电子商业承兑汇票质押进行担保贷款。小微企业提供的电子商业承兑汇票需交给贷款银行作为质押，小微企业可以利用贷款用于日常生产经营周转，贷款期限最长为一年，提供的额度最高为1000万元。三种普惠金融产品都利用了互联网技术、大数据模式和传统银行业服务模式，推动中小微企业实现新的经济发展态势。

为进一步推动天津市中小企业实现提升，加快制造业智能改造，全面实现经济高质量发展，"津种子"作为天津市企业培育计划于2019年10月15日正式发布。其中，"专精特新贷"作为"津种子"项目的主要特色融资担保产品正式推出，并面向天津市人工智能、新能源、生物医药及新材料四大新型主导科技产业及符合天津市工信局重点扶持政策领域的小微企业进行宣传。天津市中小企业信用融资担保中心与邮储银行天津市分行、浦发银行天津市分行等8家金融机构积极联动，为全力普惠天津市符合标准企业，首先与天津市21家符合"专业化、精细化、特色化、新颖化"的小微企业签署协议。在未来五年，"津种子"计划将为天津市中小企业提供最低25亿元的融资担保贷款额度，作为专项贷款，将为天津市新型高新兴技术产业提供全力扶持，真正做到金融服务于实体经济发展及转型。

10月18日，天津市科技局在在金融政策及产品发布会上对27个金融产品进行发布推介。中国建设银行天津市分行、邮储银行天津市分行、光大银行天津市分行、浦发银行天津市分行等7家银行研发的新型科技金融产品着力解决了科技企业融资难题；金融产品以科技创新为驱动，7家银行合作推出的"雏鹰贷""瞪羚贷""科技立项贷"等金融产品，解决了企业提供材料步骤冗杂、反复接待尽调等问题。"小微快贷"着力提升金融服务效率，流程在线上进行，企业只需提供少量材料，利用大数据进行数据提取分析，方便企业贷款流程，提升科技型企业融资体验，为其高质量发展注入活力。

（二）天津各银行持续助力"三农"

自2019年以来，天津市持续助力乡村振兴。助力发展"三农"工作的创新应用是天津各商业银行工作的重点。2019年，天津市当年累计发放涉农贷款金额达1014.97亿元，比上年增长38.89%。农商银行和村镇银行持续扩大"三农"信贷力度，拓宽行政村网点业务；同时，为助力乡村振兴开展"惠农贷"业务，帮助扶持农村养殖产业。银行机构与相关项目核心重点企业通过合力收集下游农户的实际经营情况、养殖数据合理提供相应贷款数量，利用金融科技服务涉及养殖产业贷款的线上申请，为天津市养殖业发展的资金需求提供了有效解决方案。下一步，天津农商银行将继续坚持服务实体经济发展不动摇，进一步深化支持"三农"业务力度，拓宽服务领域，提高服务质效，在相关"三农"业务上不断做深、做实、做细。

中国建设银行天津市分行围绕天津市农业特色，持续推进扶贫助农领域普惠金融产品的创新与应用。"乡村农担贷"项目是面向涉农小微企业推出的特色涉农金融产品。"乡村农担贷"是由省级农业信贷担保公司联合中国建设银行按照约定比例共同提供担保的资金贷款业务，贷款金额最高可达500万元。中国建设银行天津市分行精准对接涉农小微企业的经营周转和资金需求，凭借"乡村农担贷"产品的优惠利率及方便快捷的操作，全力支持天津市"三农"领域的金融创新。

农业发展银行天津市分行牢牢把握高质量发展这一根本要求，始终注重把改革创新作为发展动力，努力提高天津市金融服务质量，不断推进天津乡村振兴厚植根基、注入动力，全力做好政策性收购资金供应和管理。农业发展银行天津市分行党委高度重视粮油收购信贷工作，为粮食收购的资金供应及资金供应主渠道提供保障。自2019年以来，农业发展银行创新支持市场化收购，探索形成创新型融资方式，利用"银行+交易市场+企业+监管库"模式，支持天津市粮食产业上下游全力发展。农业发展银行天津市分行积极推动市政府百万亩小站稻振兴战略，创新建立"小站稻两金增信"融资模式，首批贷款资金1500万元已经发放，为"天津小站稻"提供了有效的金融支持，助力解决天津市民营粮食种植企业融资难题。

邮储银行天津市分行不断探索新型金融服务，积极响应"绿色信贷"的应用，为天津市绿色农业、绿色林业、可再生能源利用等绿色项目建立"绿色机制"，建立专门通道进行专人对接，提高审批、放款效率，服务天津市绿色产业高效发展；2019年5月，邮储银行天津市分行与农担公司联合创新推出的"见贷即保"金融项目，开辟了天津市新型邮银合作的途径。在银行与农担公司联合作业模式上，使企业在两天内实现从申领到接收贷款。邮储银行天津市分行与农担公司二者分别提供贷款业务与直接担保业务，大大提高作业效率。同时，为进一步促进天津市农业金融项目的发展，邮储银行天津市分行进一步与天津农业投资担保有限公司、天津港首农积极探索建立"政企银"合作平台，通过收集天津港进出口贸易数据，积极利用其涉及物流运输、资金流通、仓储监管等方面的信息，进行数据整合分析，联合开展供应链金融合作，为天津"三农"产业的筹资提供新的金融支持。

（三）天津各银行金融科技持续创新

2019年，中国银行"5G智能+"系列品牌网点于天津正式设立，以金融科技助推天津高质量发展。中国银行凭借"科技创新"手段将金融融入日常社会生活，形成跨界金融新模式。中国银行运用人脸识别、大数据等一系列高新技术手段，为银行服务对象提供个性化定制服务。"无卡、无证、无人工干预"的新型业务办理模式，为天津市金融改革注入新的活力。中国银行运用"5G智能""智能服务""民生金融"，为实体经济提供金融服务，推动金融与科技引导天津经济发展。

2019年，渤海银行滨海新区分行将传统金融与科技技术相结合，加快金融创新转型发展。渤海银行滨海新区分行将日常生活与金融服务紧密联系，相继推出多种金融科技线上平台服务体系，如"渤商赢"B2B平台、"云账本"B2C等。渤海银行滨海新区分行与银联供应链综合服务平台建立合作，结合"渤商赢"产品，为物流、商贸、电商企业及保险经纪人税筹提供基础性系统服务；为平台客户提供账户管理、支付结算、资金存管、财富增值等服务，提高资金管理的高效性、保密性，进而提升服务结算效率，提高资金服务能力。在平台数据（交易流、物流和资金流）的基础上，进一步提供反向保理、供应链融资等服务支持，为电子商务平台及其客户提供高效、便捷的在线融资服务。同时，"时间钱包"作为"飞常准"与渤海银行滨海新区分行共同研究推出的创新金融项目，根据不同目标客户的不同需求，将互联网大数据等金融科技服务融入民生生活中，满足各种商旅客户的金融服务需求。此外，渤海银行滨海新区分行依托新区的港口和自贸区提供的广泛的腹地、产业和潜在客户群体，积极推动"渤银E链"有效对接企业产业链条及客户生活场景方案的落地，打破批零界限，建设资金融通、支付结算等综合服务平台，提升金融综合服务能力。真正做到了坚持以客为本，精诚服务，以科技创新带动业务升级的目标。

2019年，招商银行天津市分行推出"薪福通1.0"，是对代发工资等业务进行的数字化升级。近年来，企业数字化变革在不断进行中，传统的人力资源管理面临着新的机遇和挑战。招商银行天津市分行开发数字平台，利用其科技力量与传统专业服务的融合，对产业优化、人力资源管理等方面进行科技升级，提高服务质量。"薪福通"在这种境况下诞生，不仅符合金融科技助力企业发展升级的目标，更为天津市企业发展提供便利保障。薪资服务、平台服务、权益服务是"薪资通"最初设立的主要服务内容，招商银行天津市分行未来将在此基础上开发新项目。首先，该项目的基础项目是利用其数字化技术，帮助企业员工改变传统薪酬发放方式，企业员工通过互联网平台，了解资薪信息，为员工提供薪资服务，使企业提高对员工的人文关怀。其次，数字平台服务中开发"个税通"也是该项目的一大亮点，全力为企业提供一个一站式个人所得税服务站点。针对个税新政下申报、计算个税等问题，"个税通"极大便利了企业的税务流程，为企业提供全程线上服务。最后，权益服务为"薪福通"增加了附加价值，对工资权益体系进行金融创新改革。"新福通"是针对工资卡客户推出的专享服务，包括存款、理财、信贷等传统的投融资服务，并在此基础上推出了代发企业专属团险，为企业员工提供保费更低、理赔服务更加方便的保障服务。

（四）天津各银行深入展开"单一窗口"服务

自2018以来，天津国际贸易"单一窗口"积极推动国家标准版系统的落地，推动天津市金融服务功能的加速发展，先后与中国建设银行、中国银行、中国农业银行等11家金融机构签署合作协议，推动天津市金融系统与"单一窗口"融合，便利企业在"单一窗口"办理其相关金融业务。

2019年4月，中国建设银行天津市分行作为首批实现与"中国国际贸易单一窗口""总对总"金融服务功能上线的商业银行，目前已在"单一窗口"系统上实现金融服务功能，包括"外汇汇款""退税贷""出口贷"

等,"单一窗口"系统的充分利用,提高了天津市外贸企业的便利化水平;5月5日,"单一窗口"税费融资在中国银行天津市分行成功发放,这是我国实现的首笔通过"单一窗口"进行的此类业务。中国农业银行天津市分行成为首家通过跨境电商与天津国际贸易"单一窗口"直接对接的银行,可以进一步帮助企业实现贸易便利化。交通银行天津市分行于2019年7月正式加入"单一窗口"系统,通过通关、物流等口岸信息与资信、风控等金融信息进行数据共享,与"单一窗口"平台进行金融业务深度融合,成功为"单一窗口"服务外贸型企业的金融服务增添新优势,为企业提供政策性金融服务及金融管理。交通银行天津市分行与"单一窗口"平台将开放相关数据端口,实现数据信息实时交互,运用口岸数据信息为企业提供更加优质、高效的金融服务。天津各银行通过开展"单一窗口"服务,为天津开放型经济和口岸发展作出新贡献。

二 天津证券产品与业务创新

(一)天津市融资担保发展基金与国家融资担保基金签约合作

2019年12月18日,天津市融资担保发展基金与国家融资担保基金合作,成立50亿元项目资金,为天津市科技技术型企业提供资金保障。为保证政策落实,天津市工信局紧紧围绕重点领域企业及项目重点,分别与7家银行达成战略合作协议,推动与银行等相关金融机构的沟通合作,覆盖政策性银行、国有商业银行及股份制银行类型,形成政银合作联动体系,天津市也被正式纳入国家融资担保体系建设范围。智能制造产业是未来天津市企业转型发展的重点,因此该项目是为了推动引导更多资金贷款资源向天津市战略新兴产业流入。通过构建融合"国家融资担保基金、天津市融资担保发展基金、辖内融资担保机构"三者担保授信,吸引了更多的金融机构助力天津市高新技术产业高质量发展,增强了政府性融资担保机构对天津市小微企业融资业务的支持。天津中小企业担保中心成为本市唯一一家对接国家融资担保基金、承担市级再担保职能的担保机构。截至2019年末，天津市工信局所属天津中小企业担保中心在保余额达81600万元，同比增长2.8倍，有112家企业已经落户，同比增长1.6倍。

（二）赛诺医疗成功在科创板上市

随着我国一系列支持新兴产业发展政策的出台，2019年10月30日天津市首家正式挂牌科创板的企业——天津市赛诺医疗科学技术股份有限公司（以下简称赛诺医疗），在科创板成功上市。2007年赛诺医疗在天津经济技术开发区注册成立，公司业务主要是高端介入医疗器械生产研发，在医疗设备生产领域属于全国龙头产业。赛诺医疗是天津市重点发展的"高精尖"产业，拥有目前唯一获准在国外进行大规模临床试验的国内心脏支架产品。赛诺医疗首次发行股票数量达5000万股，股票发行价格为每股6.99元，约占发行后公司总股本的12.20%，发行市盈率是28.76倍。

（三）天津OTC科创专板启动

为推动天津市科技创新型企业的发展，优化天津市企业生态环境和便利金融服务，2019年11月13日，上海证券交易所资本市场服务（天津）基地在天津正式落地，同时天津滨海柜台交易市场（天津OTC）科创专板也正式启动。天津宝骏科技股份有限公司等52家企业成为首批在天津OTC科创专板挂牌的中小科创企业。基地的建立表明了天津市政府对天津市金融产业发展的大力支持，同时也促进了天津市政府部门、交易所、企业三方共赢和社会经济协调发展。天津科创专板为满足不同发展阶段和培育不同成熟度的科创企业划分了甄选层、精选层和优选层，推动了不同地区间资本市场的相互衔接和共同发展，创造了有利于天津科创产业发展的环境，为科技产业的早日上市提供了坚实后盾。未来，天津OTC将深入与相关政府部门沟通合作，为天津科创企业进行规范培训、投融资对接及对科技成果进行转化生产等产业链的发展进行持续助力，将天津科技创新与金融创新深入融合，推动科创企业进一步为天津经济作出更大贡献。科创专版的成立不仅加速了天津优质科创企业的培育发展，而且为上海证券交易所科创板上市的预备企业提供了高质量的后备储存。之后，天津OTC企业服务"大篷车"也将正式启动。该项目将深入园区，针对性地为企业提供融资服务，帮助企业实现规范管理，更好地为天津各类科技型中小企业提供金融服务，助力天津经济结构优化调整，为天津培育新动能和高质量发展注入金融活力。

三 天津保险产品与业务创新

2019年，天津市保险业围绕扎实推进保险产业服务实体经济的能力和水平，为天津经济金融发展和社会保障提供服务，不断强化社会责任意识和履责意识。

2019年，天津市保税区为金融产业的发展先后引入了一批重点金融与保险企业与项目。天津市保税区将中融人寿天津分公司作为首家引入的保险类公司，公司提供传统相关人身保险业务。中融人寿保险股份有限公司注册于北京，是一家处于高速发展的全国性人身保险公司。一直以来，公司不断创新发展新型保险业务，成立的天津分公司是符合天津市保税区结合"一基地三区"的定位，对京津冀各地区资源的综合利用的成果显现。天津空港经济区在2016年成功建立了保险产业园，一直以来依靠其各项金融优惠服务吸引不同企业在经济区落户。天津空港经济区在2019年第一季度将中国航空工业集团和法国安盟集团共同出资建立的中航安盟财产保险有限公司天津分公司成功引入，公司成为首个落地的综合性合资财产保险分公司。不同类型的保险公司纷纷落户保险产业园区，促使天津市保税区的保险产业多样化发展，也进一步提高了空港保险产业园在京津冀地区的影响力。

目前，我国大力推广积极丰富各类相关健康保险金融产品，保障民生人身健康。2019年7月29日，友邦保险有限公司天津营销服务部成立，旨在为天津目标客户提供更加直接、个性化的保险业务，成为天津市人民群众融入日常生活的健康监测系统。2017年，友邦中国的个人移动健康管理平台"健康友行"上线，该平台抓住智能产业发展的趋势，利用手机客户端深入群众日常生活，上线两年来，"健康友行"得到了大范围推广，每天平均上线率超过40%。

一直以来，天津市保险产业园通过扩大创新型特色金融筹融资规模，吸引大量大中型保险公司的分支机构在产业园区内落地建成。天津市保险产业园也成为天津市保险业重点发展园区，通过保险与互联网技术的融合、创新，满足天津市不同保险类型的需求，助力推动天津市社会保障体系的发展。

四 其他金融类产品服务创新

（一）天津市融资租赁业务发展与创新

2019年，天津市融资租赁业务继续保持稳定健康发展。天津市融资租赁总部企业注册资金达8780亿元，比上年同期增加114亿元，增幅为1.3%。其中，金融租赁注册资本增加到506亿元，增幅达6.3%；外资租赁公司注册资本为7400亿元，增加80亿元，增幅为1.1%；内资租赁为874亿元，增幅为0.5%。融资租赁公司注册资金在全国占比为26.8%，较上年提升0.3个百分点。

1. 融资租赁飞机业务取得各项突破性进展

2019年，天津自贸区金融产业在飞机产业融资租赁创新方面不断取得新的突破。2019年1月，天津自贸区在经过国家外汇管理局批复后，成为首个办理飞机离岸融资租赁对国外债权进行登记业务的地区。所谓飞机离岸融资租赁业务主要是境内的租赁公司将其购买的境外飞机进行融资租赁，提供给境外地区的承租人使用。天津市积极利用北方国际航运核心区定位的优势，这一创新性举措也提高了天津参与国际航空市场竞争的程度，同时也积极响应国家"一带一路"倡议，为我国租赁业务的发展提供创新型力量。

昆明长水机场海关就融资租赁问题积极与天津东疆综合保税区海关协商，最终就开通两地飞机融资租赁异地委托监管业务达成一致。2019年9月4日，首架"融资租赁+异地监管模式"的空客320-251N型飞机成功落地。云南红土航空公司引进该融资租赁飞机，用于法国直飞昆明航段。该项融资租赁异地委托监管业务的签署，使飞机不再需要经停天津东疆综合保税区。该项创新型融资租赁业务，主要有以下三个方面的优势。其一，可以帮助企业减少可达10万元以上的各项成本费用，包括从天津到昆明期间的燃油费、地面服务费、入区费等；其二，极大地缩短了飞机行驶时间，与之前相比，飞机将缩短将近半天的时间提早到达昆明国际机场；其三，航空公司也可以提前将飞机投入商业飞行，也为航空公司的日常经营提供了盈利空间，也为今后融资租赁业务的发展提供了可推广的经验。

2019年10月12日，在海关总署发布《关于综合保税区内开展保税货物租赁和期货保税交割业务的公告》（海关总署公告2019年第158号）（以下简称158号公告）后，东疆区根据158号公告对融资租赁业务进行积极的探索。10月25日，东疆区内亚太融资租赁（天津）有限公司与新加坡中银航空租赁签订我国首个飞机租赁跨境资产交易业务的协议。该业务有效联通国内外飞机市场，对我国发展新的飞机资产流转渠道、改进飞机资产流转进程具有意义重大，这意味着中国租赁产业已正式进入资产全球化的时代。该笔跨境融资租赁业务率先落实了158号公告中相关条款的重要金融产业的创新，这也是东疆融资租赁业务创新的又一重大突破。

作为全球第二大飞机租赁聚集地，东疆坚持以建设全球飞机租赁中心为目标，不断对现存业务进行创新，形成了飞机租赁业务和政策创新的重点片区。目前，多项相关优惠政策及制度在东疆落地，东疆飞机租赁产业凭借多项优惠政策的独特优势，不断得到发展。目前，东疆飞机租赁已超过1500架，资产总额超过750亿美元。

未来，东疆将全力推出与国际接轨的航空金融配套生态环境，对区内飞机行业进行多方面的优化提升，全面助力园区内飞机租赁产业模式不断创新和产业结构不断升级。

2.跨境融资租赁取得新突破

2019年5月，天津市完成全国首单"融资租赁+汽车出口"项目。嘉和租赁天津分公司与新加坡嘉新国际签订融资租赁合同后，嘉新国际内蒙古公司便通过融资租赁手段出租所需牵引车100辆，进行跨境融资租赁。5月，在内蒙古甘其毛都口岸，第一批出口牵引车正式完成相关报关手续。该项目是天津市利用口岸优势，对融资租赁业务模式的积极创新改革，进而通过融资租赁业务进一步服务我国"一带一路"建设。

3. 保税仓单质押融资创新性发展

2019年6月，东疆保税港区出台《天津海关关于东疆保税港区保税仓储货物质押融资业务有关事项的公告》（以下简称天津海关公告），这是我国海关提出的首个针对保税仓储货物提供质押融资业务问题的相关政策，填补了天津市发展口岸经济政策的空白，为今后发展提供了有力的政策保障。该公告的推出与实施，进一步促进了东疆保税区新型质押融资金融业务的不断创新。天津海关公告公布后，天津东疆海关率先联合东疆管委会，探索新型保税仓单质押融资模式，推出"监管账册"。该项业务由天津市东疆发展集团子公司——东疆供应链服务有限公司作为执行主体，为解决保税仓单质押融资的金融业务问题提供了有效的途径。

天津海关公告的发布和新型质押模式的积极探索应用，为东疆区内金融机构进行保税仓单融资提供了有效的保障服务，区内企业也将运用这种模式，极大地便利企业金融融资。天津中兴达汽车贸易有限公司、天津港保税区华平国际物流有限公司，是作为首批将这种模式应用到质押融资的试验企业。这两个公司将在东疆保税港区内信义鹏仓库、东港物流仓库的仓储进口汽车分别质押给光大银行、浙商银行，并获得47万美元的质押融资，极大地便利了资金筹措且有效控制了风险。

未来，天津东疆管委会还将利用物流金融的创新，对"物流+金融服务"平台进行建设，进一步推动保税和非保税货物质押融资业务在线上的实施，为区内融资提供更优质、更低风险的金融模式，推动东疆口岸功能的不断提升，使东疆口岸逐渐成为北方进口商品交易中心和物流分拨中心。同时，东疆口岸利用其自身优势，分别对融资业务的规模进行提升，对融资标的产品种类进行深入研发，丰富天津市的特色金融业务模式。

（二）天津资产证券化业务不断创新

天津自贸区作为融资租赁业发展的重要聚集区之一，租赁资产证券化业务在自贸区创新性地不断向好发展。由流程审批制改为后续备案制这一利好举措，使天津自贸区资产支持证券（ABS）业务得以加速发展。作为直接融资的工具，ABS的发放全程按照国家金融监管部门的要求，可以直接对接资本市场，通过对企业资产的证券化，有效盘活租赁资产，畅通了租赁企业直接融资的途径。融资租赁公司可以利用ABS的方式将现存的流动性差的债权变现为流动性强的资产，为租赁公司日常经营提供更多的资金来源，加快自身的资金流转速度，减轻对银行融资的依赖，提升融资能力和偿债能力，可以更直接地解决实体企业筹融资等难题。天津自贸区的资产证券化创新模式，涉猎范围广泛，包括医疗设备、教育设备、生产设备和汽车等多个业务领域，基本实现了租赁主要业务领域的全覆盖。

2019年1月，个人汽车抵押贷款资产支持证券由天津长城滨银汽车金融有限公司成功发行，总体规模为29.41亿元，发行利率为3.6%，发行期限为6年，产品评级为3A级，市场认购倍数达2.9倍，成为天津市首笔汽车金融ABS产品。

2019年6月28日，由中铝商业保理（天津）有限公司提出的"德邦—中铝商业保理供给侧改革1号资产支持专项计划"项目在上海证券交易所落地。自2016年起，隶属中铝集团的中铝商业保理（天津）有限公司就开始发挥其供应链金融优势，凭借东疆的优惠政策，与东疆管委会深入合作，先后在东疆开展多项业务，不断向包括融资租赁在内的多个领域发展，助力中铝集团进行产业结构优化。同时，公司将目光聚焦关键领域，不断为企业中心产业的深入发展提供有力支持。

未来，东疆将持续发挥天津自贸区享有各项优惠政策的优势，加快推进天津市的金融创新与发展，不断优化营商贸易环境，推动企业实现创新发展。

（三）FT账户助力企业跨境经营

2019年末，经中国人民银行获批，天津正式成为继上海、海南之后第三个拥有自由贸易（FT）账户体系的地区，FT账户体系在天津正式落地。

天津FT账户是指天津市金融机构根据客户的需求，在分账核算单元开立的规则统一的本外币账户，FT账户是对我国金融账户开放与资本项目可兑换制度的积极探索。FT账户在天津的落地，使天津自贸区与海外市场之间关系更加密切，为自贸区内企业同海外市场进行贸易结算及离岸资本项目的投资提供了更加便利的方式。FT账户拥有汇兑、投资、融资、利率等多个方面的优势，其进行离岸交易的便利性不言而喻。

一是汇兑便利。对于已实现可兑换的跨境交易业务，FT账户内资金可以实现自由兑换；针对投融资在我国还有不同限制的情况，FT账户内资金可根据企业的实际业务需求进行兑换。FT账户与我国境内区外企业相比，汇兑基本没有任何限制，实现了完全意义上的自由汇兑，且业务流程也更加简化。

二是最优汇兑汇率。一般来说，在我国境内的企业进行货币汇兑通常都是以中国银行外汇牌价作为基准汇率。在运用FT账户办理购汇和结汇业务时，分账核算单元应形成汇兑敞口，在自贸区内或者境外进行平盘对冲。企业可以直接享受到通过离岸市场人民币交易（CNH）汇率进行结售汇。各大商业银行也可以通过分账核算单元直接为客户获取人民币离岸市场上的最优汇率，极大地优惠了境内外贸易参与者。

三是境外投资便利。通过汇兑便利和最优汇率的优惠政策，极大限度地降低了区内企业进行境外投资在资金汇兑部分的难度和成本。

四是融资便利。企业可通过应收账款等跨境贸易中的流程进行融资，因此自贸区内商业银行为设立FT账户的企业提供了一整套完善的供应链金融服务。

五是市场化的利率体系。FT账户在存贷款两个方面提供利率上的优惠。其中，在存款方面，外汇资金在银行不超过规定上限的基础上由商业银行进行自主规定存款利率，人民币存款利率不得超过同期中国人民银行公布的基准利率的110%；在贷款方面，本外币均可由银行实行自主定价机制。这意味着以FT账户为基础的分账核算单元在某种程度上是一个完整的金融生态系统，在这一金融生态系统内实现了利率的市场化。从这一角度来说，FT账户为参与企业提高了效益，也为商业银行提供了可复制、借鉴的经验，同时也大力促进了我国的金融改革。

天津FT账户体系建设是落实天津自贸区进一步深化改革的重要举措，将为天津市实体经济产业提供更好的金融服务。其意义在于：第一，可以积极开拓境内、境外金融市场，利用国际金融资源，更高效率地参与国际竞争；第二，进一步拓宽了企业融资途径，有效降低企业融资成本，使天津自贸区内的营商环境得到了更大的优化和提升。截至2020年3月底，天津自贸区已经累计为企业设立FT账户900个，办理FT业务累计达454.75亿元，不断提升天津市海外市场的竞争优势。

（四）天津"金融+科技"不断优化发展

2019年12月31日，天津市推出"信易贷"平台。该平台以信用为基础，依赖互联网区块链技术，收集了天津市工商、税务、环保、电力领域等方面的数据，加强了金融机构、信用服务机构与企业之间的相互联动，为解决中小微企业与银行间信息不对称、信用不充分等问题提供有效措施。利用该平台，信用良好并且符合授信条件的目标企业仅需要数分钟，就可以完成信贷审批环节，可以获得直接线上融资信贷服务。除此以外，中小企业还可以通过"信易贷"平台实现即时与金融机构的联系，实时进行票据贴、融资租赁、担保、保险、保理等金融产品的服务。失信企业也可以通过该平台进行"线上+线下"双向信用修复，解决企业失信问题，缓解此类企业融资难题。

2019年7月17日，天津市"线上银税互动服务平台"正式上线。该平台是由天津市金融局、天津市税务局共同搭建，汇集天津市企业的纳税数据，通过纳入天津市各金融机构推出的各项涉及银税金融项目，实现"银税互动"产品的申请、审批、授信、放款等各个环节通过线上一站式进行，让市场主体可以体验"全线上、免除抵押担保"的24小时自助贷款服务，实现了快速安全、低成本的银税途径。该平台正式上线以来，已有中国建设银行天津市分行、齐鲁银行天津市分行、渤海银行天津市分行、招商银行天津市分行4家商业银行前后入驻平台，平台累计授信金额达4.23亿元，服务天津市各小微企业716家，从企业申请到收到放贷平均用时5分钟。在有关部门的推动下，"线上银税互动服务平台"还将进一步整合社保、医保、电力、公积金等数据的对接，对市场主体进行更精准的"风险画像"，进一步为小型民营企业融资增信，提高天津市的金融服务效率和精准度。

五　金融产品与业务创新展望

（一）金融产品与业务创新现存问题

1. 产品个性化不足

经营产品的个性化不足，仍然需要提升。随着科技的不断发展，市场经济建设越发深入，金融服务也逐渐细化，旨在满足不同消费者的个性化金融产品的消费需要。现阶段，金融机构在产品开发前会进行一定的市场调研，作为一种典型的抽样行为，该调研过程尚不规范，其使调研结果产生了一定的模糊效应，难以满足消费者的个性化服务需要。

2. 管理模式落后

针对现行的金融产品，商业银行仍然利用原有的管理办法进行管理，并没有根据金融产品的改变而对管理方案进行适当的调整，从而满足社会发展的需求。这使商业银行在金融产品的整体调控运作方面，工作效率非常低，更没有办法通过金融产品获取更高的收益。

（二）天津金融产品与业务创新方向

1. 从供给侧结构性改革入手，推动金融产业化发展

天津市在推进京津冀协同发展战略过程中，已经成立滨海—中关村科

技园、宝坻京津中关村科技城、武清京津产业新城三大新型科技园区。园区积极与三个地区企业联动，运用各地资源，全力推动地区发展。武清区政府与北京京能集团围绕从能源至民生等领域开展合作；滨海—中关村科技园引进北京企业240多家。宝坻京津中关村科技城开展了中关村协同发展中心建设。三大园区可为京津冀协同发展提供创新运营示范区，为天津金融市场提供更多活力。

天津市针对产业转型升级的突破点，成立区域性或专项产业基金，打造基金中心；针对培育新动能的科技金融产品创新，谋划"天津方案"；鼓励银行创新知识产权，打包组合质押捆绑模式，为更多小微企业实现知识产权质押"首贷"；利用国家碳排放交易重启时机，建立实验室并成为碳金融创新"孵化器"，在绿色金融创新上走向全国前列。

2. 加快金融科技融合，构建智能科技产业金融服务体系

天津市推进相关金融产业工业化、信息化、服务化的联合发展。一是出台融政府服务、金融创新与项目孵化于一体的智能科技创业平台，支持智能科技产业专项金融解决方案。二是借助海河产业基金，发行科技产业创新债券、基金并互认互通，同时引导社会资本加大投入。未来，天津市将持续大力发展"科技+金融"服务于实体经济；提供更广泛的普惠金融产品，带动中小微企业与民营企业就业，并拉动经济增长；将金融产业链延伸到天津市高新技术生物科技、人工智能、大数据等行业并深入融合发展；继续壮大天津市互联网产业、信息服务业、健康产业、文化创意等产业，打造新的金融产业着力点，在金融创新运营示范区建设上注重发挥示范引领效应。

3. 加快自贸区金融关键领域自主创新

天津自贸区是北方第一批设立的自由贸易区域，在融资租赁、服务贸易、平行进口汽车、进口冷链等业务领域领先发展，并有多个项自主创新案例可向全国复制推广，发挥了服务京津冀协同发展并辐射内陆的带动作用。未来，天津自贸区应该在以下三个方面继续提升其金融产品与业务的创新。一是在融资租赁政策开放度、政策透明度和国际通行规则接轨三个方面下功夫。依托国际保理业务优势，通过离岸租赁、保税租赁跨界融合创新，提速

形成租赁产业链，催生培植一批租赁新业态。支持融资租赁做大做实，继续领跑全国。二是在复制上海具有离岸特点的国际账户基础上，自主创新具有天津特色的本外币一体化、企业愿意用的FT账户。三是除允许招商银行、浦发银行、交通银行和平安银行开设离岸金融账户外，逐步有计划地允许工商银行、农业银行、中国银行、建设银行等银行在自贸区设立离岸业务部。

B.6
2019年天津金融人才发展报告

王学龙　张　欢*

摘　要： 金融业是现代经济平稳运行的血脉，是实现经济可持续发展的关键所在。金融人才是城市金融长久稳定发展的不竭动力。2019年，天津经济平稳增长，金融从业人员数量大幅提升，显示出较强的人才聚集能力和区域影响力。本报告分析了天津金融人才的基本概况、金融人才发展面临的问题，并提出相应建议。天津应继续完善金融人才扶持政策，不断完善人才结构体系建设，充分挖掘高校与金融机构的人才培养潜能，有序扩大金融人才发展进步空间，为天津金融人才创造良好的发展环境，为实现天津经济金融高质量稳定发展奠定坚实基础。

关键词： 金融人才　金融科技　复合型人才

在错综复杂的国内外形势下，我国经济发展进入新的发展阶段。经济增长速度明显放缓，深化经济结构调整、转变经济发展方式的步伐不断加快，但此过程中仍面临众多关键的"痛点"和"难点"。与此同时，伴随着金融行业体制改革的推进，金融业的发展态势也发生明显转变。不同于过去粗放型高增长时代，全方位、多层次的资本市场和包容性金融发展成为当前金融业发展的新特点。随着国内金融体系的不断完善和金融市场的日趋成熟，天津市金融业发展取得显著成效。成就的取得离不开人才引进带动的行业及产

---

* 王学龙，天津财经大学金融学院副院长、教授，研究方向为国际结算、金融教育；张欢，天津财经大学金融学院硕士研究生，研究方向为国际金融。

业发展,如何以富有创新性和吸引力的人才引进政策赢得高层次金融人才的青睐,是天津市赢得这场金融人才竞争之战的关键所在。因此,天津亟须提高对高层次金融人才的集聚能力,利用人才集聚优势,带动资源与专业知识回归,提升天津的金融活跃度与竞争力,助力天津经济金融蓬勃发展。

一 天津金融人才基本概况

2019年是我国全面建设小康社会取得重大进展的关键一年。天津市金融机构坚持"全国先进制造研发基地、北方国际航运核心区、金融创新运营示范区、改革开放先行区"的功能定位,坚持新发展理念,深化供给侧结构性改革。金融产品和服务创新取得明显进步,金融服务实体经济能力得到增强,金融生态更加优化。京津冀协同发展取得积极进展,自由贸易港建设步伐加快,对战略性新兴产业的金融支持力度不断加大。天津市正以不断凸显的优势和持续发展的动力推动天津实现开放、包容和可持续发展。创新是引领发展的核心动能,创新驱动实际上是人才驱动。积极引进高端人才、领军人才有利于形成支持金融业创新发展的整体合力,引导金融更好地服务实体经济发展。天津市积极建立健全人才服务和支持体系,实施人力资源开发战略,探索人力资源发展新机制,为实现天津地区高质量快速发展注入鲜活力量。

天津市人才引进取得了显著成效。截至2019年末,"海河英才"计划共引进不同类型人才25万人。其中,资格型人才占比为19.4%;技能型人才占比为25.8%。2019年1月2日,天津市人民政府发布《关于支持金融机构和金融人才在津发展的政策措施》(津政办发〔2018〕66号,以下简称《政策措施》),这是天津市首个专门针对金融行业整体发展的支持性政策措施。《政策措施》与"海河英才"计划相衔接,重点关注并明确了金融人才引进的具体措施。措施强调,经天津市人力资源和社会保障局认定的金融领军人才,在通过市场化聘用机制成功入职本市金融机构后,可以获得"海河英才"绿卡"A"卡;对于以同样方式入职金融机构的金融高端人才将可以获得"海河英才"绿卡"B"卡。需要强调的是,适用本政策措施的金融机构必须是在天津市注册的金融机构。《政策措施》还明确表示,新设立及搬迁到本地的金融机构可以将部分金融机构落户补助作为对新引进的金融领军、高端人才的奖励，但奖励金额应有限制，不得超过接受奖励者本人在当年对当地财政收入的贡献金额。

为加快《政策措施》出台后兑现等服务工作，天津市金融局、财政局和人社局按照最大限度地方便政策申请主体、严格限制自由裁量权、尽量提高审核效率原则，同步印发了《关于支持金融机构和金融人才在津发展政策措施的实施细则》（以下简称《实施细则》）。此举对于营造良好的金融发展环境、促进京津冀协同发展战略实施、加快金融创新运营示范区建设具有重要指导意义。《政策措施》及《实施细则》的出台显著提升了金融业在天津产业发展中的地位，增强金融主体活力和创新金融产品动力，为优质金融资源的集聚和专项招商的开展提供重要支撑。

（一）金融人才分布情况

2019年末，综合开发研究院（深圳）发布的第11期中国金融中心指数（CDI CFCI）选取了三种类型指标：从业人员数量、人数增长和工资待遇，分别评估了我国31个城市金融中心的金融人才发展情况。结果显示，天津市金融人才集聚能力得分排在第三位，仅次于北京和上海。金融人才的分布很大程度上与城市的定位有关。天津市作为环渤海地区的经济中心，努力创建国家先进制造业研发基地，同时借助地理优势积极发展航运事业并努力打造金融创新业务示范区。伴随着"海河计划"等落户和人才引进政策的实施，天津显现出较强的区域辐射能力和影响力。就全国中心城市综合竞争力排名而言，2019年中国金融中心指数（CDI CFDI）结果显示，综合竞争力排名前十位的城市与上年保持一致。上海、北京、深圳、广州四个一线城市名列前四，且这一记录已连续保持11年。成都、杭州、天津、重庆、南京、武汉排名第六至第十。天津保持第七名，与2018年相同。

（二）金融人才队伍不断壮大

近年来，随着金融业的蓬勃快速发展，天津市金融从业人员数量呈平稳增长态势。2019年，天津市金融机构从业人数实现陡增，首次突破10万人，增幅达52.1%，创历史新高（见图1）。虽然从业人员数量大幅增加，但金融机构网点数呈小幅下降趋势。截至2019年末，天津市现有金融机构营业网点2991个，较2018年末减少176个营业网点，其中银行类营业网点减少89个，这或与银行业进入数字化转型期所带来的结构调整有关（见图2）。

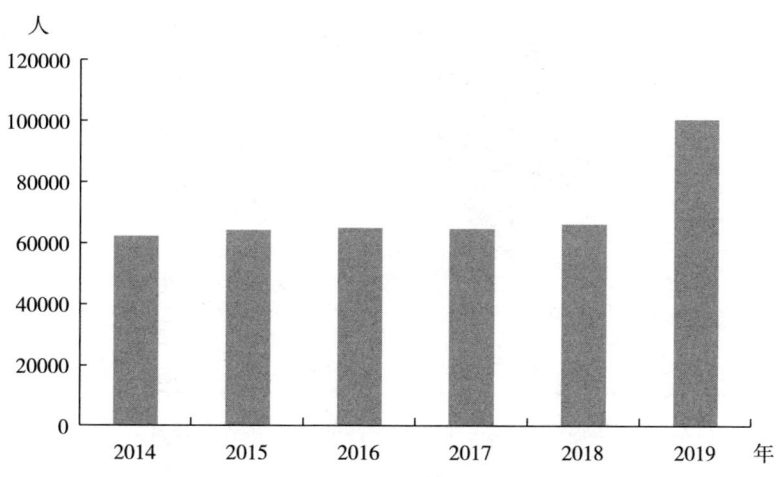

图1　2014~2019年天津市金融机构从业人数
（资料来源：Wind数据库）

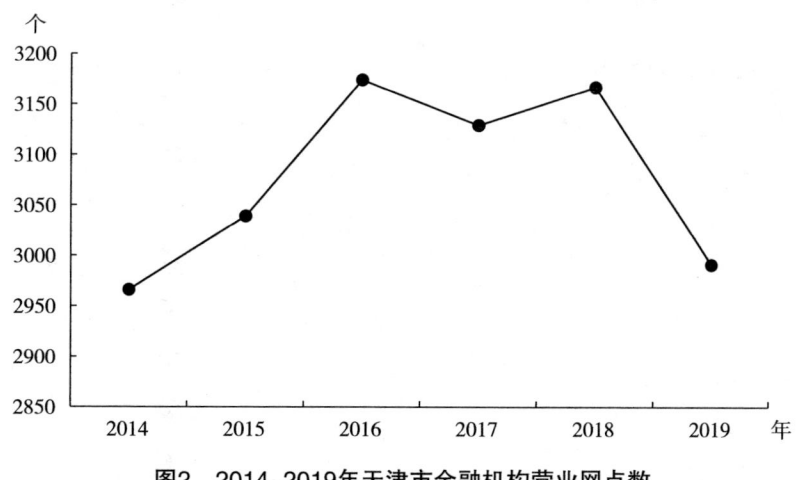

图2　2014~2019年天津市金融机构营业网点数
（资料来源：Wind数据库）

值得注意的是，金融机构从业人员中银行业从业人员最多，占46.63%。具体分布如图3所示，银行业从业人员中大型商业银行从业人员最多，占61%；其次是股份制商业银行，占22%；城市商业银行和政策性银行从业人员分别占16%和1%。

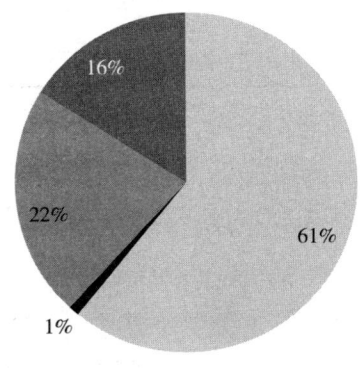

图3　2019年天津市银行业从业人员分布

（资料来源：Wind数据库）

（三）金融业内人才流动加大

综观世界金融市场的整体状况，金融行业与其他行业之间的人才流动频率较低已成为普遍现象。金融业对从业人员有更高的专业要求，对其他行业人才准入具有一定的门槛，这使从其他行业流入金融行业的比例较低。领英网调查显示，该比例仅为20%，远低于其他行业近30%的平均水平。而在从金融机构去向其他机构或单位的人才中，有八成以上依然选择留在金融行业，较少人愿意放弃多年积累的金融专业素养和能力去选择非金融行业。但是在互联网金融不断发展的背景下，金融行业的混业经营对复合型人才的需求不断增加，人才流动也将从业内扩散至各个行业。未来，金融跨行业人才流动比例或将出现上升。

（四）金融人才选、育、用、留机制初步形成

当前，金融业的用人标准日新月异，人才流动逐渐增强。改革选拔和引进人才、培育和发展人才、重用和留住人才机制是金融机构打赢人才争夺大战的重要发力点。健全的金融人才服务体系是实现"体制转轨"和"增长转型"两个根本转变的关键，是激发人才创新的主动性和创造性，加快经济增长和人才强国战略实现的重要保障。

目前来看，天津市金融人才的选、育、用、留机制初步形成。以天津银行为例，天津银行积极搭建多样化人才引进渠道，除传统的从高等院校招收毕业生外，还面向社会市场化公开招聘国内其他地区及国外金融人才。在培育员工方面，天津银行不断丰富员工培训活动形式，定期组织开展不同部门交叉学习、对中基层经理和年轻骨干开展系统性培训，拓展企业员工的知识面，以培养更多"一岗精、多岗能"的复合型人才。此外，天津银行本着公平、公开、公正的竞争性聘用原则，让许许多多年轻员工有机会担任重要的管理职务，在更适合自己的岗位上充分发挥才能，而员工晋升通道的搭建和完善使每名员工都能看到未来的发展方向和努力晋升的空间，工作热情得到提升。在薪酬福利管理方面，天津银行建立统一的薪酬管理政策和职工福利计划，推行企业年金、补充医疗保险等保障制度，为员工提供生活保障，激发全行上下干事创业积极性，营造关爱、关怀、尊重员工的氛围，构建和谐友爱、健康安全的工作环境，增强员工价值归属感和幸福体验感，增强员工凝聚力。

二 天津金融人才发展面临的困境

"十三五"期间，天津经济金融发展取得阶段性成果。特别是滨海新区被纳入国家发展战略以来，天津经济增长尤为迅速，经济体量一度接近北京市。但与快速增加的人才需求相比，天津金融业发展效益不高、结构不佳，金融从业人员总量偏低，职业素质有待提高等问题仍然存在。

（一）人才引进需要政策支持

任何一个高速发展的城市都面临着人才不足的问题，解决这个问题迫切需要政策上的支持。《国家发展改革委关于培育发展现代化都市圈的指导意见》（发改规划〔2019〕328号）中指出，要加速人力资源市场一体化步伐，对个别超大城市地区以外的城市居民的落户限制要逐步放开和放宽，着力破除一切阻碍生产要素自由流动的行政障碍和制度障碍。近些年，广州、深圳等地相继出台较为宽松的城市入户政策，加快金融人才的引进和集聚，并充分发挥高层次人才对经济金融发展的智力支持作用。作为我国北方经济发展的中心，天津市一直以来重视金融业的发展，积极推进金融创新运营示范区建设，在国民经济中充分发挥着集聚人才、带动和服务周边地区的积极作用。为吸引人才，天津市先后提出"海河英才"计划、"鲲鹏"计划，发布"天津八条"和"双十条"，出台《天津市人民政府办公厅关于印发天津市推动非户籍人口在城市落户工作方案的通知》《关于支持金融机构和金融人才在津发展的政策措施》《关于进一步集聚人才创新发展的若干措施》，并提供适当的落户、住房和生活补助。下一阶段，天津市应继续制定切实可行的人才引进政策，加大政策实施力度，缓解高端人才、海外人才、紧缺人才不足的困境。

（二）科技创新金融人才存在缺口

金融是现代服务业中对创新要求较高的部门，同时也是劳动生产率较高的部门，是当之无愧的知识密集型产业，这便决定了金融业对于高端领军人才和复合型人才的需求日益增加。即使在金融业相对发达的城市，如北京、上海等地，金融市场在人才供需之间仍然存在着较为明显的结构性矛盾。总体而言，学历和资格证书对于初级和中级人员而言相对重要。对于高级人才，行业经验与综合管理能力更容易被金融机构所关注。伴随金融业务发展呈现出新的功能和特点，金融机构在招聘人才时除了会关注特定业务所需人才的专业技能，还会格外青睐积极迎接新事物并具有开发创新潜力的复合型人才。

随着天津市积极推进科学技术和金融创新，金融机构继续扩大业务范围，混业经营已成为必然趋势。在此形势下，金融业对于既精通大数据、互联网、人工智能等科技知识，又具备较高金融专业素养的高层次复合人才显示出巨大的需求缺口。天津当地的高等院校，如南开大学、天津大学的金融人才多流向北京、上海、广州等一线城市，这进一步导致天津高素质金融人才的匮乏。而缺乏高素质金融创新人才将无法为经济金融的持续发展提供更进一步的服务和支持，这将成为推进天津市金融改革创新的重大阻力因素。

（三）海外人才供给不足

经济全球化趋势不可逆转，国内的金融业务也将逐步实现国际化接轨，但当前对海外人才的供需之间存在严重失衡。我们应积极借鉴和学习发达国家完善的机制建设和科学的商业模式，制定合理的政策措施引进海外高学历人才，以此不断提高我国金融产品的创新能力，改善当前金融业发展现状，促进金融业长久稳定发展。

天津市积极推进滨海新区海外人才离岸创新创业基地建设，拓展海外合作载体，充分发挥天津市海外工作站和招才引智专员等自有渠道载体作用；对接国家科技部、中国科协，筛选已布局的海外驻外机构，加强人才项目对接合作，探索建立海外离岸孵化中心。未来，金融机构需要以更加开放和包容的国际化视野广纳贤才，加强和完善对海外人才的科学规划和战略布局。

（四）金融人才服务体系有待完善

随着各种与金融相关的细分行业的快速发展，金融机构的种类日趋多元，相关用人单位也逐渐放宽视角开始更多地关注人才自身的综合能力。当前来看，一些金融机构尚存在用人标准不够科学、内部轮岗机制不够健全、职业发展选择与薪酬奖励方式单一化等问题。尚未完全建立全面面向市场的人才招聘与竞争淘汰机制，也不能根据特定业务发展需要而提供及时的、高水平的专业知识教育和技能培训活动。这将导致员工的综合能力与专业素养下降，同时也难以有效协调人力资源增长与公司长久发展之间的关系。当前金融行业的人才供需结构发展重大变动，金融机构应主动适应形势，建立科学的人才选、育、用、留标准，充分挖掘企业、机构内部人才发展的可能性，努力为员工搭建更加公平、透明的职业发展平台，为员工提供多样化的职业发展选择。同时，要积极探索基于"底薪+福利+激励"的多元化奖励方式，最大限度地满足员工的期望和需求以调动员工工作热情。将员工的职业发展与公司的发展更加紧密地联系在一起，以此增强员工对公司的认同感和归属感。

三 天津金融人才发展政策建议

21世纪以来，一系列金融改革创新优惠政策相继在天津落地实施，政策的红利极大地带动了天津市经济金融的繁荣发展，并在全国表现出较强的影响力。与此同时，各地对于将天津建设成为北方金融中心的期待与日俱增，尽管与北京相比还有很长的路要走，但天津市主动适应改革开放和金融创新的时代浪潮并继续积累自身优势，大胆先行先试，再次成为北方金融中心具有很大可能性。

天津市应最大化地利用好政府、金融机构和高等院校在金融人才培养方面的比较优势，不仅要在数量上增加金融专业人才供给，更要严把人才培养的质量关，向社会源源不断地输出专业素养高、综合能力强的实力人才以满足日益增长的社会发展需求。进一步激发要素市场活力，完善金融改革创新基础设施建设，建立健全现代金融服务体系，推动经济社会实现健康稳定发展。

（一）继续完善金融人才扶持政策

积极制定相应政策措施以深入贯彻落实"海河英才"行动计划，推动建立更加完善的市场化要素配置体制和机制。加大对高端金融人才和领军金融人才的吸引和支持力度，建立"金融人才培养工程"，对具有发展潜力的高端金融人才、领军人才、骨干人才和青年人才等层次进行培养和扶持，充分调动金融从业人员的积极性。

（二）拓宽人才引进渠道，创建高素质金融人才梯队

金融机构应将公司内部选拔与外部聘用方式相结合，积极探索形式多样的招聘途径，努力构建"引得进、留得住、用得好"的人才发展生态环境。除传统招聘模式外，还可以通过行业协会、股东提名、校友会、内部推荐等多渠道挖掘人才。在着力培养和发挥本土人才潜能和特长的同时，要注意国内同行业及国外领先机构的人力资源流动状况，积极布局海外人才市场，建立专门的海外招聘通道，及时关注相关人才市场的变化，保证以较低的成本和较高的效率挖掘到所需精英人才。吸引一批拥有领先行业经验、卓越国际视野和创新思维方式的海外高端人士，组成一支由中高端人才为主、技能型人才和技术性人才为辅的高质量人才发展梯队，在实现区域经济创新发展、地区金融业平稳运行方面发挥重要支持和引领作用。

（三）以高校为依托，加强金融人才培养

作为人才的重要储备场所和新人步入职场的出发点，高等学府对于培养高素质、创新型人才至关重要。天津应最大限度地利用好本地教育资源，探索人才培育新方式，不断赋予人才培育新内涵，激活金融人才市场的动力，促进天津经济金融蓬勃发展。

目前，天津市一本院校中多数设置了财经类相关专业，南开大学、天津财经大学已成为天津市金融人才的重要输出地。随着互联网技术在金融行业的应用，金融机构对人才的需求从单一型人才向复合型人才发展。加强不同地区、不同院校、不同学科的生源交叉学习研讨，对于培养具有广视野、高素质的金融复合人才意义重大。在地理位置上，天津紧邻北京，具有近水楼台的发展优势，进一步联动北京财经院校，加强与中央财经大学、对外经济贸易大学等高水平财经院校的生源交流，有助于金融专业学生精准认知自己、培养全球视野。此外，应鼓励天津金融机构与学校合作设立金融实习基

地，成立联合培养项目，推行新型人才培养计划，加强学生对实践的认知和思考。

（四）引入实力金融机构，强化人才聚集

金融的活跃需要优秀人才的聚集，实力金融机构的引入将为企业的发展营造良好的融资环境，有利于实现资源优化配置和产业结构升级，对于金融人才的引进和聚集具有重要的刺激作用。天津市要充分利用改革试验区这一独特优势，以政策创新为驱动力，逐步带动金融业创新；充分发挥政策红利的吸引力，引进实力金融机构扎根天津，不断推动金融要素和资源向天津集聚，促进天津构建更加丰富的金融发展业态和更加良好的金融人才发展环境。

B.7
2019年天津金融生态环境发展报告

刘　旸　梁金涛*

摘　要： 良好的金融生态环境是金融业快速健康发展的重要条件，对提高金融运行效率、实现经济金融的良性互动具有重要的现实意义。天津市要继续加强金融生态环境建设，促进金融业更好地服务于实体经济发展。本报告通过数据与政策来解读2019年天津市金融基础设施、金融科技、金融服务及融资结构等方面的发展情况，并对天津市未来生态环境的发展方向进行展望。未来，天津市还需通过大力挖掘区位价值、利用好政策资源优势、优化产业结构及增强对民营企业和中小企业支持力度等措施来提高经济发展水平，从优化金融资源配置、加强金融法治建设、强化金融监管能力、完善金融制度、发展金融科技及加大人才引进和培养力度等方面来完善金融生态环境，推动金融业稳定健康发展。

关键词： 金融生态环境　金融基础设施　金融科技　金融服务　融资结构

一　天津金融生态环境现状

金融生态环境是指金融业赖以生存和发展的外部环境，它有广义和狭义之分。在广义上主要是指金融业运行的外部宏观环境，包括政治、经济、文化等因素。而在狭义上主要是针对金融业发展的微观环境，包括行业准则、

---

* 刘旸，中国滨海金融协同创新中心研究院，天津财经大学金融学院讲师，研究方向为国际金融、货币政策、区域金融；梁金涛，天津财经大学金融学院博士研究生，研究方向为国际金融。

社会信用建设、法制建设等多个方面。良好的金融生态环境是金融业持续健康发展的基础,而金融作为现代经济的核心,对社会经济的增长起着不可或缺的作用。因此,政府应高度重视金融生态环境的建设,促进金融与社会经济的良好互动。

近年来,天津金融生态环境建设不断推进,金融生态环境日趋完善,对天津金融业的稳定发展起到了有力的支撑作用。具体来说,天津金融生态环境的持续发展主要表现在以下五个方面。

第一,地区整体经济稳步回升,供给侧结构性改革不断深化。地区经济的稳定是金融业良好发展的保障,能够有效增强金融业抵御风险的能力。2019年,天津市地区生产总值为14104.28亿元,同比增长4.8%。其中,第一产业增加值为185.23亿元,同比增长0.2%;第二产业增加值为4969.18亿元,同比增长3.2%;第三产业增加值为8949.87亿元,同比增长5.9%。第三产业占比达63.5%,较上年提高了1.0个百分点,第三产业对地区生产总值贡献率超过70%。产业结构不断优化,服务业地位日益稳固,工业发展质量稳步提升,战略性新兴产业增加值同比上升3.8%,新能源汽车、工业机器人等新兴产业获得较快发展,产量分别增长56.7倍、40.0%。2019年,天津市不断深化供给侧结构性改革,稳步推进去产能、降成本政策,全年为企业减负730亿元。平均工业产能利用率为76.4%,水泥产量增长5.3%,增速较上年回落48.1个百分点,平板玻璃产量下降1.8%。企业降成本效果显著,全市规模以上工业企业百元营业收入成本为84.86元,比年初减少0.80元。

第二,金融业总体平稳运行,总量保持合理增长。具体来看,银行业资产规模持续增长,存贷款余额稳步上升。2019年,天津市银行业资产总额达5.1万亿元,同比增长3.1%;本外币各项存款余额为31788.78亿元,较上年增长2.6%;贷款余额为36141.27亿元,同比增长6.0%。在证券市场方面,证券业机构稳定增长,各类市场交易额稳中有进。全年新增境内外上市公司6家,年末境内上市公司共54家,新三板挂牌公司162家。2019年,证券交易额实现3993.63亿元,同比增长7.4%,其中,股票交易额、债券交易额、基金交易额、期货交易额分别为21328.83亿元、16899.11亿元、1659.11亿元、101536.32亿元，股票交易额较上年增长20.8%，债券交易额较上年下降0.2%，基金交易额较上年下降34.3%，期货市场成交额较上年增长52.4%。在保险业方面，2019年天津市保险市场获得较快增长。全年原保险保费收入为617.89亿元，较上年增长10.3%。其中，人身险和财产险收入分别为465.70亿元和152.19亿元，较上年分别增长10.3%和12.1%。全年赔付支出158.17亿元，较上年下降3.6%。其中，人身险和财产险赔付额分别为78.87亿元和79.29亿元，比上年分别下降3.6%和1.4%。天津融资租赁业务也不断做大做强，截至2019年末，天津市融资租赁企业共有2052家，注册资金达8780亿元人民币。天津市融资租赁企业数量、注册资金、业务总量占全国比重分别为16.9%、26.8%、33.2%。在2019年以注册资金为序的全国融资租赁10强企业排行榜中，天津市的三家融资租赁企业：天津渤海租赁有限公司、工银金融租赁有限公司和长江租赁有限公司分别以221.01亿元、180.00亿元和107.90亿元位居第一、第二和第七。

第三，对外开放步伐加快。对外开放水平的不断提高能够有效提升金融市场的广度和深度，带动地区金融和经济的发展。2019年天津市新批外商投资企业711家，合同外资额达315.94亿美元，实际直接利用外资47.32亿美元，较上年增长3.0%。天津市通过大力发展海铁联运，不断加强与"一带一路"沿线国家的贸易往来与合作。全年共开行国际集装箱班列491列，签约11个中欧产业合作项目。2019年新设境外机构131家，对外承包工程新签合同50.20亿元；全年外贸进出口总额为7346.03亿元，较上年下降9.1%。其中，进口额为4328.22亿元，较上年下降11.2%；出口额为3017.81亿元，较上年下降5.9%。一般贸易出口额为1577.97亿元，较上年增长1.4%；加工贸易出口额为1271.44亿元，较上年下降10.9%。

第四，承接北京非首都功能和服务雄安新区建设成效显著。2019年天津市积极助力北京非首都功能疏解。滨海—中关村科技园累计注册企业达1443家，国家会展中心、中车金融租赁等一系列项目在天津落地，滨海—中关村智能制造科创中心投入运营，为天津的发展提供了蓬勃的动力。同时，天津市主动服务雄安新区建设，天津港雄安服务中心揭牌，天津一中等学校在雄安设立校区,京津冀协同发展战略得到切实推进和深化。2019年京冀企业来津投资到位资金1470.67亿元,在全市实际利用内资额中占比为51.0%,较上年增加了4.6个百分点。

第五,科技创新成效明显。2019年,天津市进一步推进改革创新,促成新一代超级计算机、国家合成生物技术创新中心等国家级创新平台在天津落户,国家新一代人工智能创新发展试验区获批建设,高新技术企业获得快速发展,国家高新技术企业、国家科技型中小企业总数分别达6106家和6235家。同时,天津金融业坚持创新运营,启动OTC科创专版,助推科技创新企业发展壮大。天津金融业将技术创新与金融业务相结合,推出全国首单知识产权证券化产品和北方地区首单保障房资产支持专项计划。在融资租赁方面,国家租赁创新示范区建设实现新突破,率先开展飞机保税退租再租赁交易、飞机租赁资产证券化及无形资产租赁业务。银行间创新产品也不断涌现,渤海银行成功发行全国首单非上市商业银行永续债券,金额达200亿元。

天津市通过制定《天津市优化营商环境条例》,建成网上办事大厅,切实推进"一制三化"改革,营商环境得到逐步改善,民营经济得以持续活跃。2019年天津市新登记民营市场主体26.49万户,较上年增长21.1%,占全市新登记市场主体的99.2%;民营经济增加值增长5.1%,快于全市经济0.3个百分点;规模以上民营企业工资总产值较上年增长4.1%,占比为32.6%;规模以上服务业民营企业收入和利润较上年增长12.4%和11.6%,占比为分别为59.9%和55.2%;民营企业出口额较上年增长5.5%,占比为63.7%。

在现有金融生态环境的基础上,天津市应切实深化金融改革与创新,推动金融业的持续健康发展,以实现实体经济的稳定增长。

二 天津金融生态环境完善进度

2019年,天津市高度重视金融生态建设,金融生态环境得到有效完善。金融法制体系、社会信用环境、支付结算服务和金融监管水平得到不断发展,金融科技、金融服务水平得到有效提升,社会融资结构明显改善。金融生态环境的不断优化，推动了天津市金融产业的持续健康发展。

（一）金融基础设施不断完善

1. 推进金融法治体系建设

金融法治体系是金融业安全有效运转的基础，对维护国家金融秩序、支持经济稳健运行发挥着重要作用。完善的金融法律制度能够有效防范金融风险，保障金融交易的有序进行。近年来，天津市政府高度重视金融立法工作，大力推进金融体系的建设工作。2019年，天津市出台了一系列金融相关政策来推动金融业的稳定发展，主要集中于优化营商环境、自贸区创新发展、加强金融监管、扩大金融开放、支持民营企业和科技企业发展等方面（见表1）。

表1 2019年天津重要金融政策指示

发布时间	文件名称	发布机构
2019年10月15日	《市金融局 市高法院 人民银行天津分行 天津银保监局关于进一步优化金融营商环境的意见》	天津市金融局、天津市高法院、中国人民银行天津分行、天津银保监局
2019年9月30日	《中国（天津）自由贸易试验区创新发展行动方案》	天津市人民政府办公厅
2019年7月24日	《关于加强我市融资租赁公司监督管理工作的指导意见》	天津市金融局
2019年5月30日	《天津市地方金融监督管理条例》	天津市第十七届人大常委会第十一次会议
2019年5月21日	《关于扩大金融开放提高金融国际化水平的实施方案》	天津市金融局
2019年4月26日	《天津市商业保理试点管理办法（试行）》	天津市金融局
2019年4月17日	《市金融局关于加强典当行当票管理的通知》	天津市金融局
2019年3月21日	《关于进一步加强民营企业金融服务工作的通知》	中国人民银行天津分行
2019年02月25日	《关于金融促进民营经济发展的实施细则》	天津市金融局、天津市财政局、中国人民银行天津分行、天津银保监局、天津证监局
2019年1月30日	《金融支持智能科技产业发展十项措施》	天津市金融局、中国人民银行天津分行、天津银保监局、天津证监局

资料来源：天津市政府及各部门官网。

2. 优化社会信用环境

第一，继续推进征信基础设施建设，征信服务日益完善。2019年，天津市征信自助查询机实现区县全覆盖，市内金融机构处理个人和企业信用报告查询业务分别达6185.2万笔和28.0万笔；加强应收账款融资服务平台建设工作，全年成交金额达940.7亿元，其中小微企业融资占比为57.5%；多区政府签署备忘录，推动小微企业与农村信用体系建设。

第二，加强民营小微企业信用体系建设工作。为缓解小微企业融资贵、融资难困境，天津市积极完善小微企业信用系统，依托该系统和其他信息对小微企业信用状况实现全面了解；推动信用信息共享平台建设，加强金融机构与政府部门的信息沟通，实现小微企业信用信息的自动采集、查询和更新，进一步缩短融资链条，降低小微企业融资成本。

第三，积极开展金融知识宣传教育，营造良好的金融社会环境。2019年，中国人民银行天津分行等部门联合开展"诚信建设万里行"暨"建诚信天津、筑文明社会"系列宣传教育活动，打造了以"金融让生活更美好"为主题的"'津'融微课堂"系列公开课，普及金融知识，营造了良好的社会氛围。同年9月14日，国家网络安全博览会在天津举办。中国人民银行天津分行积极参展，推动金融知识普及走进博览会。12月26日，天津市正式设立金融消费纠纷调解中心，形成行政调解、司法调解、人民调解、行业调解的多层次调节机制。

3. 完善支付结算体系

天津市支付结算体系不断优化，服务水平得到有效提升。2019年，天津市支付系统共处理人民币业务134.9亿元，较上年增长1.8%。积极推广移动支付工程，建成20个移动支付示范商圈，累计注册云闪付用户189万户，实现地铁、公交、政府非税收入收缴、福彩投注等"十大便民场景"全面应用。聚焦实体商户，推出全国首个"小二生活"平台，入驻商户达4500余家，覆盖天津市主要街区与商圈，线上、线下累计发生交易3万多笔。聚焦"智慧校园"，推动首个高校刷脸支付试点项目落地，服务师生68.3万人次。关注民计民生，实现公共交通领域移动支付全覆盖。

4. 提升金融监管水平

有效的金融监管能够极大限度地防范和化解金融风险，维护金融业的健康运行。天津市委、市政府高度重视地方金融监管及立法工作，2019年5月30日，经天津市第十七届人大常委会第十一次会议审议，通过了《天津市地方金融监督管理条例》，明确了地方金融组织的具体范围、风险处置和突发事件应急制度及违法行为的法律责任，创新和完善了金融调控制度。同时，天津市地方金融监督管理局高度重视融资租赁和商业保理的金融监管工作，分别于4月26日、7月24日出台了《天津市商业保理试点管理办法（试行）》和《关于加强我市融资租赁公司监督管理工作的指导意见》，从公司设立、日常经营管理、风险防控等几个方面对监管工作提出了具体要求，推动建设现代金融监管体系，促进经济金融的良性循环、健康发展。

（二）金融科技快速发展

金融科技的发展对金融增长具有变革性的意义，近年来，天津市大力推动金融科技的创新发展，具体包括以下三个方面。

第一，大力发展区块链、供应链业务。针对供应商融资难问题，中国人民银行天津分行大力推进应收账款融资服务工作，推动海嘉里集团与中国人民银行征信中心签订《中征应收账款融资服务平台在线应收账款融资业务系统对接合作协议》，并于2019年6月完成对接工作，标志着天津市"核心企业—平台—银行"三方直连供应链融资业务模式正式运行。同年10月，天津市获批开展跨境区块链平台试点工作，截至11月底，共完成应收账款融资18笔，服务企业8家（全部为中小企业），放款近600万美元，有效降低了银行融资业务风险，缓解了中小企业跨境融资难问题，实现了"监管与服务"的有机统一。

第二，引培大数据机构。大数据的快速发展为监管机构获得更为全面、深刻的洞察能力提供了前所未有的空间与潜力，为此，天津市大力吸引具有先进技术和理念、科创应用能力强的大数据企业落户天津，深入挖掘数据中隐藏的信息，推进数字管理和安全管理。大数据的广泛应用，对天津市金融机构监管效率的提升和监管方式的创新具有深远的影响。

第三,加快银行数字化转型。2019年9月18日,天津滨海农商银行与华为技术有限公司签署全面深化合作协议,双方将充分发挥各自的优势,共同推进云数据中心、人才培养、银行数字化建设。大数据与金融科技的快速发展,极大限度地提高了银行的业务处理效率,扩展了金融服务的范围,为银行业务的转型与升级带来了新的发展机遇。2019年10月12日,天津市首家深度融合5G元素和生活场景的智能银行网点——中国银行"5G智能+民生馆"正式投入使用,该网点通过人脸识别、大数据等技术,改变了传统的人工办理模式,真正实现了"无卡,无证,无人工干预",推动了银行的数字化转型。

(三)金融服务水平不断提升

社会经济的发展对金融服务的质量提出了越来越高的要求,为此,天津市坚持"金融为民"的理念,采取了一系列措施来提高金融服务水平。

第一,不断完善金融组织体系。近年来,科技产业的发展在地区经济中发挥着越来越重要的作用。为加大对科技型企业的金融支持力度,天津市商业银行通过设立科技金融服务中心、建立科技企业绿色贷款通道等多种方式,实现对科技企业项目的专审专批,建立起较完善的科技金融服务体系。同时,中国银行、浦发银行等6家银行机构开展投贷联动业务,加大对科技企业资金支持,金融服务模式得到创新。

第二,深入推进"放管服"改革,简化办事流程。为使金融服务更加方便高效,天津市推进非税收入电子化管理改革,于2019年7月1日通过凭证库系统全面实现非税收入无纸化缴库,构建了"互联网+政务服务"新模式。缴款人足不出户便可在线办理非税收入缴纳业务,切实解决了企业和老百姓办事难、缴费难的问题。同时,实现了统一管理,提高了管理效率。在跨境贸易方面,天津市深入贯彻落实《国家外汇管理局关于进一步促进跨境贸易投资便利化的通知》,简化企业外债手续,优化货物贸易外汇业务报告方式,扩大资本项目收入支付便利化试点,进一步减轻了企业负担,收付汇效率大幅提高，企业投融资便利化程度得到切实提升。

第三，推动信贷服务平台建设。为营造良好的营商环境，中国人民银行天津分行不断加强金融信用信息基础数据库建设，以及时将与信贷机构存在业务关系的企业和个人信息纳入数据库中，推动建立民营小微企业大数据查询系统。及时将税务、司法等部门在"政务信息共享平台"上共享的信息整合并向金融机构推送，推进金融机构与政务部门的信息互通，提高信贷审批服务效率。

第四，提高信贷人员服务能力。中国人民银行天津分行助力天津市银行协会等第三方组织不定期集结金融行业律师、专家形成专业咨询小组，解答信贷审批人员在授信审批、客户营销、贷后管理等实际业务中遇到的难题，提升信贷人员服务水平和业务能力，促进金融机构服务效率的提高。

（四）社会融资结构得到优化

2019年，天津市融资结构不断优化，企业直接融资占社会融资规模的34.3%，较上年上升10.7个百分点；表外融资现象得到改善，2019年减少1754.2亿元，较上年多减少699.5亿元；中小企业、科技企业融资难、融资贵的问题得到有效缓解。这得益于天津市采取的一系列强有力措施，具体来说主要包括以下四个方面。

第一，银行业获取资金能力日益提高。2019年，天津市银行间同业拆借市场交易金额为533583.2亿元，同比上升15.7%。从结构上看，银行间融资仍以短期为主，隔夜和7天拆借占比为91.7%；银行间获取资金成本得到降低，拆入和拆出加权平均利率分别为2.62%和2.53%，同比下降0.61个和0.29个百分点；现券买卖较上年上升了140%，达8642.1亿元。在当前以间接融资为主的社会融资过程中，商业银行作为信用中介和支付中介，起着至关重要的作用。银行业资金获取能力的稳步提高，对金融服务质量的提高、社会融资结构的优化有着良好的促进作用。

第二，再贴现资金使用效果显著。近年来，为解决民营和小微企业融资难、融资贵问题，天津市积极运用再贴现资金，加大对民营企业、小微企业的支持力度，金融业服务实体经济的能力得到有效提高。自2019年以来，中国人民银行天津分行连续三次对渤海银行、天津银行等金融机构执行准备金率进行下调，共计向天津市40家法人机构释放资金214.76亿元；全年再贴现资金累计发放117.5亿元，较上年增加64.3亿元，再贴现余额较上年增长70.0%。天津市金融机构坚持"精准扶持"理念，累计投放的再贴现资金中用于支持小微企业的比例达99.6%。截至2019年末，天津市民营企业、小微企业信贷投放量显著增加，小微企业贷款余额为946.8亿元，较上年增长40.3%；民营企业贷款余额为2521.0亿元，较上年增长27.5%。

第三，企业融资成本降低。为提升金融信贷服务质量和水平，2019年10月，中国人民银行天津分行等四部门联合发布《关于进一步优化金融营商环境的意见》，围绕合法权利度指数、信用信息深度指数、征信机构覆盖面、企业融资便利度四个二级指标提出了多项具体措施：一是优化信贷流程，简化续贷办理手续，促进小微企业经常性融资的无缝周转；二是开展违规涉企服务收费专项治理工作，重点检查小微企业违规收费现象，减轻企业负担；三是建立差异化小微企业利率定价机制，进一步缩短融资链条，减少融资附加成本；四是推进"银税互动"贷款业务，完善企业信用信息系统，便利企业融资；五是推动建立信用信息共享平台建设，降低小微企业融资过程中的信息成本，切实推进普惠金融发展；六是落实企业股改上市资金补助政策，降低企业上市成本。

第四，加强对智能科技企业的资金支持。为助力智能科技产业抢占制高点，2019年1月30日，天津市金融局、中国人民银行天津分行等四部门以"市场主导、财政撬动、重点突出、精准支持"为原则，联合出台了《金融支持智能科技产业发展十项措施》，指出要创新保险产品服务，充分利用融资租赁产业优势，建设融资服务平台，完善风险分担机制，构建多层次、专业化金融支持服务体系。天津市金融机构不断优化科技企业信贷管理机制，设立多家科技金融专营机构，实现科技企业项目专审专批；"京津承接贷""智权贷""金保贷"等多项针对科技型企业的特色化产品不断涌现，金融支持科技企业的力度、针对性得到有效提高。

三 天津金融生态环境未来发展方向

金融生态环境的建设不仅关系到金融业的稳定发展，对整个社会的稳定也具有重要意义，良好的金融环境能够有效防范金融风险，促进金融业的健康发展，为区域经济发展提供充足稳定的资金支持。天津市应继续加强生态环境建设，深化金融改革创新，实现经济金融的良性互动，推动天津市经济的可持续发展。

（一）提高经济发展水平

1. 大力挖掘区位价值

应抓住京津冀协同发展的重大契机，积极承接北京非首都功能疏解，主动支持雄安新区建设，提高对京津冀协同发展的金融服务水平。加强载体平台建设，充分发挥高端制造业、生态和港口优势，完善相关政策支持，提高地区承载能力和吸引力。推动京津冀重点领域协同合作，深化生态、产业、体制改革，积极进行跨省市金融业务联动和服务创新，提高金融业对实体经济的服务能力。全面落实功能定位，推动金融创新运营示范区建设，扎实推进京津冀全面创新改革试验，加快建设协同创新平台，建立京津冀科技创新合作机制。

2. 利用好政策资源优势

天津市拥有独特的地理优势和政策优势，应充分利用该优势，大力推进金融创新运营示范区、改革开放先行区建设，深化改革，积极先行先试。《中国人民银行关于金融支持中国（天津）自由贸易试验区建设的指导意见》（"金改30条"）的全面落实、FT账户的成功落地，为天津自贸区金融改革的深化、金融业对外开放示范窗口的建设奠定了坚实基础。未来，天津市应紧扣高质量发展要求，把握好区位和政策优势，进一步释放市场活力，优化金融生态环境，推动金融业的持续、健康发展。

3.优化产业结构

为加快经济建设,天津市应进一步优化产业结构。天津市应以全国先进制造研发基地、北方国际航运核心区建设为抓手,积极支持智能科技产业、新兴产业发展,加快建设制造业创新中心,转换经济增长动力,走高质量发展的道路;应继续加快推进国际航空物流中心建设,鼓励航运与金融机构深化交流合作,推动区块链、供应链融资业务发展。同时,天津市应继续加大对银行、证券、保险等金融机构发展的支持力度,加快金融创新运营示范区建设,促进金融创新产品的开发,提高金融服务实体经济的效率和水平;加快自贸区金融改革创新政策落地,加强国家租赁创新示范区建设工作,加快外汇管理改革,推动天津自贸区实现改革创新发展。

4.增强对民营企业和中小企业的支持力度

民营企业和中小企业是我国社会主义市场经济的重要组成部分,是推动社会发展的重要力量,因此,要充分重视民营企业和中小企业的发展,加大对民营企业和中小企业的支持力度。

第一,释放市场活力,提高民营企业占比。近年来,在政府的大力支持下,天津市民营企业获得较快增长,主要民营企业经济指标发展势头良好。但是,相较于全国水平,天津市民营企业占比仍然较低。未来,天津市应继续加大对民营企业的支持,优化营商环境,促进市场活力的充分迸发。

第二,完善推动中小企业发展的相关政策。中小企业是增加就业的重要渠道,对社会的和谐稳定发展具有重要意义。未来,天津市应进一步加强对中小企业的资金支持力度,推进社会信用体系建设,降低小微企业融资成本;提高金融信贷服务质量和水平,完善行业准入、退出机制,推动主导产业中的中小企业做大做强;推动科技企业、新兴产业的持续发展,壮大经济发展的新动能,加速新型工业化进程。

(二)促进金融行业稳定健康发展

1.优化金融资源配置,缓解中小企业融资困境

中小企业在稳定增长、促进创新等方面发挥着重要作用,但较高的融资

约束在一定程度上限制了其发展,天津市应继续优化金融资源配置,缓解中小企业融资贵、融资难问题。

第一,加强银企对接,优化信贷投放。中小企业由于自身规模、经营风险等原因,在信贷获取过程中常常处于弱势地位。而银企之间的信息不对称,加剧了信贷配给的不足,因此天津市应健全征信体系,抓好信息服务平台建设。通过银企对接会、业务研讨会等多种形式,天津市为企业和金融机构的沟通搭建桥梁,促进金融服务的精准化、专业化和多元化,推动金融资源与实体经济的无缝对接。同时,要健全信用风险管理机制,加强风险监控和应对能力,处理好支持中小企业发展与风险管控之间的关系。

第二,拓展直接融资渠道,完善金融服务体系。目前,中小企业主要依靠银行贷款获取资金,融资方式较为单一,资金需求无法得到充分满足。因此,天津市应积极支持符合条件的中小企业扩大直接融资规模,培育投资于民营企业的天使投资、风险投资机构,为有市场、有前景的民营企业提供资金支持。此外,还应进一步完善资本市场,健全企业融资相关政策,拓宽民营企业融资渠道,积极支持符合条件的民营企业进行债券融资,推动构建多层次、多元化的资本市场。

第三,推动普惠金融政策落实,提高中小企业融资可获得性。普惠金融是立足于我国国情的一项重要金融政策,对于实现金融公平化、破解中小企业融资难题具有重要的战略意义。天津市的商业银行应主动作为,加强普惠金融事业部建设,完善普惠金融业务专项评价机制,提高对中小企业金融服务的针对性和专业性。同时,相关部门应完善普惠金融定向降准政策,加大对中小企业票据融资支持力度,进一步简化流程,减轻中小企业的负担。

2.加强金融法治建设,强化金融监管能力

法律环境是金融生态环境不可或缺的组成部分,对保障企业合理合规经营、金融长久稳定发展起着重要作用,因此天津市应进一步加强金融法治建设。具体来说,一是应增强司法服务保障的主动性,推动矛盾纠纷的合理解决,保护市场主体公平竞争;二是要加强金融审判工作,提高金融审判效率,依法惩处金融犯罪活动,维护安全稳定的金融环境;三是要完善金融行业相关规则，推动金融业的持续健康发展；四是要加强对民营企业合法权益的保护力度，为民营企业发展提供司法支持。

金融科技的迅速发展为金融业创新增长带来了新动力，扩展了金融服务的形式，但也在一定程度上加大了金融监管的难度。互联网金融的虚拟化、高科技化导致与其相关的金融监管更加复杂，互联网企业倒闭、跑路等事件提高了金融风险。因此，天津市在支持互联网金融发展的同时，应完善其相关法律，加快互联网金融行业相关制度的研究出台；应制定健全的监管程序，对风险行为要实现及时控制；加强行业自律，积极开展宣传教育活动，通过行业协会等多种形式推动互联网金融的有序发展。

3. 完善金融制度

金融制度是国民经济管理体制的有机组成部分，制度的不完善在一定程度上限制了外资金融机构的引进和发展。除此之外，近年来我国经济增速的放缓，逆全球化和贸易保护趋势的增强，加剧了吸引外资的难度。鉴于此，天津市应进一步深化改革，放宽对金融市场外资准入的限制；简政放权，提高审批效率，优化审批流程；加大招商引资力度，鼓励有条件的区域出台补充性支持措施；加强对现有外资金融机构的服务，鼓励外资金融机构深度参与社会经济发展；加强与外资金融机构的合作，搭建引资平台，扩大金融开放程度，完善金融制度体系，鼓励市场有效竞争，营造市场化、国际化、法制化营商环境。

4. 发展金融科技

金融科技的发展有效提升了金融服务的效率和质量，为金融业带来机遇的同时也产生了一定风险，天津市应坚持审慎监管和行为监管，坚守风险防范的底线，趋利避害，推动新兴科技产业与金融业的深度融合，以金融服务的创新来推动实体经济和社会发展。

第一，发挥金融科技对金融创新和经济增长的推动作用。充分利用云计算、大数据等新兴技术，推动金融机构经营模式和业务模式的转变，加快银行数字化转型，提高金融服务效率，培育新的经济增长点。同时，要推动金融监管与金融科技的良性互动，创新金融监管方式，提高金融监管水平。此外，金融科技的快速发展使金融产业突破了时间和空间的限制，要充分利用好这一特点，推动天津市金融产业快速发展和京津冀协同战略加快实现。

第二，充分利用金融科技缓解中小微企业融资难题。当前中小微企业主要依靠间接融资筹集资金，渠道单一。银行迫于监管压力更愿意向资信状况良好、管理制度规范的企业发放贷款，而中小微企业自身往往存在财务管理不规范、可供融资抵押质押资产少等问题，贷款风险较大，融资难度较高。再加上信息平台建设不完善导致的银行与中小微企业间信息不对称，进一步加剧了中小微企业的融资难度，造成中小微企业融资难、融资贵问题。而大数据、互联网金融的运用可以在一定程度上缓解这一现象，通过建设信用信息共享平台，实现中小微企业信用信息在金融机构、市场监管、法院、公安等多部门的实时更新共享，可以有效减轻中小微企业融资成本和办事成本，提高对中小微企业的风险防范和信用评价能力。同时，金融科技能够助推金融创新，为中小微企业提高更加多样化、专业化的金融产品，丰富中小微企业的融资方式，缓解中小微企业融资困境。

5.加大人才引进和培养力度

专业人才是金融创新的主体，也是科技金融业持续发展的保障，天津市应继续加大金融人才引进和培养力度，建设金融行业发展的生力军。

第一，积极引进高端金融人才。随着科技与金融融合发展的不断加速，金融业对高端人才的需求日益提高。天津市应加快制定完善高端人才引进激励政策，加大金融基础设施建设力度，建立高端金融人才服务体系；要加大对金融创新项目的补助力度，支持对天津市金融实践具有指导作用的课题研究，推动产融结合的深化；除此之外，还应加大对金融开放政策的宣传力度，吸引高端金融人才来津就业发展。

第二，加大人才培养力度。天津市应充分利用本市内高校教育资源，推进本市内金融机构与高校之间的定向培养工作，实现教育方向与实际需求的对接，促进"产学研用"协同联动，培养来自交叉学科、具有复合背景的金融科技专业型人才，为金融发展提供智力支持；要加强教育研发投入，加强校企合作，建立开放式人才培养模式；要重视学生专业技能的培养，为金融机构提供更多高素质、高水平的金融专业人才，推动形成多层次、系统性的人才选拔和培养体系。

第三，加强现有从业人员的培训。天津市政府应鼓励金融机构和监管部门开展多层次金融人才培训工作，制订科学的培训计划，加强对金融创新、金融科技等前沿知识的培训工作，提高现有从业人员的专业水平；加强对现有金融人员相关工作的专业指导，充分利用线上交流与线下培训多种形式，切实解决实际业务流程中存在的问题，提高金融从业人员的服务能力和效率。

第四，健全人才管理制度。天津市政府应切实解决好高端金融人才住房、子女入学、社会保障等问题，减少阻碍高端人才流动的制度性障碍；应加强对高层次金融人才的考核评奖工作，完善金融人才评价标准，强化金融人才激励机制；同时，还应完善与知识产权相关的法律法规，健全人才服务保障机制，保护金融人才的合法权益；要发挥市场在人才配置过程中的作用，引导金融人才合理流动，促使其专业才能得到充分发挥，推动天津市金融业的持续发展。

B.8
2019年天津金融改革创新发展报告

周胜强　尚嘉琳[*]

摘　要： 2019年，为更好地发挥金融业支持实体经济发展、推动经济结构调整及优化升级的作用，天津有序推进金融业改革创新，优化金融业竞争环境，提高金融资源配置效率，着力推动金融业高质量发展。本报告从天津市银行业、证券业、保险业、融资租赁业等出发，回顾和总结2019年天津金融改革创新的总体成就和改革经验，并对未来金融改革创新前景进行展望。

关键词： 金融政策　金融改革　金融开放　金融创新

一　天津金融改革创新总体成就

金融是现代经济的核心，也是支持经济高质量发展的原动力。通过积极推进金融改革创新有助于提升金融行业的整体竞争力，实现更高水平、更高层次和更加健康的发展。2019年，天津市以着力构建现代金融体系为目标，坚持金融服务实体经济为根本要求，持续推进金融改革、金融开放和金融创新，再创天津金融改革创新新成就。

（一）完善金融机构政策体系

2019年，天津继续完善金融机构政策体系，通过政策支持、资金补助

---

[*] 周胜强，中国人民银行天津分行营业部，经济师，研究方向为金融监管；尚嘉琳，天津财经大学金融学院硕士研究生，研究方向为国际金融。

等方式支持金融机构落户天津,为天津金融业发展注入新鲜血液,且政策和补助措施相较于2018年力度进一步增大。具体措施如下。第一,在天津市新设立或迁入的金融机构,根据实收资本数量给予不同层次的补助,2亿元(含)以下,给予4%;2亿~10亿元(含),给予2%;超过10亿元的部分给予1%,补助额度不超过5000万元。第二,新设立或迁入的金融机构在天津市新购或者新建的自用办公用房,或者租赁自用办公用房的,分别按购房面积和租金支出给予补贴。第三,对在天津市新设立或者迁入天津市的金融机构一级分支机构,给予一次性资金补助200万元。在天津市新购或者新建的自用办公用房,按照每平方米1000元的标准给予一次性补助,最高不超过500万元;租赁自用办公用房的,三年内每年按照租金的30%给予补助。第四,对在天津市新设立或者迁入天津市的金融机构一级分支机构,企业年金、社保基金和法人金融机构等作为发起人在本市新设立并按照规定备案的股权投资企业和股权投资管理企业,参照金融机构一级分支机构享受落户、新购或者新建和租赁自用办公用房政策。

(二)金融产品创新

为支持实体经济发展,服务小微企业,在中国人民银行天津分行的指导下,天津市各类金融机构积极开展金融产品运行创新,并取得了积极的成效。2019年,天津市金融机构产品创新主要有以下几个方面:第一,招商银行天津市分行利用FT账户体系助力贸易便利化和企业"走出去",实现境内外金融要素的高效配置,帮助企业规避汇兑风险。第二,中国银行天津市分行牵头实施钢管集团协议重组,帮助金融债权人债务实现平稳过渡。第三,太平洋财产保险公司天津分公司在政策性种植保险业务中推广应用遥感测产技术,对区域内种植作物产量端和价格端波动的风险进行覆盖。第四,浙商银行天津市分行利用区块链技术,解决交易过程中的信任及安全问题,打通供应链上下游企业,服务供应链企业获得资金支持。中国建设银行天津市分行依托"线上银税互动服务平台",推出"云税贷",运用金融科技手段为诚信纳税的小微企业解决融资难、融资贵问题。第五,交通银行天津市分行通过银企直连模式对接中征应收款融资服务平台，在线为核心企业供应商融资。农业发展银行天津市分行研究创建"政府+行业协会+农村经营主体+银行"的"小站稻两金增信"融资模式，助力"小站稻"金字招牌不断焕发活力。第六，中国工商银行天津市分行与建设单位及租赁公司三方合作，成功完成首笔应收租赁账款直租保理产品的投放，创新了银行支持租赁公司直租产品的业务模式。第七，中国农业银行天津市分行在全市首家实现通过跨境电商与地方"单一窗口"——中国（天津）国际贸易单一窗口对接，布放六大金融产品，并成功实现首笔业务落地，助推企业贸易便利化。兴业银行天津市分行推出东丽区区域智慧医疗便捷惠民精准扶贫项目，为医保参保人群提供线上线下一体化便捷医疗支付服务，并通过该项目带动甘肃省多个贫困县远程医疗服务。

（三）金融服务创新

1. 支持金融服务创新

2019年，天津市积极推进金融服务创新，鼓励机构等开展金融服务创新研究，并给予资金支持。根据天津市人民政府办公厅印发的《关于支持金融机构和金融人才在津发展的政策措施》，天津市引导和鼓励金融机构开展金融服务实体经济的创新，并给予入选金融服务实体经济创新案例的团队最高不超过200万元的一次性研发补助。与此同时，引导相关竞购进行重大课题研究，并给予每项课题最高不超过30万元的补助，每年课题补助总额不超过300万元。

2. 优化金融营商环境

2019年10月，为进一步优化天津市营商环境，有效提升金融信贷服务质量和水平，促进中小微企业健康发展，根据《天津市优化营商环境条例》、《天津市高级人民法院关于充分发挥金融审判职能为营造良好营商环境提供司法保障的实施意见》、《关于进一步深化民营和小微企业金融服务的实施意见》（津银发〔2018〕251号）、《中国银保监会办公厅关于开展银行违规涉企服务收费专项治理工作的通知》（银保监办发〔2019〕131号）、《天津市人民政府办公厅转发市金融局等八部门关于支持我市企业上市融资加快发展有关政策的通知》(津政办发〔2017〕77号)等有关文件的精神,天津市金融局、天津市高法院、中国人民银行天津分行、天津银保监局联合制定《关于进一步优化金融营商环境的意见》(以下简称《意见》)。

《意见》主要从"获得信贷"一级指标建设出发,围绕合法权利度指数、信用信息深度指数、征信机构覆盖面、企业融资便利度四个二级指标核心内容提出十五条具体措施。一是在优化信贷流程、规范服务收费两个方面提出措施;二是在降低信贷成本、降低企业上市成本、推进"银税互动"贷款业务发展三个方面提出措施;三是在支持应收账款融资业务发展、加大再贷款再贴现支持力度、推进信用体系建设、加强金融信用信息基础数据库建设、推动建立信用信息共享平台建设五个方面提出措施;四是在加大审理金融类纠纷案件力度、准确认定融资法律关系、严格限制高息融资和高利贷、依法认定动产和权利担保登记的法律效力、科学合理确定财产处置参考价五个方面提出措施。

(四)金融人才引进政策改革创新

习总书记指出,人才是第一资源,是推动创新的第一动力。随着中国经济的快速发展,金融行业也与时俱进,其竞争力的核心要素就是人才,当前,基础人才供过于求、高端金融人才却供不应求的现状已成为现阶段重要矛盾。鉴于目前金融人才供需结构性矛盾,近年来,天津人才引进政策不断出台,引进力度不断加大,引进范围不断拓宽。数据统计显示,从2018年5月16日天津正式公布"海河英才"计划人才引进政策以来,截至2019年末,"海河英才"计划累计引进人才超过24万人,平均年龄32岁,本科以上学历超过75%。其中,仅2019年"海河英才"计划就引进各类人才10.7万人,平均一个月引进0.89万人,大量人才的引进不仅增加了天津市的人才储备,而且也为天津市经济高质量发展奠定了基础。为进一步落实"一基地三区"中金融创新示范区的建设,天津市聚焦金融人才,加大金融人才的引进力度,不断出台各种改进金融人才引进新举措。

第一，为发挥高端金融资源集聚效应，2018年12月28日，天津市政府出台《关于支持金融机构和金融人才在津发展的政策措施》。金融在现代经济中处于核心地位，对经济发展和社会进步推动效应明显。要完成好金融服务实体经济、防控金融风险、深化金融改革三项基本任务，目前各地主要注重金融服务实体经济的能力，缺少将金融产业打造为战略性产业站位。该措施出台旨在吸引优质金融机构及金融人才资源，提升金融产业创新发展整合力，发挥集聚效应。该措施指出，凡在天津市注册的金融机构通过市场化招聘方式引进的经市人社局认定，金融领军人才可发放"海河英才""绿卡"A卡，金融高端人才可发放"海河英才""绿卡"B卡；符合条件的金融机构可对上述金融人才给予奖励，其资金可从金融机构落户补助中列支。

第二，2019年5月21日，天津市金融局再次以政策通知形式积极吸引和集聚高端金融人才。一是提高外籍人才通行和居住便利。深化天津市外籍高层次人才、外籍华人申办永久居留机制，为天津市金融机构聘雇的外籍人才提供人才口岸签证申请便利。此外，为切实解决其居住、通行等问题，允许符合条件的外籍金融人才在津购买商品住房并办理产权登记手续，申请小客车摇号和竞价，还会提供医疗、子女教育等方面服务工程。二是提升金融人才跨境服务便利化。上海自由贸易账户落地后，境内企业可通过已经接入FT账户系统的天津市金融机构将引进的高层次国外金融人才劳工薪酬发放至其开立的区内境外个人自由贸易账户（FTF账户）。三是充分考虑金融高端人才切身需求，打造高端服务体系。以金融高端人才的个性化需求为出发点，完善基础建设，营造契合国内外高端金融人才需求的宜居环境，吸引优质金融机构，为其营造一流金融就业环境，培育金融文化和氛围。

（五）创新招商引资方法

2019年，天津市金融局以经济高质量发展为目标，深入落实天津市政府关于招商引资工作的指示精神，不断增强招商引资工作的主动性、针对性和实效性，并以产业链精准招商，打造高质量发展的重要增长极，为经济高质量发展提供着源源不断的新动力。2019年，全力推进招商引资工作，不断出台招商引资新举措，在税收返还、规费减免、用地优惠、工商注册、新项目补贴、招商引资奖赏等方面积极发力，吸引优质企业落户天津。

（六）金融支持智能科技产业发展

大力发展智能科技产业，是天津市深入贯彻落实习近平总书记"三个着力"重要要求，抢抓以智能科技为核心驱动力的新一轮产业变革机遇，提高发展质量效益，实现"一基地三区"功能定位的关键举措。天津市委、市政府提出了谋划"大智能"战略布局、加快培育"大智能"创新体系、着力建设"大智能"产业集聚区、打造"天津智港"的战略目标，出台了专项行动计划和支持政策，掀起了推动智能产业发展的热潮。

为进一步提升金融服务智能科技产业发展的能力和水平，助力天津市抢占智能科技产业发展制高点，2019年1月30日，天津市金融局会同中国人民银行天津分行、天津银保监局、天津证监局联合印发了《金融支持智能科技产业发展十项措施》（津金融局〔2019〕4号）。综合运用银行信贷、保险、融资租赁、资本市场、产业基金、风险分担、融资服务等手段和相关扶持政策，充分发挥金融对智能科技产业呵护培育、加速助力、输血纾困作用，着力解决智能科技产业投入大、周期长、门槛高、转化难、风险大的一系列痛点，有效提高金融服务智能科技产业的针对性、专业性、覆盖面和支持力度。为助力天津市抢占智能科技产业发展制高点，实现产业结构"弯道超车""换道超车"，推动经济高质量发展提供了有力的金融支持。

（七）金融改革创新服务国家战略，推动经济发展

2019年是全面建成小康社会的关键之年，天津市银行业金融机构紧密围绕"一基地三区"功能定位，认真贯彻落实"一带一路"倡议、京津冀协同发展和自贸区建设等国家重点战略规划，为区域重点项目及重大产业项目、战略性新兴产业提供融资支持，深化供给侧结构性改革，创新跨境金融产品服务，为区域经济发展累积新动能，持续提升金融服务实体经济质效，助力天津经济高质量发展。

一是主动融入"一带一路"区域发展战略。支持"一带一路"沿线基础设施、能源资源开发、国际产能合作等重点项目，加强境内和境外机构协同合作，为"走出去"企业提供结算、融资、海外并购等多元化金融服务。充分利用银团贷款方式支持境外大项目，目前支持两个境外银团贷款项目，合同金额达38亿元，贷款余额达25亿元。二是以金融力量支持京津冀协同发展战略。截至2019年末，天津市银行业金融机构支持京津冀协同发展融资余额为6107.08亿元，同比增长11.02%，融资企业户为1534户，同比增加290户；融资项目为2676个，比年初增加440个。三是不断加大自贸区信贷支持和资源倾斜，为自贸区内企业提供一揽子金融服务，搭建中资企业"走出去"和外资企业"引进来"的金融服务平台。天津自贸区自挂牌以来，已入驻各类银行业金融机构104家、金融租赁公司10家，支持天津自贸区建设及客户发展贷款余额为5501.84亿元。四是积极主动对接天津市重大项目建设，加大重点产业项目信贷资金投放力度，拓宽企业融资渠道，持续创新金融服务模式，全力服务实体经济发展。截至2019年末，天津市共有银团贷款项目208笔，贷款合同总金额为5872亿元，贷款余额为2968亿元。

二 天津金融改革创新分项成果

（一）银行业改革创新情况

1. 践行普惠金融，聚焦民生发展

2019年，天津市银行业金融机构持续加大对小微企业、"三农"和民生领域的金融供给，推动完善金融服务信用信息平台建设，推进农村支付环境建设，着力提升城乡基础设施及教科文卫等公共事业发展水平，让金融更多"惠"入平常百姓家。

一是服务小微企业发展。不断健全"敢贷、愿贷、能贷、会贷"长效机制，2019年普惠型小微企业贷款增速超过90%，持续深化"银税互动"，推进"银商合作"，建设中小微企业和农村信用体系。同时，开展"百行进万企"融资对接,助力小微企业成长壮大。截至2019年末,支持普惠型小微企业贷款余额达1217.09亿元,有贷款余额户数50.51万户。二是支持乡村振兴战略。积极支持经济薄弱地区和领域,助力实施乡村振兴战略,金融资源进一步向新型农业经营主体、小农户和困难村等领域倾斜。截至2019年末,天津辖内乡镇银行机构网点覆盖率达100%,行政村服务覆盖率达99.81%,基本实现农村基础金融服务全覆盖。2019年,天津市银行业金融机构当年累计发放涉农贷款金额达1014.97亿元,比上年增长38.89%,当年累计发放户数14.54万户,比上年增长3.34倍。三是优化创新创业融资。积极引导有效服务创新创业融资需求。截至2019年末,累计发放个人创业担保贷款2.47亿元。个人创业担保贷款户数达2496户。四是服务民众幸福安居。加强民生领域金融服务,全力支持20项民心工程项目。截至2019年末,保障性安居工程贷款余额达1585.42亿元,较年初增长11.31%。

2.加快智慧转型,打造优质服务

天津市银行业金融机构积极顺应科技发展趋势,充分利用大数据、物联网等技术,促进金融科技与业务发展的深度融合,围绕客户服务全流程和关键服务场景,创新服务模式和产品,优化服务流程,提升服务效率和质量,同时,根据客户评价和建议持续改善服务方式,运营多种宣传渠道和方式普及金融知识,让客户在享受科技带来便利的同时,为客户提供更人性化、更有温度、更安心的金融服务。

一是建设智慧银行。积极探索各项互联网金融技术,不断优化线上渠道,加强智慧网点建设,改进业务流程,持续提升服务效能,全力推进金融服务转型升级。二是提升服务体验。以客户体验为导向,不断创新多元化、便捷化的金融产品,优化网点布局和环境,建立标准化运营流程和客户服务体系,高度重视特殊服务群体需求,扩大服务范围,提升服务能力,构建全方位服务体系,为客户提供个性化、智能化、便捷化的金融服务。三是保障客户权益。高度重视消费者权益保护工作,建立健全消费者权益保护制度体系,持续提升客户投诉的受理效率和处理能力,开展客户满意度调查,主动倾听客户诉求,提升个人信息保护水平,保障客户资产安全,切实维护客户各项合法权益。四是普及金融知识。扎实开展金融知识普及活动，面向不同的消费群体采取针对性的宣传形式，利用线上、线下等多种宣传渠道，增强消费者的风险防范意识和能力。据不完全统计，2019年，天津市银行业金融机构共开展消费者金融知识宣传活动3141次，宣传覆盖公众228万人次，发放宣传材料61.3万份，发送短信数量41.9万条，发送微信数量31万条，受众客户量90.1万人次，在各种媒体上报道36次。

3. 推进生态建设，共建美好家园

天津市银行业金融机构加大对生态系统保护项目的投入力度，助力低碳绿色产业体系的构建，主动优化信贷结构，逐步压缩退出高污染、高耗能产业，建设绿色生态屏障。同时，积极践行绿色运营，宣传推广绿色金融理念，不断提升社会大众的环境保护意识和社会责任意识，助力天津社会经济和居民生活实现绿色升级和可持续的发展。

一是推进绿色信贷发展。助力天津市通过绿色金融引导绿色产业的发展，持续推进绿色金融产品创新，逐步健全绿色金融服务体系，支持绿色、低碳、循环经济发展。截至2019年末，绿色信贷余额达3491亿元。二是助力生态环境改善。积极响应"美丽天津·一号工程"，持续支持绿化工程、湿地修复、大气污染防治等生态环保项目，助力打赢污染防治攻坚战。三是坚持绿色低碳运营。注重践行绿色办公的理念，推广绿色低碳服务模式，创新环保应用，加强设施设备回收利用，为绿色社会发展作出更多贡献。四是倡导环保公益理念。积极开展各类环保公益活动，倡导客户和员工参与，支持环保公益组织，传播低碳环保理念，共建绿色家园。

（二）保险业改革创新情况

1. 开展商业保理试点

随着我国经济进入高质量发展阶段，以2018年为起点，已经经历高速增长初创期的商业保理行业进入了成长期。监管变更对行业规范发展是好事，是挑战，更是机遇。行业调整在所难免，只有正式开业，严守保理本质，合规经营的企业才有可能生存发展。由于商业保理业务具有类型多样化、法律关系复杂化、利益主体多元化等特征，为了促进保理行业在新形势下持续健康发展，应尽快推动保理立法、明确法律依据，同时建立一批行业标准来规范行业行为。自2012年保理行业试点以来，随着全国各地注册政策开放，我国商业保理企业注册地域已经逐渐形成遍地开花的良好局面。

2019年4月24日，天津市地方金融监督管理局（以下简称金融办）发布了《天津市商业保理试点办法（试行）》（以下简称《新试点办法》），自2018年5月商业保理公司正式划入中国银保监会监管以来，此为相关监管部门正式发布的第一个管理办法。天津市为我国商业保理试点的排头兵，在商业保理行业发展、监管、司法均走在全国前列，其他地区未来可能出台的办法也将很有可能参考本次《新试点办法》。《新试点办法》对于未来我国商业保理公司设立、经营、管理有着重要意义。

根据天津市发布的试行办法，商业保理公司的风险资产不得超过公司净资产的10倍，也即杠杆倍数不超过10倍。风险资产（含担保余额）按企业的总资产减去现金、银行存款、国债后的剩余资产总额确定。根据我们国家金融持续稳定的要求，保理监管从宽松类到适度监管是一个必然的趋势。

2.保险业支持养老、家政、托幼等社区家庭服务业发展

自天津确定为银行业保险业支持养老、家政、托幼等社区家庭服务业发展的10个试点城市之一后，天津银保监局认真贯彻落实中国银保监会的工作部署，推动银行业、保险业支持养老、托幼、家政工作持续开展。一是扩展试点范围以求合力。在国有控股大型商业银行和相关保险机构的基础上，天津银保监局将天津银行等4家辖内地方法人银行业机构纳入试点范围，推动更多金融机构协同发力。二是明确工作要求以求实绩。天津银保监局向试点机构明确"完善配套措施""优化信贷服务"等六项具体工作，督促试点机构聚焦加快机构建设、提升人员素质、丰富产品种类等热点问题精准发力。三是建立工作机制以求长效。要求各试点机构制定具体工作计划及措施，压实责任，确保各项工作常态化开展。自试点以来，中国人寿天津分公司"助老健康御险"项目参保老年人累计达320万人次，提供风险保障480亿元。

（三）融资租赁业改革创新情况

1. 天津租赁市场飞速发展

在融资租赁方面，天津东疆港已成为全国首家获批开展经营性租赁收取外币租金业务的区域，业务量已突破35亿美元；天津获批成为全国唯一开展外资融资租赁公司外债便利化试点地区，有效满足市场主体的实际融资需求。天津自贸区深化金融协同创新与合作，还全力支持京津冀协同发展。

2. 加快国家租赁创新示范区建设

制定实施打造租赁业发展升级版方案，为建设国家租赁创新示范区，跻身国际一流租赁聚集区提供指导和操作路径。积极推动国际知名租赁公司在天津市设立机构、开展业务。支持优质租赁企业国际化发展，巩固飞机、船舶和海洋工程结构物等领域的跨境租赁业务优势地位，积极开展高铁等高端装备出口租赁业务。争取在天津市设立融资租赁法庭，实行融资租赁等金融纠纷案件集中审理，提高融资租赁案件专业化审判水平。积极向财政部和国家税务总局争取，探索对租赁公司出口租赁业务和离岸租赁业务给予优惠的企业所得税政策支持，增强国际竞争力。

3. 支持建设国际产融结合示范区

2019年1月26日召开的中央全面深化改革委员会第十一次会议指出，要扩大高水平开放。作为金融开放的前沿阵地，天津市在10月印发《关于支持中国（天津）自由贸易试验区创新发展措施》和《中国（天津）自由贸易试验区创新发展行动方案》，支持率先开展融资租赁外汇配套政策试点。计划分层次逐步取消或放宽服务贸易限制措施，支持自贸区试点开展离岸、跨境、跨省市的国际保理业务，同时争取设立全国租赁行业协会，研究探索国际商事仲裁机构，培育具有区域乃至全球影响力的仲裁中心。

（四）外汇市场改革创新情况

1. 外汇管理改革再升级，外汇服务水平进一步提升

2019年7月，经国家外汇管理局批准，国家外汇管理局天津分局印发

《关于修订〈进一步推进中国（天津）自由贸易试验区外汇管理改革试点实施细则〉的通知》（津汇发〔2019〕38号），从简政放权、提高投融资便利化、完善宏观审慎管理等方面入手，新出台资本项目外汇收入支付便利化、简化外汇登记管理、允许区内借用外债企业调整借用模式等六项外汇管理便利化创新政策。

政策实施以来成效逐步显现，截至2019年末，天津自贸区内企业办理境内直接投资登记、变更、注销业务89笔，涉及金额为54.5亿美元；实施资本项目外汇收入支付便利化业务1509笔，支付金额为3.8亿元人民币；1家企业办理外债模式调整业务；15家银行为17家企业直接办理23笔外债注销业务。

2. 大力支持实体经济发展，金融服务更加便利高效

以服务企业为宗旨、深化金融改革为原则，天津自贸区深入开展更高水平的跨境人民币贸易投资便利化试点，优质企业办理跨境人民币贸易投资业务无须向区内银行逐笔提交审核材料，银行也无须逐笔审核企业收付款相关凭证，天津市自律机制优质企业跨境人民币结算便利化方案落地实施，使贸易投融资更加便利，提升金融服务能力，吸引国外市场主体投资，推进高水平对外开放。天津自贸区挂牌至2019年末，区内企业开展全口径跨境融资累计借用外债近60亿美元，区内银行发放境外人民币贷款207.4亿元，跨境双向人民币资金池业务结算量382.4亿元人民币。取消A类企业贸易收入待核查管理，可直接进入经常项目外汇账户或结汇，便利企业贸易结算，企业可自由选择外汇资本金和外债资金结汇时机实行意愿结汇，有效提高资金使用效率和降低企业财务成本。截至2019年末，区内A类企业办理贸易收汇未经过待核查账户290.8亿美元，区内企业直接到银行办理外商直接投资和境外投资项下各类外汇登记682.6亿美元；区内企业办理外债资金意愿结汇20.3亿美元、资本金意愿结汇31.5亿美元，区内银行为境外机构办理外汇衍生品交易21.5亿美元。

3. 跨境投融资渠道有效拓宽

截至2018年上半年，天津自贸区内企业开展全口径跨境融资累计借用外债17.4亿美元，跨境人民币外债签约总额超过200亿元，发放境外人民币贷款

150亿元。资金使用效率不断提升，跨境双向人民币资金池业务结算量近300亿元人民币，跨国公司外币资金集中运营帮助企业提高平均资金周转率达50%以上；取消A类企业贸易收入待核查管理、外汇资本金和外债资金实行意愿结汇，使企业资金周转效率最高提升近90%。

（五）天津自贸区改革创新情况

1. 金融改革创新政策加快落地，金融跨境业务快速发展

2019年4月，中国人民银行批复同意天津自贸区复制上海自贸区FT账户体系，"金改30条"中探索建立与自贸区相适应的账户管理体系获得突破。2019年末，"金改30条"准予实施政策全部落地实施，其中11项措施在全国复制推广。截至2019年末，已有两家银行正式接入FT账户分账核算业务系统，为企业办理FT账户业务34.2亿元人民币，天津成为领先广州、深圳首先上线两家银行的城市。FT账户的成功落地，为加快推进天津自贸区金融改革创新，扩大人民币跨境使用，打造天津自贸区金融业对外开放示范窗口奠定了坚实基础。天津自贸区挂牌至2019年末，区内主体累计新开立本外币账户8.1万个；办理跨境收支2117.5亿美元，占全市总额的24.6%；结售汇达942.4亿美元；跨境人民币结算4111.3亿元人民币，占全市总额的43.3%。

2. 金融创新成绩可观

金融发展离不开金融创新，金融创新是金融市场、金融机构运行效率提升，整体经济发展的"助推剂"。天津自贸区鼓励支持金融机构以"金融服务实体经济"为宗旨，创新金融产品和金融服务成绩可观，数据显示，截至2018年5月，自贸区内主体新开立本外币账户达5.2万个，办理了天津市全辖1/4的跨境收支共计1434亿美元，结售汇达587亿美元，跨境人民币结算近3000亿元，自贸区作为制度创新高地，有效地激发了市场活力，促进天津经济高质量发展。

3. 加快建设国家租赁创新示范区，特色创新政策优势更加凸显

租赁业是天津经济发展的有力支撑，同时也一直走在全国前列，天津东疆保税港区在政策的支持下现已成为国内最主要的租赁企业、优质租赁资产的聚集地，2017年8月经过两年的试点，成为全国首家获批开展经营性租赁收取外币租金业务的区域，试点以来累计办理业务突破77亿美元。积极推进全国首个融资租赁公司外债便利化试点，已有4家融资租赁企业获得试点资格，28家特殊项目公司共享外债额度，完成外债登记21笔。天津自贸区挂牌至2019年末，区内88家融资租赁公司办理境内融资租赁业务收取外币租金近40亿美元，办理售后回租项目外币支付货款2.1亿美元。2018年末，天津自贸区获批开展飞机离岸融资租赁对外债权登记业务，成为全国首个也是唯一获批开展该项业务的地区。国家的特色创新政策极大地促进天津租赁业国际化水平提升、注入创新动力，在服务实体经济、响应国家战略方面，发挥示范引领作用。

三 天津金融改革创新发展前景展望

自天津市推进金融改革创新以来，在金融改革创新方面已经具备一定经验和成果，且多项改革创新成果应用带来了金融资源配置效率的提升，有力地支持了天津市经济高质量发展。未来，天津市将在扩大金融改革创新的基础上，强化金融改革创新成果的应用，同时在金融改革前沿领域进行探索，为建设金融创新运行示范区奠定基础。

（一）打造天津"三区"升级版国际航运保险业

目前，京津冀协同发展战略已运行五年多，天津"一基地三区"建设取得了较大成绩，新的转折和新的发展阶段之态势也开始显现。

1. 发展与国际航运核心区建设升级版相关的国际航运保险业

自京津冀协同发展战略实施以来，国际航运核心区建设取得了较大的成绩，而按照国际经验若进一步推进，与国际一流国际航运核心功能区的建设相适应，必须要有与之相适应的较为发达的国际航运保险服务业。因此，天津市下一步在进一步高水平地推进北方国际航运核心区建设的过程中，打造北方国际航运核心区建设的升级版之重要内容，就必然需要大力发展国际航运保险服务业。

2. 与金融创新运营示范区建设升级版相关的国际航运保险业

自京津冀协同发展战略实施以来，天津金融创新运营示范区依托自贸区金融创新实践，取得成效，其中最为可观的是融资租赁业的发展处于国内领先水平，从国内业务规模来看，截至2018年年中，天津的融资租赁业务在全国占比达三分之一，飞机租赁业务及全部的海工装备租赁业务在全国占据绝对优势。天津紧紧依托滨海新区综合保税区载体作用，积极推动政策制度创新，在创新中赢得先机，着力营造良好发展环境。2019年5月，天津市政府提出《建设国家租赁创新示范区打造租赁业发展升级版工作方案》，该方案指出，积极寻求租赁业和保险业相互融合，与其他金融产业联动发展，与飞机租赁和船舶租赁相互适应，创新租赁业模式和产品，大力发展国际航运保险业，将成为打造金融创新运营示范区升级版的重要内容。

3. 与改革开放先行区建设升级版相关的国际航运保险业

2015年，国务院提出支持天津融资租赁业政策制度创新，天津市一直将融资租赁摆在金融改革创新的突出位置，天津市多部门联合出台鼓励措施，形成支持融资租赁改革政策体系。国际航运核心区和金融创新运营示范区许多突破性的改革创新项目，都是依托天津自贸区来叠加运行的，在国家战略背景下，打造全国的飞机、船舶和海工平台租赁业务中心，助力国际航运保险业近一步创新和发展，已然成为打造天津自贸区升级版的重要内容。

（二）增强金融服务"一带一路"建设能力

第一，提升出口信用保险保障功能。发挥出口信用保险在开拓海外市场、撬动银行融资、弥补经济损失等方面的重要作用，扩大出口信用保险、海外投资保险承保规模和覆盖面，为企业海外投资、产品技术输出、承接国家"一带一路"重大工程建设提供综合保险服务。第二，持续加大资金支持力度。争取国家开发银行、进出口银行长期、低成本专项资金，支持"一带一路"重点工程、重点项目建设。积极向财政部争取，加强与亚洲基础设施投资银行、亚洲开发银行、世界银行等国际金融机构合作，争取国际金融机构为天津市深度融入"一带一路"项目建设提供资金支持。第三，持续开展物流金融创新。发挥北方国际航运核心区优势，探索有天津特色的物流金融模式，鼓励金融机构针对航运物流产业特点创新产品和服务，支持具有离岸业务资质的商业银行在自贸区内扩大离岸业务，鼓励金融机构为贸易类企业提供更多的创新产品和结算、融资服务，促进保税货品仓单质押融资成熟落地，探索新型贸易融资与再融资支持模式。

（三）发展科技金融和绿色金融

推动经济高质量发展，需要多方面的保障支持，其中，科技金融和绿色金融是未来金融发展的方向，也是经济实现高质量可持续发展的应有之义。未来，天津市将秉承绿色发展的理念，积极在绿色金融、科技金融等领域进行有益探索，创新金融产品和服务，加大金融机构对绿色产业的支持力度，以绿色金融推进天津市经济绿色发展。第一，强化政府对科技金融和绿色金融的引导作用，完善科技金融和绿色金融的顶层设计，构建对"科技金融"和"绿色金融"的扶持体系，通过政策引导、资金补助、税收减免等措施鼓励企业和机构发展科技金融和绿色金融。第二，进一步完善市场主导的科技金融和绿色金融体系，提高资本市场对绿色金融和科技金融的参与力度，发挥分险投资和创业投资的作用，发挥商业银行机构的基础性作用，鼓励商业银行整合各类社会资源投入科技金融和绿色金融。第三，鼓励金融机构进行科技金融和绿色金融产品创新，完善科技金融和绿色金融产品体系，绿色信贷、绿色保险、绿色债券等积极探索，更好地发挥金融的资源配置和激励约束功能。第四，推动科技金融、绿色金融服务平台的常态化、智能化和空间集聚，推进区域科技金融和绿色金融改革，建立有效的信息共享机制，形成京津冀三地的良性互动。

（四）推进金融高水平开放

金融开放不仅是金融业良性发展的内在需求，也是深化金融改革，扩大对外开放的关键举措。扩大金融开放将会提高金融业的良性竞争，进而提高金融资源的配置效率。因此,天津市将坚定不移地走金融开放之路,积极推进金融业更高水平开放,以开放促发展,实现天津市经济高质量开发发展。第一,以"一带一路"建设为契机,积极开展跨境人民币融资业务,提升人民币跨境贸易结算比率,推进跨境投融资便利化助力企业"走出去"。第二,支持金融机构拓宽业务范围,并且逐步放宽外资银行持股比例,以政策支持吸引外资金融机构在天津落户。

(五)继续落实金融支持自贸试验区建设政策

2019年,天津自贸区金融改革创新政策加快落地实施,复制上海自贸区FT账户、外汇管理创新业务、跨境人民币贸易投资便利化试点等创新政策取得明显成效,公平、透明、高效的营商环境持续优化,有力地支持了天津自贸区改革创新发展。未来,天津市将坚定不移地扩大金融业对外开放,深入开展更高水平的金融支持政策落地实施。第一,鼓励开展跨境金融服务,支持天津自贸区内银行保险机构基于真实需求和审慎原则,积极为企业"走出去"提供融资支持,支持天津自贸区内保险法人机构依法依规开展境外投资。第二,简化准入方式,提高金融服务软实力,通过优化机构布局、完善人员配置、拓展经营范围、试点开展新兴业务等方式,不断丰富天津自贸区金融业态,激发市场活力,并结合片区定位,开展差异化创新。第三,强化风险防控与推进改革发展并重,中国人民银行郑州中心支行开展涉外收支监测分析预警,加强监管合作,关注创新业务风险,防范违规资金跨境流动;开展金融知识和金融消费权益宣传教育活动,培育正确的投资意识及风险意识;与法院推动设立自贸区金融法庭,出台金融法规审判指导性文件,推动建立协商、仲裁、审判等多元的金融纠纷调解机制。

(六)深化京津冀金融协同创新与合作

京津冀协同发展战略实施以来,谱写了互利共赢的新篇章。在协同发展战略中要以联合为先,统一思想,树立区域整体发展、合作共赢的理念,打破市场、产业的割裂状态,整合资源,贯通产业链条,既要推动体制机制的融合，又要实现资源环境和要素的融合。协同发展战略的根本在于创新驱动。习近平总书记主持召开京津冀协同发展座谈会时强调，向改革创新要动力，发挥引领高质量发展的重要动力源作用。京津冀三地的合作不是简单的产业转移与产业承接，需要打造基于创新资源、产业优势和实际需求的协同创新共同体。北京和天津科技力量强于河北，产业层次优于河北，需加强创新协作，加速凝聚"京津研发、河北转化"的创新链条，优化产业结构，实现协同发展。

京津冀的协同发展离不开金融政策支持，三地区域经济结构的调整可依托于金融资金的调配。一是充分发挥政府宏观调控职能，搭建金融机构帮扶企业平台，推动银企对接，减少信息成本；二是通过银行、股票、证券等多方式满足企业多样化融资需求，加大优质企业信贷支持，完善银行内部信贷政策，给予京津冀区域内企业政策优惠，支持北京非首都核心功能向天津、河北两地疏解，同时两地做好贷后管理等工作，实现金融资源适度调配；三是针对京津冀三地产业开展专项融资活动，充分发挥北京科技金融、天津融资租赁的优势，推进专项项目建设，实现协同发展。

Ⅲ 专题报告
Special Report

B.9
新冠肺炎疫情期间天津金融发展情况

李西江　张褚妍君[*]

摘　要： 2020年初，新冠肺炎疫情来势汹汹，各行各业遭受了巨大的冲击，中小微企业受到的影响更大。针对此疫情，国家出台了一系列措施，支持扩内需、助复产、保就业，为疫情防控、复工复产、实体经济发展提供了精准金融服务。本报告聚焦于天津市政府部门、银行、保险等金融机构，梳理了天津市各部门单位在新冠肺炎疫情期间为落实国家支持中小微企业金融服务政策所作出的积极努力，以及为全力支持中小微企业复工复产、加速解决融资需求问题出台的具体政策和措施。为有效应对疫情带来的冲击和影响，天津市出台一系列金融政策帮助企业有序复工复产，推动社会经济平稳有序恢复运行。

关键词： 金融市场　银行机构　保险机构　疫情　企业

---

[*] 李西江，供职于中国人民银行天津分行；张褚妍君，天津财经大学金融学院硕士研究生，研究方向为国际金融。

一 天津金融政策助力企业复工复产

2020年是"十三五"规划的最后一年,也是达成小康社会第一个百年奋斗目标的重要时间。2020年1~2月,新冠肺炎疫情侵袭全世界。新冠肺炎疫情削弱了中国的经济活动,被称为"黑天鹅"事件。从图1中可以看出,在连续数月的防控工作后,全国确诊病例数量有所减少,但疫情蔓延和延迟复工对经济的影响远不止于此。

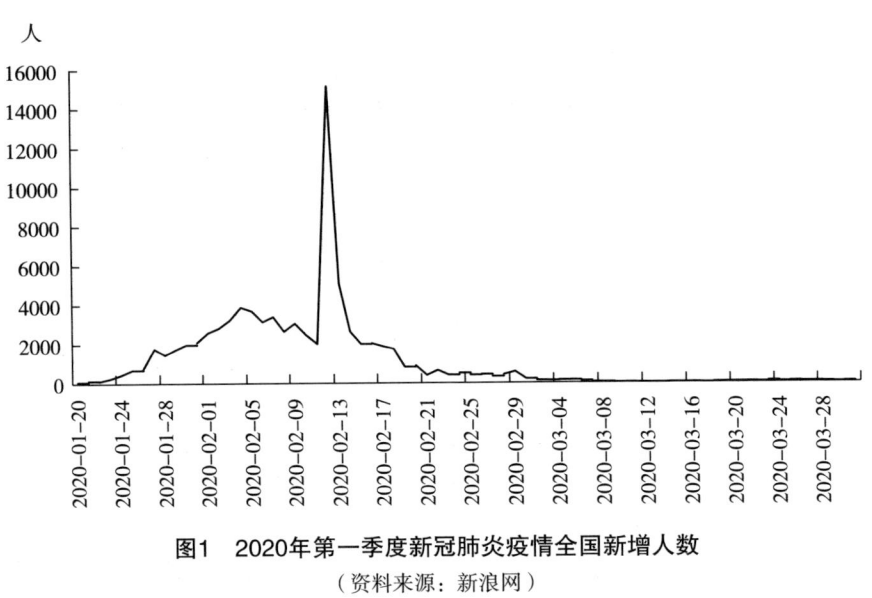

图1 2020年第一季度新冠肺炎疫情全国新增人数
(资料来源:新浪网)

新冠肺炎疫情对中国经济的冲击呈"短而深"的特点。2020年初始,全国经济被迫按下"暂停键",2020年第一季度,国内生产总值减少了6.8%,新冠肺炎疫情的确为我国经济发展带来不可小觑的负面影响。

如图2所示,在此次疫情中,天津市的第一产业、第二产业和三产业都受到了相当大的损害。第一季度天津市地区生产总值同比下降9.5%,之后两个季度缓慢上升,到第三季度同比变化为0。

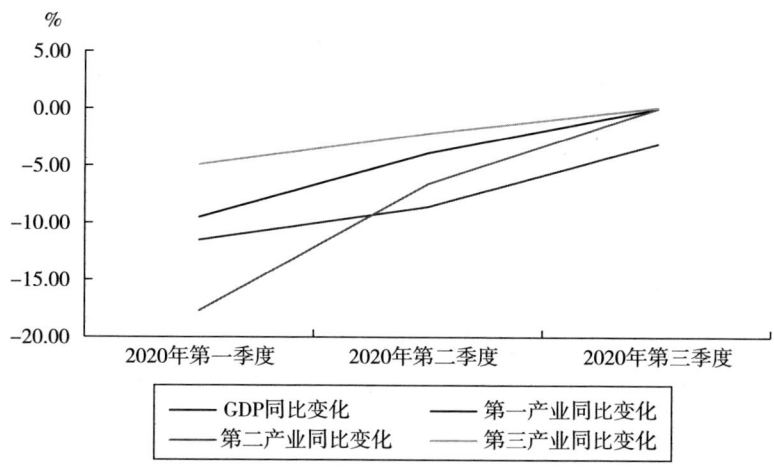

图2　天津市2020年第一季度至第三季度GDP同比变化
（资料来源：国家统计局官网）

新冠肺炎疫情影响到我国供需双方。从供给角度来看，在新冠肺炎疫情暴发期间，我国采取了必要隔离和停工措施，造成大量企业生产停顿。从需求的角度来看，在新冠肺炎疫情期间，我国人民的外出用餐和出行人次明显降低，消费需求下降。截至2020年上半年，全国城镇居民人均生活消费支出同比下降11.2%，天津市减少幅度达17.6%，高于全国城市的平均水平。企业部门的投资需求也受到停工的影响，导致宏观经济增长速度下降。另外，新冠肺炎疫情在国外继续蔓延，在全球经济低迷的背景下，受影响国家或地区的经济增长将大幅减缓。天津金融机构多年来一直不遗余力地帮扶天津的发展，尤其是新冠肺炎疫情席卷全国后，天津金融机构认真落实习近平总书记的重要号召。这对天津市的疫情防控及双战双赢而言有着十分重要的价值。在新冠肺炎疫情中，金融体系充分发挥了货币政策手段的作用，进一步扩大融资渠道，积极支持实体经济，特别是中小企业，为天津经济发展贡献金融力量。

（一）新冠肺炎疫情期间天津市政府相关金融政策

2020年2月6日天津市举行的常务会议提出了一系列措施，旨在帮助受疫情影响的企业向正常过渡，防治新型肺炎，进一步促进经济和社会平稳运行。2月6日，天津市政府办公厅印发《天津市打赢新型冠状病毒感染肺炎疫情防控阻击战进一步促进经济社会持续健康发展的若干措施》（津政办发〔2020〕1号，以下简称《措施》），其中涉及二十一条之多的方便企业条例，真正帮助企业实现"轻装上阵"。《措施》多次提到要采取举措，以金融为工具为企业解困。

首先，在保障企业复工复产方面，《措施》第四条规定了强化防控项目资金保障。对于重要的医疗用品，如医疗防护服、口罩等，经市工业和信息技术局和市卫生保健委员会确认迫切需要生产的医疗产品，生产企业扩大再生产，相关部门应给予信贷支持和财政补贴。对于购买升级设备的企业，可给予技改政策支持。可给予中小企业房租优惠。此外，还通过降低融资成本、加强保险服务和优化贷款租赁等方式向受影响的企业提供大量支助。《措施》第十八条规定，对于受疫情影响较大的零售、住宿餐饮、物流运输、文化旅游等行业及受疫情影响的短期无法渡过难关的企业，银行机构应当提供财政支持，迅速建立、使用快速批准的渠道，优化业务流程，做到不抽贷、断贷、压贷。尽可能发挥国家开发银行天津市分行及天津银行第一批60亿美元的紧急贷款的最大价值，鼓励发放低于市场利率的项目贷款。《措施》第十九条规定，对于控制疫情、人民生计和其他重要国有企业所需的企业经营应给予特殊优惠支持。对于有资格获得中国人民银行循环贷款政策所涵盖的全部贷款的企业，由市、区两级财政按中国人民银行专项再贷款利率给予50%的贴息。在提供政府担保时取消反担保和将担保费用降低一半；政府性再担保机构再担保费用减少二分之一，鼓励其他类型的担保机构参考执行情况。《措施》第二十条规定了加强企业保险服务的措施。对于受疫情影响而遭受损失的公司，保险公司尽可能设立二十四小时服务呼叫号码并开通绿色理赔渠道，优先处理索赔，相应扩展职责权力，简化索赔处理的流程，实行预付赔款，确保应赔尽赔。中国出口信贷公司也要推动公司进口防疫物资及设备业务的开展，能够提供一系列服务，提供海外供应商名录报告和资信调查、特别优惠费率等专项服务，构建有效的损核赔快速通道，便利索赔处理。《措施》第二十一条规定了支持融资租赁业务。融资租赁公司开展与医疗设备、检验设施和免疫设备有关的租赁设施，鼓励对租金和利息予以减收或缓收，对面临急性和暂时性困难的企业给予应收账款宽限和新投资，提供差异化优惠服务。

其次，为新冠肺炎疫情期间创业和高新科技产业发展提供保障。《措施》第十一条的制定旨在为更多的企业抵押贷款融资。所有类别的在津创业企业，可申请最多30万美元的创业贷款，期限最长可达3年，并提供全额贴息。中小企业中符合贷款申请条件的新员工人数占公司目前工作岗位的20%（100人以上公司达10%），可申请最高300万元贷款，期限可达2年，贴息最多占贷款基础利率的50%。《措施》第十二条规定，大力支持机构和企业在新冠肺炎疫情期间进行新型药物研发、疫苗研究、开发或供应链支持保护设备、提供医疗方案等。《措施》第十四条规定了缩短政策兑现周期。促进银行、保险等在展期续贷、贷款担保方面进一步加大对技术公司的融资支持，现有的"雏鹰贷""瞪羚贷"等将深入利用信息技术的优势为科技公司提供在线融资便利。通过即时兑现科技扶持政策，确保国家高新技术企业及时受益于税收减免。

从《措施》二十一条措施中能够看出，天津市政府意图为中小型公司提供融资途径，降低其融资成本，提高资本流动性，保障企业在疫情期间平稳运行。

2020年5月2日，天津市人民政府办公厅印发《天津市有效应对新冠肺炎疫情影响促投资扩消费稳运行的若干举措》（津政办规〔2020〕6号，以下简称《若干措施》），其中包括相关的金融支持措施及天津银保监局制定的相关实施细则。

制定《若干举措》第（八）条的目的是使日常生活与企业复工相结合，使当地居民的基本服务正常化。规范疫情期间信贷业务，减小信贷成本。鼓励各区在餐饮、家庭电子等领域发放优惠券。对于就业转移及特殊农产工业而言，尽可能增大支持帮助的力度，确保农民收入有所提升。银行业金融机构将进一步扩大"三农"方面的贷款，加强贷款管理，根据农业生产周期合理安排中长期贷款,单独设计农业和普惠型涉农贷款机制。天津农村商业银行、天津银行、天津滨海农村商业银行、金城银行、各村镇银行必须继续广泛提高涉农贷款和普惠型涉农贷款,从而使普惠型涉农贷款的增长速度超过其各自平均贷款水平。各分行要不折不扣完成总行分配的涉农贷款和普惠型涉农贷款全年新增信贷计划,把握好信贷投放总量与节奏。

《若干举措》第(十八)条要求建立快速的信贷融资响应机制。信易贷平台作为天津中小企业综合信贷服务的平台,优先考虑向具有良好信用、符合信贷支持条件的中小企业提供纯电子信贷产品,并为金融服务开辟绿色渠道。会同市发展改革委等相关部门夯实天津市信易贷平台基础工作和快速响应机制。推动金融机构入驻信易贷平台,鼓励金融机构通过电子信贷平台直接提供电子信贷产品和服务。向在重返工作岗位和恢复工作期间需要资金的中小企业免费提供信贷报告服务,从而促进项目融资。在税收、社会保障、小型和中型企业、个体企业等方面,要处理好相关工作机制,做好政策宣传与解读,并且使中小微企业逐渐恢复日常生产。

天津市各政府部门积极响应《措施》,纷纷出台了一系列金融相关政策来指导应对新冠肺炎疫情期间公司面临的挑战,以便公司能够在疫情笼罩在快速恢复业务,并减轻公司的压力。

(二)新冠肺炎疫情期间天津市商务局金融政策

根据《商务部中国工商银行关于组织供应链领域重点合作项目推荐工作的通知》(商建函〔2019〕631号),天津市商务局、中国工商银行天津市分行围绕地方产业特点,为了给受疫情影响的行业和企业提供供应链融资服务,特发布《市商务局 中国工商银行天津市分行关于印发申报天津市供应链重点项目全面支持复工复产的通知》(津商市场〔2020〕3号)。从乡村农业产业链、建安施工产业链、先进制造业产业链、商贸流通产业链、医疗健康产业链、能源石化产业链领域通过认定申报企业为中国工商银行核心企业或中国工商银行重点平台项目,遴选一批供应链领域核心企业及重点项目,为其上下游客户或重点平台的交易会员客户提供金融服务。贷款利率视融资企业情况，最低可实行年利率3.75%，贷款期限1年（含）以内，无须抵押，融资本息最高不超过企业应收类款项的100%。

该政策通过加强核心企业与上下游的密切合作，强化企业财务管理，增强上下游履约能力，增加交易市场业务黏合度，解决企业资金短期周转需求。降低企业综合融资成本，增加对小型企业的财政支持，与各类型公司一起"取暖"。

天津市商务局与中国人民银行天津分行合作，为天津的外贸、物流和其他企业发起了一项联合举措，全力保障全市有关企业的复工复产与持续发展。相关金融政策主要从降低防疫企业信贷成本、加大信贷力度、做好企业帮扶、为防疫期间外贸企业提供增信、加强线上服务等十个方面提出了要求。

（三）新冠肺炎疫情期间天津市地方金融监督管理局金融政策

《措施》具体说明了金融扶持政策，扶持中小型公司能够顺利地渡过新型冠状病毒疫情，赢得决定性的肺炎控制战役。天津市地方金融监督管理局（以下简称天津市金融局）马上开展了一系列举措，对《关于建立帮助中小企业共克疫情时艰的金融快速响应机制的通告》进行了一定的宣传，这对中小型公司顺利渡过新冠肺炎疫情有重要意义。

那些在新冠肺炎疫情期间在城市和农村地区有基本业务需求的公司，以及负责主要公共生活需求和其他民生重要需求的公司，可以随时利用电话、邮政、通信等方式提出其财务需求。市政财政管理部门应要求不断建立和更新公司需求的数据。

天津市金融局提前与金融机构沟通对接，在得到金融机构确认后将其纳入"共克时艰金融服务群"。天津市金融局根据企业需要，对国内金融机构提供的产品和服务的特点进行全面分析，通过电子手段将这些产品和服务准确地传达给国内金融机构，并帮助金融机构与商业机构建立个人联系。

加入"共克时艰金融服务群"的金融机构通过享用金融服务的绿色渠道，增加所需资金的机会，积极主动地将政府对金融服务的要求或企业直接提出的要求联系起来。对符合相关条件的需求，2个工作日内予以解决，企业可及时将协调情况反馈给政府专班。

国内金融机构将即时向政府机构和商业机构通报无法满足的相关需求的原因，这些机构将在政府会议的框架内进行进一步的分析，必要时将政府会将企业新需求发送给集团内的其他金融机构。

天津市财政局与愿意参与预防和控制这一流行病的金融机构建立联系，共有25家金融机构在困难时期被合并为三个联合金融服务小组。政府提供了通过电子手段迅速和准确地进入集体金融机构的机会，并帮助这些机构与公司建立直接联系，为需要资金的金融机构开辟绿色的金融服务渠道，满足在两个工作日内解决相关需求的要求。天津市财政局将监督对"战时"提供高质量服务的金融机构的动态评估和监督。2020年3月17日举行了"天津市新冠肺炎疫情防控工作第98场发布会"，会议报告指出，共有金融服务部门在1423家企业投资172.9亿元，平均融资成本约为4.04%。公司提出正式贷款要求后，融资成本降低了26.4%。天津市金融局快速响应机制，真正做到了"银企"联动，为有效解决企业在融资成本、绿色通道、"容缺后补"等难题提供了更加直接、快速的绿色通道。

为了更好地发挥天津市融资租赁企业在疫情中的作用，3月4日，天津市财政局、天津市工业和信息化部及信息通信技术厅就政府机构确保中小企业获得资金以应对这一流行病的影响提供了支助，比如提供续贷续保方面，政府性融资担保机构取消反担保要求，降低担保服务收费，积极落实尽职免责，市金融局提高监管容忍度，鼓励各个金融机构加大对中小微企业提供资金保障，减轻负面影响。

2020年3月5日，天津市金融局发布《关于鼓励融资租赁公司发挥租赁功能作用为实现夺取双胜利目标贡献力量的通知》（津金监管〔2020〕6号）。该通知针对天津市融资租赁机构提出了以下要求。

在降低租金费用方面，各机构应严格执行政策要求，采取措施，与新出现的新冠肺炎疫情做斗争，以进一步促进健康、可持续的经济和社会发展，积极开展与疫情防控有关的生产设备，包括医疗设备、检查设备、检疫设备等租赁业务，同时考虑到公司受该流行病蔓延影响的程度和工作条件，可以酌情缓收或降低租赁费用。提供有差别的租赁服务。在一定时期内采取灵活的租赁措施并提供支助，如降低或免除租金，将公司的租金延期2~4个月，直至疫情对公司没有影响，不将此类客户列入违约客户名单等，以减轻公司的财政压力。对于受影响最大、恢复周期较长的中小型企业（如运输、批发和零售、文化娱乐和家庭餐饮），可以根据实际的情况来提供量身定制化的融资租赁服务。

2020年3月1日，中国银保监会等五部委联合印发《关于对中小微企业贷款实施临时性延期还本付息的通知》（银保监发〔2020〕6号），符合该通知规定条件的企业，可以向银行机构申请临时贷款。

在激励政策方面，新冠肺炎疫情防控期间，在不违反相关法律和条例的情况下，对于受疫情影响最严重的公司和中小企业产生的不良资金，各机构应当适度提高容忍度，免予追究相关部门和人员责任；天津市财政局对未能提供所需数据的受疫情影响的企业不追问任何责任。对主动担当尽职服务的机构加大媒体宣传推介力度，便利银行筹资、公共服务、社会管理等，以此作为对金融机构服务的实体经济进行监测和评价的重要参考。

此外，为了支持企业复工复产渡过难关，要求各机构充分发挥优势，尽量满足企业的融资租赁要求，加强资产维护管理，简化手续。

（四）新冠肺炎疫情期间中国人民银行的具体措施

2020年1月31日，中国人民银行积极响应政府要求，发布了《关于发放私人再贷款以支持新冠肺炎疫情预防和控制的通知》，旨在支持金融机构向优先重视疫情预防和控制的企业发放优惠利率贷款。2月7日，第一笔4.5亿元的再贷款资金抵达天津，用于支持国家疫情期间重点项目。2月8日至14日，天津第二次获得预防和控制疫情贷款，累计金额为12.95亿元。2月17日，天津市获得专项资金17.45亿元。共有八家金融机构负责发放疫情预防和控制贷款，涉及的全国性重点企业共计10家，合格贷款用于医药物品和重点生活物资的生产、销售领域，提供的加权平均利率低于当时最近一期LPR报价189个基点。

中国人民银行天津分行发布了《中国人民银行天津分行关于加强和改进当前金融服务 全力支持打赢疫情防控阻击战的通知》（以下简称《通知》），从加大对疫情防控的资金支持、有效协助发展脆弱的商业部门、畅通资金转移的"绿色渠道"、提供有效安全和容易获得的汇率支助政策等五个领域提出了20个详细方案，以加强预防和控制疫情的金融服务，指导中国人民银行天津分行和金融机构提供与预防疫情有关的金融服务。

2020年2月12日，天士力控股有限公司在中国人民银行天津分行的积极支持下，在银行间债券市场发行了首个5亿元人民币的债务融资工具，以预防和控制疫情。天士力控股有限公司的自主品牌产品藿香正气滴丸和穿心莲内酯滴丸被国家卫健委、中医药管理局收进《新冠疫情的诊疗措施》治疗名册中。该公司发行了270天的短期融资票券，其融资用来填补急需的资金，如购买原材料、分发药品和经营其医院的发热诊所。

新冠肺炎疫情期间天津市政府部门具体相关金融政策文件详见附录。

二 天津银行机构持续助力新冠肺炎疫情防控

（一）新冠肺炎疫情期间商业银行具体措施

天津市各个商业银行认真落实党中央、国务院和天津市委、市政府疫情防控工作要求，认真落实中国人民银行有关部署要求，积极合作，积极参与预防疫情，履行社会赋予的责任，提升服务速度，支持抗疫企业信贷需求。

1.各商业银行针对新冠肺炎疫情期间受影响的企业提供利率优惠

天津银行与国家开发银行天津市分行联合提供60亿元共同紧急贷款支持天津预防药品生产的公司，尽力确保防疫工作，确保快速完成授信审批，执行最优惠利率。

中国农业银行天津市分行迅速出台相关政策措施来应对疫情，为小微企业信贷提供扶持。根据《中国人民银行 财政部 银保监会 证监会 外汇局关于进一步强化金融支持防控新型冠状病毒感染肺炎疫情的通知》，生产、运输和销售医疗商品和生活必需品的主要公司实行利率优惠，新增贷款利率一律不高于一年期LPR下浮100个基点。

中国银行天津市分行为疫情防控企业融资提供利率优惠政策，对于列入总行支持清单的疫情防控企业，给予流动资金贷款利率基准利率下浮27%的优惠政策。

中国建设银行天津市分行对于疫情防控相关企业的信贷需求全额满足，执行优惠利率。同时，通过下调贷款内部转移价格，调减个人住房、个人消费贷款增长目标等措施，提高经营机构参与疫情防控工作的积极性。

与此同时，交通银行天津市分行在金融服务领域制定了20项举措，包括加强信贷支助、降低项目融资成本、使获得金融服务的机会多样化等，帮助受疫情影响较大的企业渡过难关。

银行金融机构执行低贷款利率，支持疫情期间企业降低融资成本，改善对实体经济的财政支持，并在预防和控制疫情方面发挥关键影响。

2. 开辟绿色通道，加快审批速度

中国农业银行天津市分行在了解到天津市新宇彩板有限公司亟须为抗击疫情排产备货的融资需求后，及时提供帮助，开通疫情所需的防控业务绿色通道，仅用时2天就完成审批，先后投放2笔共计3.92亿元贷款，为企业生产武汉火神山、雷神山医院项目建设所需自清洁抗菌专用板材提供了资金保障。

中国工商银行天津市分行启动了疫情应急贷款审批机制，为重点企业信贷业务建立了绿色渠道，确保为医院、医疗科研单位、药品和医疗设备的生产和流通企业提供额外资金，对医药、医疗器械等领域中小企业采取优惠措施，对符合条件的小微企业贷款随到随审随批。中国工商银行天津市分行仅用一天时间高效完成了天津大沽化工股份有限公司批准发放1000万元的医疗保险和1.5亿元的日常周转资金贷款分流。天津大沽化工股份有限公司是天津滨海化工集团的主要分支之一，也是国有大型氯碱化工企业，对天津市乃至全国抗击疫情物资保障方面发挥了重要的作用。

邮政储蓄银行天津市分行与天津农业融资担保有限公司积极配合，具体事项具体对接，简化流程，向专门为天津市场供应蔬菜产品的耕德农业公司提供300万元免抵押、全信用银行贷款，解决了该公司现金流的燃眉之急。

3."银企"主动构建交叉连接平台

新冠肺炎疫情初始，中国银行天津市分行积极对接天津外资、外贸企业，向部分外商投资企业客户捐赠防疫物资表示慰问，以确保企业一线员工防疫安全；同时积极邀请外资、外贸企业参加"百场千户"，配合8月底由中国银行在天津召开的72家银企互连会议，邀请861家客户参加；截至7月31日，共有414家公司与银行签约合作，其中涉及业务包括结算、结售汇、融资等，累计金额达58亿美元以上。

中国银行天津市分行为防疫企业提供疫情政策解读及绿色通道保障，发挥跨国金融服务主要贸易的作用和对外贸易的主导作用，进一步提高服务市场主体的经济效益，积极协助外国企业和外贸企业在新形势下提高供应链管理水平，确保企业上游和下游供应链的连续性。

天津农村中小银行积极主动对接战胜疫情所需的医药生产和销售、医疗设备生产和销售、物流运输、卫生防疫等重点机构的资金需求，提供融资支持并推出专属产品。针对后勤运输、卫生和预防性医疗等优先机构的资金需求，充分利用货币政策工具，进一步增大对小额再融资贷款的资金流入，以帮助小型和微型企业及时恢复生产运营。3月底，中国人民银行的再融资资金用于帮助津南区5家企业（泰士康医疗、利好食品、斯曼尔生物科技、凯尔测控技术等）恢复生产，其投入资金达1840万元，利率低于3.08%，大大降低了企业的融资费用。

4.针对受疫情影响的个人与企业放宽期限

针对那些收入能力暂时下降的客户群，中国银行天津市分行根据客户需求调整个人贷款偿还方案，让客户拥有3~6个月的偿债期限。对于因疫情而不能及时还款的客户，如参与预防和控制疫情的医务人员，其行为不视为拖欠，相关费用可以取消；中国银行天津市分行对参与疫情预防控制的医务人员和新冠肺炎患者欠款最多有3个月的宽限期，而且不收取疫情期间信用卡违约金等费用；中德住房储蓄银行针对参与疫情防控的医护人员等相关人员给予最大限度的宽限期及其他优惠政策；中国农业银行天津市分行积极管理客户复工期间的定期贷款，规定宽限的期限，将定期贷款的偿还期延长至复工的第一天，不加罚款或复利，不调整风险类别。

（二）新冠肺炎疫情期间银行机构创新金融产品与业务

各个银行机构针对企业复工复产也推出了创新金融产品与业务。

1. 中国银行天津市分行

中国银行坚决贯彻落实党中央关于做好"六稳"工作、落实"六保"任务的决策部署，自2020年以来，对受到疫情影响的外贸及商贸物流行业专属金融服务方案，全面帮助天津市小微企业渡过疫情难关。

中国银行天津市分行积极推出"复工贷"产品服务等措施，使天津市经济能够在疫情期间保持良好的发展。中银"复工贷"是中国银行在疫情期间推出的，支持自营职业者、中小企业和业主恢复个体企业贷款生产。"复工贷"用于支付自营职业者和中小型企业主恢复工作所需的租金、水电费和仓储费。有能力可持续经营的个体企业家和中小型企业主如果当下需要资金支付租金、水电费和货物准备费，可申请"复工贷"。该产品贷款最多可达50万元，那些贷款金额在20万元以内的企业，中央银行采取的是快速处理模式。在减息期间，企业主可享受最低3.85%的年息。该产品推出后，中国银行天津市分行第一时间组织辖内各机构逐一对企业主进行电话回访，了解金融需求，开放"复工贷"产品的绿色审批渠道，引进和批准信贷、贷款所有环节加快处理。2020年3月5日，中国银行天津市分行成功推出了首个20万元的复工贷款，这笔资金减轻了公司压力。后续，中国银行天津市分行将持续发力，以实际行动彰显大行担当，最大限度地支持小微企业主、个体工商户恢复生产经营。

2. 中国建设银行天津市分行

中国建设银行天津市分行坚决执行党中央、国务院、中国建设银行党委的部署决定，高度重视防治疫情，保障金融服务。

2020年2月14日，中国建设银行天津市分行成功发行了第三期短期金融证券，发行规模为10亿美元，其所筹集的资金都投入了生产和加工所需的口罩和过滤器中。该笔短期融资债券业务是天津分行第一笔疫情防控债务。天津控股及其下属公司在防护物资生产、医疗垃圾清运处理、交通运输、仓储物流等方面均发挥了巨大的作用。天津泰达清洁材料有限公司是泰达控股公司的子公司，是中国最大的口罩和滤清器生产企业之一，也是抗击疫情过程中口罩和滤清器的重要供应商。中国建设银行天津市分行首先与银行间市场交易商协会进行了交流，在发行债券期间，特别开辟了一个特别渠道，为该企业提供高效、便捷的金融服务，以最短的时间完成了发行工作。

中国建设银行天津市分行依托强大的金融科技实力，借助政务服务平台更好地为企业提供全方位金融服务。中国建设银行天津市分行设计了产品超市，把"惠懂你"嵌入天津政务服务平台"津心办"微信小程序及App，成为首批进入天津政务服务平台的金融机构。这一方面帮助企业了解中国建设银行具体贷款产品及办理条件、办理特点，助力企业实现全流程、全线上、24小时无间断的自助贷款；另一方面方便客户前来开户、办理业务，提高了贷款申请效率。（该平台具体介绍见表1）。

2020年2月15日，中国建设银行抗"疫"战争专营服务"云义贷"在天津正式启动。"云义贷"是由中国建设银行天津市分行管理的信贷产品，用于预防和控制冠状病毒流行的工业链，包括医疗保健及受该疫情影响的企业所有者和个体企业家等小型企业和微型企业和普惠金融客户，提供包括所有线上线下渠道的普惠金融信贷产品。中国建设银行"云义贷"专属服务，放松了对涉疫企业办理业务的条件，而且提供更高的贷款额度和更优惠的利率。该产品是纯线上产品，符合条件的小微企业线上即可在中国建设银行"惠懂你"App上申请办理。额度上限为3000万元，信用额度上限500万元，年利率低至4.1025%。中国建设银行以"真金白银"与优惠利率力撑小微企业战疫情、渡难关。

3. 兴业银行天津市分行

兴业银行天津市分行推出的票据线上自助融资产品，帮助企业在"零接触"安全模式下快速获取贴现资金,从企业网银提交贴现指令到资金入账用时不超过1分钟。针对天津市一些小型医疗器械销售公司对资金到账和周转速度要求较高的情况,银行实现了票据贴现资金"分秒到账",不仅解决了小型企业和微型企业的融资问题,而且稳定了上游和下游的工业链。该银行向个体企业主、农民、小型企业主和微型企业主、拥有10%或以上的小型企业和微型企业股份的唯一自然人分配周转资金以补充借款人经营实体的生产过程,根据不同行业、商业实体和借款人的特点和难点进行"适当的补救",以满足各种客户的融资需要。

4. 中国工商银行天津市分行

为全力支持天津市小微企业复工复产,中国工商银行天津市分行与线上银税互动平台合作推出线上税务贷款产品——"工银税e贷"。新冠肺炎疫情期间,"工银税e贷"为天津锦城汽车电装有限公司复工所需集中采购原材料提供信贷服务。企业负责人通过手机银行申请了160万元资金,一周内便完成了从开户到提款的全部流程。该产品采用大数据互联网技术,在增值税发票数据和企业纳税申报数据的前提下进行在线开发,方便了小型企业和微型企业的网上信用融资。"工银税e贷"本身就带有自助、方便、高效等优势,有良好的信用记录的中小公司,依照相关规定就可以去申请办理。提交申请后,最快两个工作日就可放款。该产品的推出可以解决天津市小微企业"短、频、急"的融资需求,更好助力企业恢复生产,扩大经营。

5. 天津市农村中小银行

在天津银保监局的指导下,天津市农村中小银行出台多项措施,将金融支持疫情防控和促进企业生产作为重中之重,在疫情防控战中贡献金融力量。

除了加强信贷投放,天津津南村镇银行推出服务小微企业的产品"心意贷",为抗击疫情及受疫情影响较大的企业提供金融服务(具体服务类型详见表1),为促进天津地区中小型企业有序恢复生产提供有力的财政支持。

表1 新冠肺炎疫情期间天津市商业银行普惠金融产品

金融产品	金融机构	产品特点
复工贷	中国银行天津市分行	复工贷款用于支付中小型企业主恢复工作所需的租金、水电费和仓储费;有能力可持续经营的个体企业家和中小型企业主如果需要资金支付租金、水电费和货物准备费,即可申请;该产品贷最多可达50万元,那些贷款金额在20万元以内的企业,中国银行采取快速处理模式,在减息期间,企业主可享受最低3.85%的年息
惠懂你App	中国建设银行天津市分行	通过App实现24小时贷款线上直接申请,提供纯信用贷款支持,无须担保,循环额度,随借随还;实施专项利率优惠,信用卡款1万元的日利息仅为1.2元;贷款申请的企业免费赠送"新型冠状病毒"保险等;支持在线办理水、电、煤气、话费充值等生活缴费,且开设疫情服务专区,了解最新疫情数据,提供病毒感染患者简程查询工具
云义贷	中国建设银行天津市分行	银行针对疫情防控全产业链及受疫情影响的小微企业和个体工商户提供抗疫客户专享贷款,申请额度最高500万元;通过信用快贷和个体工商经营快贷申请流程进行申请
兴惠贷	兴业银行天津市分行	面向个体工商农户、小微企业主、持有小微企业10%及以上股份的自然人股东发放,针对不同行业领域面对不同融资难题,提出不同优化方案
工商银税e贷	中国工商银行天津市分行	申请范围包括天津市内诚信经营、依法纳税,拥有良好信用记录的小微企业。通过中国工商银行手机App提交申请,可最快两个工作日获批
心意贷	天津津南村镇银行	在2020年上半年,为疫情作出突出贡献及受到疫情影响较大的外贸、制造业、旅游娱乐、交通运输等普惠型小微企业、个体工商户为主要受众群体;利用抵押担保或保证担保,符合标准的企业最高可获得1000万元贷款额度,优惠贷款利率由LPR市场报价+50基点构成,最长可达12个月贷款期限

资料来源:各商业银行官方网站。

三 天津保险机构完善新冠肺炎疫情期间服务

为全力贯彻党中央、国务院的决定,根据中国银保监会关于加强银行与金融保险部门之间合作以防治新型冠状病毒感染的规定,中国保险行业协会鼓励所有成员实实在在利用保险的保障作用,通过专业、周到的保险服务,以实际行动向全社会彰显保险业的行业价值和社会责任。根据统计，截至2020年2月底，天津全市7家保险机构共为支援湖北疫情防控的医务人员和天津抗击疫情一线医务人员捐赠了合计169亿元保额的保障保险。

作为承担服务经济民生和社会保障责任的银行保险机构，中国银行天津市分行和中银三星人寿天津市分公司时刻关注疫情发展，关心抗疫进展，在2020年1月底，联合实施《中央银行防范疫情专项计划》，为天津市医疗人员抗击疫情提供了保险赠款支持。其包括为新冠肺炎等疾病患者每人支付50万元的津贴，向因飞机、火车、汽车等交通事故意外死亡者提供每人100万元的保险保障救助金。天津市保险机构向前线抗疫白衣守护者致敬，送上来自后方的关心与支持。为更有效地应对疫情、保证服务质量，中银三星人寿制定了六项紧急措施，目的为"对抗疫情，迅速解决"，其中包括提供24小时的紧急情况报告服务，向疑似确诊的新冠肺炎患者提供专门咨询服务，开通新冠肺炎疫情理赔的绿色服务渠道，以及简化理赔程序，实行无保单理赔，以确保在预防和控制疫情期间有效保护客户和民众的金融服务需求。

中银三星人寿天津市分公司将持续与中国银行天津市分行联手，做好疫情防控正面宣传，积极响应总公司"守护相助保障，防治新冠肺炎疫情的活动"，继续为在防治新冠肺炎疫情过程中在前线作战的医务人员提供专门和充分的保险。充分发挥综合化经营服务民生的一体化作用。

中国人寿天津市分公司在市委宣传部、天津银保监局等有关部门的指导支持下，向在天津宣传天津市抗击疫情具体举措、防疫一线感人事迹的宣传报道者和媒体记者提供第一线记者特别保险方案，为媒体记者提供50万元保险金额，用于支付新型冠状病毒感染引起的死亡和报道该流行病时发生的意外伤害，并支付残疾津贴，数额取决于在报道期间发生意外伤害时的残疾程度，保险期为一年。此外，为了在疫情防治过程中充分保护广大客户的保险需求和自身权益，公司在客户服务实践工作的基础上，迅速启动了天津市新型冠状病毒应急工作计划：为客户提供疫情报告渠道全天候报告；使理赔申请拥有快速通道，以简化程序，根据客户及其家属的意愿提供快速理赔服务；取消对于医院的限制，极大地缩短了对于支付医疗保险、药品和医疗项目的等候时间,并以最短的时间向大多数客户提供便利和周到的服务。

四 新冠肺炎疫情期间天津其他金融机构发挥作用

新冠肺炎疫情期间,天津市各担保机构与融资租赁机构认真落实各项要求,充分发挥各类机构的作用,支持企业渡过"疫情关"。

(一)天津市融资担保机构支持中小微企业应对疫情

天津市中小企业信用融资担保中心(以下简称担保中心)先后印发降低融资担保费率通知和再担保业务专项支持方案。担保中心同时推出"抗疫复工应急贷",面向对象为在天津市注册并正常开展经营活动的企业,这包括研究、生产、购买和销售预防和控制疫情所需的药物、预防用品、医疗设备等,以及建造专门的预防和控制疫情设施的中小型企业;向优先公司、与生产链有联系的公司和中小企业提供原材料,这些公司通过捐赠预防材料等方式,对预防和控制新冠肺炎疫情作出了重大贡献;由于受新冠肺炎疫情影响的企业面临着暂时困难,以及对现金流动的周期性限制,对有发展前景的中小微企业及"津种子"企业,担保的一般限额为1000万元,最高限额为2000万元,保证期原则上为一年,优质企业可放宽至3年。担保费率在原有1.5%/年的基础上进行减免,最高可全部免除担保费。

天津市农业融资担保公司作为一家政策性担保机构,充分运作,以尽可能地降低农业行为者的融资成本,并确保在预防和控制疫情的关键阶段提供"食品篮"。该机构对肉类、奶类、蔬菜等农业企业有保障的需求作出了回应,并在2020年上半年为农民制定了特别措施和特殊措施,如免除抵押贷款、专项贷款、抵押贷款等。2020年上半年,天津市在保业务累计共1530笔,在保金额达11.2亿元,同比上年均有较大幅度增长,为保障天津市"菜篮子"产品供应充足和农产品物价稳定提供了强有力的金融支撑;与此同时,与主要合作的银行机构共同推出措施,将农民信贷额度从以前的50万元增加到现在的100万元,从而确保满足农民、合作社和其他行为者在新冠肺炎疫情期间购买春季农业融资的迫切资金需求，并促进稳定生产；与银行机构合作建立绿色走廊，减半收取疫情防控期间所有相关客户的贷款担保的担保费，降低农业经营主体的融资难题。

新希望（天津）商业保理有限公司对湖北地区客户实行保理费九折优惠采取措施，如延长因新冠肺炎疫情而暂时难以付款的客户的还款期限，并尽可能地帮助客户克服这些困难。

此外，天津市其他各担保机构也积极响应，勇担社会责任，天津科融融资有限担保公司2月初发行了新冠肺炎疫情期间特定金融产品"同心贷"，以确保为预防和控制疫情提供资金，为参与预防和控制疫情的公司提供特别支持，包括免除或减少一半保费、批准绿色通道、提供专项信贷等。收到多家企业融资需求，科融担保团队积极响应，快速跟进，并于2月18日正式落地了首笔300万元"同心贷"贷款担保。

（二）天津金融租赁公司积极提供复工服务

天津市财政局鼓励天津金融租赁公司充分利用其优势，包括通过降低租金和延长还款期限，将资金支持与抗击疫情的公司和受影响的公司结合起来，发挥了强有力的领导作用，帮助提高在抗击疫情期间企业资金流通效率。

天津中车投资租赁有限公司、天津中车融资租赁有限公司在疫情防控"阻击战"和企业复工复产中彰显融资租赁服务实体经济功能定位，履行中央企业的社会责任，助力实现"双胜双赢"。新冠肺炎疫情期间，两家租赁公司担当作为，要求业务人员逐一排查存量客户企业复工复产、经营困难情况，针对提出租金延付、展期等需求的企业，给予积极响应和大力支持，协助承租企业减轻资金压力，帮助企业复工复产。截至2020年3月，两家租赁公司已累计向5家受疫情影响的承租企业提供租金延付、展期等金融支持，帮助减轻资金压力共计3336万元。同时，减免资金占用费5.85万元，减免租金23万元，两家租赁公司自身增加财务成本69.85万元。面对企业提出新的申请或新的承租企业提出金融支持申请，两家租赁公司承诺将坚持做到第一时间响应、受理、决策、反馈，以帮助企业恢复工作和恢复生产、共克时艰。

工银金融租赁公司是第一个加入市政金融机构"风险金融服务共同克服计划"的金融机构，在帮助那些相关医疗设备公司和对发展前景抱有期望但由于疫情原因发展停滞的企业方面发挥了有效的作用。公司为北京的红十字会应急中心筹资2000万元，为河北省的燕达医院筹资3300万元。相关医疗设备的租赁也是根据最佳的租赁费率进行的。

兴业金融租赁公司在航空、公共运输、实体经济等领域的长期融资租赁合同方面为客户提供支助，特别是在免费运送医疗人员和救济物资前往武汉的飞机方面免除延迟支付租金期间的利息。

一汽租赁有限公司对还款日在2020年1月23日至2月25日期间受疫情影响暂时无法正常偿还债务的客户推迟支付利息，并积极提供优惠租金服务。

天津临港国际融资租赁股份有限公司对疫情严重地区、受疫情影响临时没有收入和家中有人因新冠住院的承租人，使用一户一策、一事一议的灵活措施，通过减免滞纳金、延迟还款期限等方式支持受灾客户战胜疫情。

2020年4月10日，天津民营融资租赁企业——狮桥融资租赁（中国）有限公司在银行间市场发行了2020年第一期超短期融资券，专项运用于疫情防控债，金额为2亿元，期限为210天，利率为5%。这是自2020年以来中国国内第一家民营AA+级融资租赁公司发行的第一份短期信贷债券。此笔业务的成功发行，为稳定优质资产质量及未来可持续健康发展提供了有力的保障，也进一步增强了对天津未来发展良好预期的信心。

B.10
新冠肺炎疫情对天津市跨境收支的影响测度及路径分析

王 云 唐振和 饶慧君 刘姝君 刘 伟*

摘 要： 自新冠肺炎疫情以来，天津市跨境收支中经常项目收支大幅缩水，而资本和金融项目收支不降反增，反映了疫情对贸易部门的冲击远高于金融部门的冲击。本报告基于自回归滑动平均模型（ARMA），对疫情背景下跨境收支影响变化进行量化测算，同时对天津市受疫情影响较大的平行进口车、石油化工等5个重点、典型行业的部分企业及部分防疫物资出口企业进行了重点调查，了解了不同类型企业受疫情影响情况及企业应对措施，最后提出了疫情常态化背景下的管理思路。

关键词： 新冠肺炎疫情 跨境收支 经常项目 资本与金融项目

一 引言

新冠肺炎疫情暴发至今，虽然在国内已基本得到控制，复工复产稳步推进，但国外疫情仍旧蔓延，对我国进出口贸易和涉外经济的影响仍在继续。深入分析新冠肺炎疫情对天津市跨境收支的影响，不仅是针对单一事件的回顾和剖析，还是将研究成果应用于对复工复产的推进和精准政策的支持等方面，这也是本报告的研究意义所在。

新冠肺炎疫情初期正值春节假期，加之跨境收支本身的趋势性变动，

---

* 王云、唐振和、饶慧君、刘姝君、刘伟，供职于中国人民银行天津分行国际收支处。

使传统的同比、环比数据分析方法无法准确测算疫情对天津市跨境收支的影响。同时，由于项目或行业的特征不尽相同，疫情对其影响程度并不一致。因此，本报告将以疫情对跨境收支影响测算和疫情对不同行业、企业的影响为主线展开研究，深入分析疫情对天津市跨境收支的影响，并据此提出相关政策建议。本报告的主要创新点如下。

一是对影响规模的量化测算。首先，本报告从统计数据角度对新冠肺炎疫情期间主要项目的跨境收支变动特征进行分析，初步确定受影响较大的收支项目或行业，然后利用自回归滑动平均模型（ARMA模型）测度疫情对各主要项目的影响规模，测算结果具体、实用。

二是数理分析与重点调查相结合的双研究模式。除量化模型测算外，本报告还对天津市受疫情影响较大的平行进口车、石油化工等5个重点、典型行业的部分企业及部分防疫物资出口企业进行了重点调查，调查内容包括不同类型企业受疫情影响情况及企业应对措施。

三是疫情常态化现状下的管理思路。针对疫情现状及分析研究发现的问题，从对企业便利化服务和稳增长、保就业角度，提出了工作思路和政策建议。

二 新冠肺炎疫情期间天津市外汇形势基本分析

（一）天津市进出口情况[①]

2020年1~4月，天津市进出口合计307.5亿美元，同比下降10.3%，其中进口为188.1亿美元，同比下降8.6%；出口为119.4亿美元，同比下降12.7%。进出口贸易维持逆差68.7亿美元，同比减少0.6%。

对比全国进出口数据，天津市进出口总量及进口、出口降幅均高于全国水平，且全国进出口顺差收窄，而天津市为逆差收窄。1~4月，全国进出口合计

---

① 资料来源于海关进出口统计。

1.3万亿美元，同比下降7.5%。其中，进口为6200.5亿美元，同比下降5.9%；出口为6782.8亿美元，下降9%；贸易顺差582.3亿美元，同比减少32.6%。

（二）天津市跨境收支基本情况[①]

2020年1~4月，天津市跨境收支合计406.8亿美元，同比减少6.0%。其中，经常项目收支322.0亿美元，同比减少9.8%；资本和金融项目收支75.9亿美元，同比增加11.8%。从整体情况来看，新冠肺炎疫情期间经常项目收支大幅缩水而资本和金融项目收支不降反增，变动趋势与全国基本一致。

1. 新冠肺炎疫情期间货物贸易跨境收支大幅缩减

2020年1~4月，天津市货物贸易项下收支合计253.9亿美元，同比减少16%。其中，收入为117.5亿美元，同比减少12.8%；支出为136.3亿美元，同比减少18.5%，降幅均大于同期进出口降幅。货物贸易收支规模下降对跨境收支项目减少的贡献率为186.4%，是导致全市跨境收支减少的主要原因。

从交易项目来看，一般贸易和进料加工贸易仍是货物贸易项下的主要收支方式，占比为93.2%。其中一般贸易收支同比减少15.8%，对货物贸易收支减少的贡献率为61.7%。

从具体行业来看，2020年1~4月，共77个行业发生货物贸易跨境收支。其中51个行业收支下降，占比为66.2%。其中，批发业收支减少23亿美元，同比减少22%，为受影响最大的行业。批发业对采购和销售依赖程度大，新冠肺炎疫情期间企业停产停工导致上游产能不足、下游销售受阻及中间物流不畅等问题，以致贸易收支大幅下降。此外，制造业贸易收支下降明显，运输设备制造业、专用设备制造业和医药制造业贸易收支同比分别下降20.2%、23.2%和28.3%。

从交易国家来看，56.6%的交易国家贸易收支同比减少。其中，货物贸易收支前十位的国家或地区[②]中仅新加坡货物贸易收支有所增长，而中国香

[①] 资料来源于国际收支统计申报系统。
[②] 按货物贸易跨境收支量排名分别为中国香港、新加坡、日本、中国台湾、韩国、美国、丹麦、德国、法国、瑞士。

港、韩国、美国的贸易收支降幅分别为23.5%、26.6%和32.5%。

2. 服务贸易收支呈现恢复性增长

2020年1~2月,受春节假期及防疫停工影响,服务贸易收支同比减少4.1%。此后,随着国内疫情趋缓,企业复产复工,3~4月天津市服务贸易收支同比分别增长7.4%和12.8%,其中建设项目收支分别增长90.8%和143.6%,对服务贸易收支增长的贡献率分别达101.2%和132.9%。此外,由于新冠肺炎疫情期间较高的物流价格,运输贸易收支在1~4月收支保持平稳增长。

3. 外资流入延续增长态势

2020年1~4月,天津市外国来华直接投资项下收入39.1亿美元,同比增加35.0%,支出11.7亿美元,同比增长59.7%。外国来华直接投资净流入27.4亿美元,同比增长26.6%。其中,投资资本金净流入27.7亿美元,同比增长71%,是外国来华直接投资净流入增长的主要原因。整体趋势上,自2019年第四季度以来,外商投资资本金汇入呈现稳定上升的态势,尤其是自2020年以来投资资本金连续4个月环比增长。从投资资本金结构来看,新设外商企业投资资本金为22.1亿美元,占比为75.9%,外商投资企业增资6.4亿美元,占比为21.9%。但经了解,上述收入均为前期项目的资金流入,实际上,受疫情影响,2020年第一季度天津市新设外商投资企业同比减少38%;截至4月,共有13个项目延期开工,占尚未开工项目的23.6%。新冠肺炎疫情对外商投资的影响在跨境收支数据上尚未体现。

4. 企业境外投资意愿明显下滑

2020年1~4月,天津市企业对外直接投资支出共计1.5亿美元,同比减少85.7%。同期ODI新设企业登记家数同比减少5.9%。整个第一季度天津市对外直接投资基本停滞,至4月才略有起色,支出为1亿美元。新冠肺炎疫情早期,国内企业停工导致对外投资项目进度减缓。随后,境外疫情暴发,企业对外直接投资采取观望态度,减缓投资脚步。

5. 企业跨境融资量较平稳但结构改变

2020年1~4月,天津市企业从境外借款20亿美元,同比微降1.8%,但融资结构发生明显变化。2019年同期企业跨境融资以境外贷款为主,占总融入资金的44.2%。而2020年1~4月跨境融资以联属企业借贷和境外母公司贷款为主，融资金额分别占总融入资金的43.7%和38.6%，而境外贷款仅占16.5%。

跨境融资收入来源详见图1。

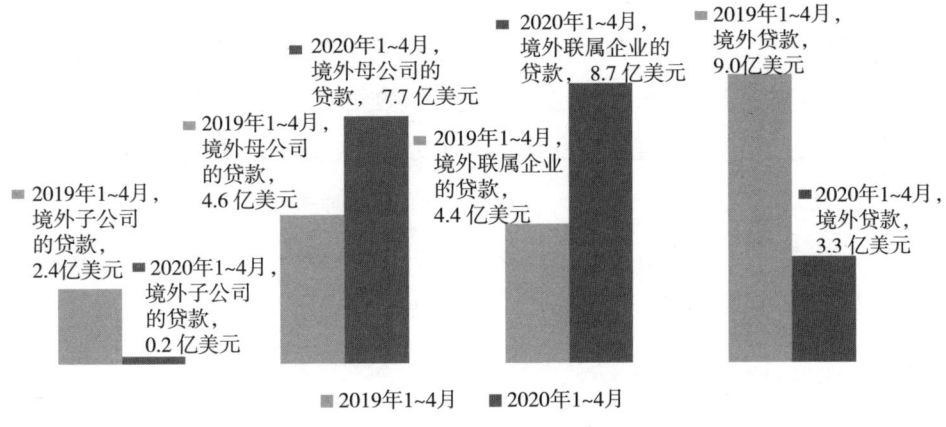

图1　跨境融资收入来源

（资料来源：中国人民银行国际收支统计申报系统）

境外银行贷款收入下降一方面是由于境外资金价格不断上升，波动较大，且后续境内办理锁汇业务仍须付出一定成本，整体融资成本与境内贷款相比优势不明显。另一方面，新冠肺炎疫情期间中国人民银行出台了一系列扶持政策，如3000亿元专项再贷款、5000亿元专用额度再贷款和10000亿元额度的支农支小再贷款再贴现等，帮助企业降低贷款融资成本，使部分企业借用外债意愿不强。而关联企业间借贷具有成本低、流程快等优点，在疫情影响导致境内企业资金需求量增加的情况下，关联企业间借贷明显增长。

三　新冠肺炎疫情对天津市跨境收支的影响测算

（一）研究思路

通过对天津市跨境收支数据的分析可知，新冠肺炎疫情期间天津市跨境收支发生明显波动。但是受春节因素及跨境收支本身的趋势性因素影响，直接以同比变化衡量疫情对跨境收支影响并不一定准确。因此，收支的同比变

动可以简单地表达为

$$\Delta y_t = \Delta y_t' + \varepsilon_t$$

其中，Δy_t为t时期的跨境收支变化量；$\Delta y_t'$为t时期跨境收支的趋势变化量；ε_t为突发事件的影响程度，在本报告中可以理解为新冠肺炎疫情对跨境收支的影响程度。若跨境收支存在上升趋势，同比变化率将低估疫情对跨境收支的影响；若跨境收支存在下降趋势，同比变化率将夸大疫情对跨境收支的影响。

综上所述，估算新冠肺炎疫情对天津市跨境收支的影响程度首先要排除趋势性变动对跨境收支的影响，计算在没有新冠肺炎疫情影响下天津市跨境收支的"应有值"。然后通过比较该数据与实际跨境收支的差额，得出疫情对天津市跨境收支的影响规模。

（二）测算方法

自回归滑动平均模型（ARMA模型）是一种常见的时间序列模型，该方法由自回归模型（AR模型）和移动平均模型（MA模型）结合而来。该方法的一大特点是可以依据样本自身的变化规律，利用外推机制描述时间序列的变化，并且能进行精度较高的短期预测。ARMA模型的应用前提为时间序列数据为零均值的平稳随机过程。对于包含趋势性的时间序列数据，须先对数据进行差分调整后方可应用ARMA模型，这种方法则被称为差分整合移动平均自回归模型，即ARIMA模型。国内学者也应用该方法研究了突发事件的影响程度。例如，孙玉环（2006）使用该方法分析了SARS对中国入境旅游外汇收入的影响；欧朝敏（2011）研究了"9·11"事件后国际恐怖主义活动的发展；刘明月等（2014）测度了禽流感对新疆鸡蛋价格的冲击效应。

（三）数据选取和预处理

本报告选取一般贸易、进料加工贸易、服务贸易、我国对外直接投资、外国来华直接投资和跨境融资6个主要项目的收支作为测度对象[①]。以上6个

[①] 资料来源于国际收支申报系统。

项目收支的描述性统计如表1所示。

表1 主要收支项目的描述性统计

单位：亿美元

名称	一般贸易	进料加工贸易	服务贸易	我国对外直接投资	外国来华直接投资	跨境融资
均值	49.7	19.5	9.3	6.0	8.8	10.2
标准差	5.7	2.6	1.3	8.1	4.4	4.4
最大值	59.0	31.0	12.6	51.1	22.9	22.7
最小值	33.5	15.4	6.9	0.2	2.9	3.1

建立ARMA等模型的前提是时间序列数据为零均值的平稳序列，因此对以上数据进行一阶差分，差分后的各项收支如图2所示。

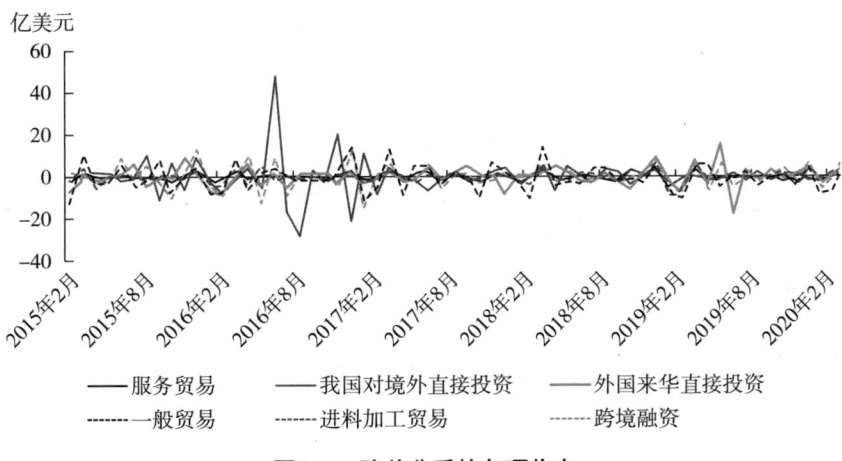

图2 一阶差分后的各项收支
（资料来源：中国人民银行官网）

可见，除2016年前后，我国对外直接投资出现大幅变动外，其余各项收支围绕0上下波动。因此，一般贸易、进料加工贸易、服务贸易和外国来华直接投资收支数据应用2015年1月至2020年1月数据建立模型，我国对外直接投资应用2017年1月至2020年1月数据建立模型。

对收支数据进行平稳性检验，结果如表2所示。

表2 主要收支项目的平稳性检验结果

名称	检验形式	t统计量	1%的临界值	5%的临界值	10%的临界值
一般贸易	(0, 0, 1)	−12.242	−2.603	−1.946	−1.613
进料加工贸易	(0, 0, 1)	−6.985	−2.605	−1.946	−1.613
服务贸易	(0, 0, 1)	−13.623	−2.603	−1.946	−1.613
我国对外直接投资	(0, 0, 1)	−7.204	−2.629	−1.950	−1.611
外国来华直接投资	(0, 0, 1)	−7.867	−2.604	−1.946	−1.613
跨境融资	(0, 0, 1)	−10.278	−2.603	−1.946	−1.613

各项收支经一阶差分后均满足0均值的平稳时间序列的前提，可以建立ARMA等模型。

（四）未发生新冠肺炎疫情的跨境收支测算

各项收支的一阶差分数据经自相关检验和AIC准则定阶后建立的模型参数估计结果如表3所示。

表3 模型参数估计结果表

名称	一般贸易	进料加工	服务贸易	我国对外直接投资	外国来华直接投资	跨境融资
AR（1）	−1.021 (−9.486)***	−0.692 (−3.385)***	−0.805 (−5.358)***	−0.600 (−4.807)***	−0.358 (−3.887)***	−0.752 (−5.998)***
AR（2）	−0.902 (−10.087)***	−0.617 (−3.466)***	−0.777 (−4.864)***	−0.376 (−1.966)*		−0.558 (−4.352)***
AR（3）		−0.424 (−2.798)***	−0.261 (−1.903)*		−0.293 (−2.519)**	−0.282 (−2.067)**
AR（4）		−0.252 (−1.949)*				
MA（1）	0.328 (1.836)*					
MA（3）	−0.515 (−2.992)***					

注：*、**、***分别表示在10%、5%、1%水平下显著。

为检验模型的有效性，提取各模型的残差序列，并检验其是否为白噪声序列，检验结果如表4所示。

表4　各模型残差序列的Q统计量

延迟期数	Q统计量检验					
	一般贸易	进料加工贸易	服务贸易	我国对外直接投资	外国来华直接投资	跨境融资
延迟6期	2.583	0.885	3.655	1.057	10.594	7.277
延迟12期	16.201	8.501	16.762	4.014	12.367	12.881
延迟18期	25.149	15.319	24.094	7.977	16.851	22.151
延迟24期	34.403	18.114	36.992	10.401	20.484	27.098

经检验各模型的残差序列的Q统计量均支持残差序列为白噪声序列，可应用模型进行预测。

2020年1月24日，天津市为应对新冠肺炎疫情启动重大突发公共卫生事件一级应急响应，至2020年4月30日，响应级别下调为二级。本报告对一级响应期间的主要跨境收支项目，应用表3所建立的模型进行预测。将预测值视为假设未发生新冠肺炎疫情的情况下，各项收支的"应有值"。预测结果如表5所示。

表5　2020年2~4月各项收支的预测值①

单位：美元

名称	2020年2月	2020年3月	2020年4月
一般贸易	4200788299	4532465494	4371996251
进料加工贸易	1897237817	1949678966	1866020218
服务贸易	838318319	1027724918	973398897
我国对外直接投资	189399203	243246461	246593555
外国来华直接投资	989888610	786824416	947356901
跨境融资	1032567013	1097623576	1175312998

① 预测值为应用本报告模型测算的未发生新冠肺炎疫情的情况下的各项收支，仅用作本报告研究分析。

（五）新冠肺炎疫情对天津市跨境收支的影响分析

本报告通过ARMA模型计算出的预测值即为假设未发生新冠肺炎疫情的情况下，各项收支的"应有值"，然后通过"应有值"与实际收支数据进行比较得出新冠肺炎疫情对天津市跨境收支的影响。各项收支的实际规模与影响程度如表6所示。

表6 2020年2~4月各项收支实际规模与影响规模

	名称	2月	3月	4月
一般贸易	实际收支（美元）	3350745291	4321278202	4237421483
	影响规模[①]（美元）	-850043008	-211187292	-134574768
	影响程度[②]（%）	-20.2	-4.7	-3.1
进料加工贸易	实际收支（美元）	2104323054	2029366230	1807125140
	影响规模（美元）	207085237	79687264	-58895078
	影响程度（%）	10.9	4.1	-3.2
服务贸易	实际收支（美元）	689697933	1105354043	1026072525
	影响规模（美元）	-148620386	77629125	52673628
	影响程度（%）	-17.7	7.6	5.4
我国对外直接投资	实际收支（美元）	27763529	24088489	113686412
	影响规模（美元）	-161635674	-219157972	-132907143
	影响程度（%）	-85.3	-90.1	-53.9
外国来华直接投资	实际收支（美元）	901854222	1726423213	1618254271
	影响规模（美元）	-88034388	939598797	670897370
	影响程度（%）	-8.9	119.4	70.8
跨境融资	实际收支（美元）	848085482	1885760353	474177048
	影响规模（美元）	-184481531	788136777	701135950
	影响程度（%）	-17.9	71.8	-59.7

从测度结果看，可以得到如下结论。

[①] 影响规模为实际收支与预测值的差额。
[②] 影响程度为影响规模与预测值的比率。

第一，新冠肺炎疫情导致天津市贸易、服务、投融资等多项目跨境收支量下降，影响以2月最为明显。结合实际情况，2月为防疫最严峻时期，大多数企业停工停产，因此受影响程度最大，这一点也反映到测度结果当中。一般贸易收支规模较预测值减少8.5亿美元，下降幅度为20.2%；跨境融资、我国对外直接投资和服务贸易分别减少1.8亿美元、1.6亿美元和1.5亿美元，下降幅度分别为17.9%、85.3%和17.7%；外国来华直接投资受影响规模较小，减少0.9亿美元，下降幅度为8.9%。

第二，受大型进料加工企业收款周期影响，新冠肺炎疫情对进料加工贸易项下收支影响存在滞后。具体表现为2月实际规模较测算值增加2.1亿美元，后逐月减少，至4月转为-0.6亿美元。经分析，这一现象主要由大型进料加工企业鸿富锦精密电子（天津）有限公司引起。该企业1~4月进料加工贸易收支26.5亿美元，占进料加工贸易收支的44.3%。由于该企业采取90天货到付款方式结算，因此2月申报的收支实际为上年12月前后进出口产品的收付款。同理，新冠肺炎疫情对其影响在数据上存在滞后，实际收支数据也支持这一结论：该企业4~5月收支较上年同期减少2.7亿美元。

第三，跨境融资总量虽然同比变化不大，但各月融资波动明显。其中，3月跨境融资激增，表明疫情使天津市企业经营资金流紧张，因此在复工复产之初就加快了跨境融资的步伐，用于弥补境内资金短缺，致使3月跨境融资出现暴发性增长。而随着稳增长、保就业等政策实施，境外融资成本和便利度的优势不再明显，跨境融资规模于4月再度回落。

第四，随着疫情控制和复工复产，新冠肺炎疫情期间受影响较大行业逐步恢复。服务贸易的实际收支数据于3月出现恢复性增长，影响程度的测算也支持这一结论。一般贸易实际收支虽然同比数据仍减少，但环比数据增加，同时影响规模的测算表明，疫情的影响程度由2月下降20.2%，逐步缩减至4月下降3.1%，证明一般贸易收支也在恢复之中。

第五，我国对外直接投资的实际收支于4月开始环比增长，但从测算结果来看，新冠肺炎疫情导致其仍有53.9%的下降，这表明新冠肺炎疫情对企业对外直接投资的影响仍较重，后续应重点关注。

（六）小结

经测算，新冠肺炎疫情使天津市跨境收支明显下降，尤其是货物贸易项下的一般贸易，受疫情影响明显且持续。但随着复工复产的持续推进，天津市各项跨境收支正逐步回归正常水平。但同时也要注意的是，跨境收支数据并不能完全真实反映涉外企业经营情况。例如，进料加工贸易收支会受大型企业的收款周期影响，而导致疫情影响会滞后体现在跨境收支数据中。而外国来华直接投资受招商引资政策和投资项目的影响更为明显，且投资立项与实际资金注入存在一定的时间差。因此，对于具体行业、企业的经营状况和受影响程度需进行更深入的调查和研究。

四 新冠肺炎疫情对企业的影响情况分析

为了解新冠肺炎疫情对天津市主要行业及企业的影响，中国人民银行天津分行国际收支处选取了天津市受疫情影响较大的5个行业的部分企业及防疫物资出口企业共81家[1]进行了重点调查。调查结果显示，新冠肺炎疫情导致各行业生产经营成本上升，除防疫物质出口企业外，其余行业均出现利润下降的局面。

（一）进料加工企业利润情况出现分化

第一，部分大企业抗风险能力较强。例如，维斯塔斯风力技术（中国）有限公司和鸿富锦精密电子（天津）有限公司内销订单增长较多且外销订单稳定，前4个月净利润分别增加53.7%和30%，且预计未来净利润将维持增长；诺和诺德（中国）制药有限公司因国内对糖尿病等药物需求增加，使企业进出口规模增加，利润增长10%。

第二，成本增加叠加订单减少使大部分企业进出口规模和利润下降。除

---

[1] 81家企业包括进料加工企业18家、石油行业企业19家、农产品进口企业9家、汽车行业企业6家、钢材企业14家、防疫物资企业15家。

上述三家大企业外,其余被调查企业表示受新冠肺炎疫情影响较大,主要体现在:一是各国全部或部分停工,企业生产所需原材料供给不到位。对货运船只严格检疫,物流成本上升且造成原材料不能按时到货,延期交付普遍。二是受国外疫情蔓延影响,出口订单减少,不同企业减少程度不一,有的面临订单大幅取消的情况。如天津津河电工有限公司出口订单大幅减少,对比上年同期降低50%以上。三星高新电机表示,受疫情影响,其2~4月的外贸订单量下降了9.5%。三是订单减少叠加库存增加使企业流动资金运转不畅,经营风险增加。

第三,疫情导致部分企业生产能力不足订单取消。例如,华夏线路板(天津)有限公司表示,疫情原因导致产量下降,订单无法交付,企业只能取消订单。2020年第二季度订单量和出口量下降20%,全年订单量和出口量下降20%。

(二)石油企业①均面临利润下降的局面

第一,油田技术服务企业大多订单减少,中长期利润空间收缩。被调查的8家企业中,有7家进出口订单下降,经营成本上升,主营业务利润下降,企业库存下降。例如,贝克休斯(天津)油田设备有限公司预计未来进出口订单均下降30%以上,且主营业务利润下降30%以上;另一家企业中海油田服务股份有限公司因主要业务来自国内油公司,现阶段服务合同均已锁定,短期影响不大,此类企业面临的主要困难是市场需求的萎缩和生产成本的上升。

第二,专用设备和石油加工制造企业受新冠肺炎疫情冲击明显,净利润下滑。9家涉及石油专用设备制造的企业因疫情下复工推迟,设备制造所需零部件采购价和运输成本均有所增长,叠加上游企业减少投资及设备采购量,使相关订单及主营利润下降。例如,天津市云海碳素制品有限公司是一家石油加工制造企业,受新冠肺炎疫情影响,国内外需求均下降,企业订单减少。预计未来出口订单将下降5%~10%,主营业务利润下降

---

① 调查企业包括油田技术服务企业8家、专用设备和石油加工企业9家、进口零售企业2家。

5%~10%。

第三，石油进口零售企业进口量及价格双降，未来利润下降。2家石油下游销售企业均表示进口订单和进口价格均下降30%，主营业务利润也下降30%，新冠肺炎疫情造成需求下降使企业主动减少库存，且油价波动时加强套期保值。

（三）农产品进口成本上升，净利润下降

第一，多数农产品企业进口成本上升，净利润下降。88.9%的被调查农产品企业表示，新冠肺炎疫情期间物流成本增加，使进口成本上升。66.7%的企业农产品销售规模增加，但销售价格增长幅度不及成本增加幅度，使净利润下降。例如，天津港首农食品进出口贸易有限公司主要从澳洲、美国等国家进口冻品，如冻牛肉、冻猪脚、冻鸡爪等产品，春节起受国内新冠肺炎疫情影响，餐饮、零售等线下聚集性行业受到较大冲击，进而直接影响冻品行业的消费，导致境内销售情况并不理想。国内新冠肺炎疫情情况好转库存消化后，境外疫情暴发，上游境外货源国受疫情影响，国际航班减少等情况，导致境外货源紧张使进口农产品价格上涨，企业净利润下降。

第二，大企业受冲击较小。大宗商品进口企业如九三集团天津大豆科技有限公司从巴西进口大豆，新冠肺炎疫情期间道路封路，造成客户不能及时提货，使销售量下降，但在4月以后情况有所回暖。该公司上年末到港大豆较为集中，并且上半年豆粕销售季为淡季。因而从整体来看新冠肺炎疫情对其冲击较小。

（四）汽车行业尤其是平行进口车受冲击较大

第一，受新冠肺炎疫情影响，汽车企业销售量明显下滑。新冠肺炎疫情期间，受全国防控形势影响，客户购车需求停滞，销售困难。例如，2020年1~4月，丰田通商（天津）有限公司营业收入同比下降17.6%，且企业库存积压情况较为严重，1~4月库存较上年同期增长57.3%。

第二，汽车行业企业经营成本上升。一是新冠肺炎疫情打乱了企业原来的进口和销售计划，导致部分已经采购的车辆滞留海外仓库，无形中增加了仓储及资金成本。二是新冠肺炎疫情导致部分企业原材料采购及物流运输成本上浮较大。例如，锦湖轮胎（天津）有限公司、天津银宝山新科技有限公司反馈，新冠肺炎疫情导致原材料供应不足使采购成本3月底较月初上涨约10%；天津格罗唯视汽车配件有限公司3月复工后，为加速延期订单发货，其运输方式由海运改为铁路运输，物流运输成本提高约30%。

第三，企业资金流较为紧张。一方面，企业无法完成库存车销售，占压大量流动资金，致使企业资金周转困难。另一方面，受疫情影响企业回款周期延长。例如，天津飞马岛本汽车部品有限公司反映其国内客户回款期平均延长1个月；锦湖轮胎（天津）有限公司、天津银宝山新科技有限公司均反馈其国外客户停产、货物积压、资金暂时无法回收而导致企业经营困难，对接收新订单、原材料采购产生影响。

第四，平行进口车行业受冲击更为明显。平行进口车以高端个性化车型为主，在新冠肺炎疫情影响叠加国内经济下行压力加大的情况下，购买需求需要一个恢复期，因此受影响比较大。例如，天津平禄电子商务有限公司主营平行进口车，主要是从中东进口的车型，1~4月销售收入同比下降54.7%，净利润下降48.5%。2020年全年订单较2019年下降10%~30%。目前，企业面临的主要困难是需求萎缩、成本上升和汇率波动。

（五）钢材行业企业出口量及价格出现双降

新冠肺炎疫情期间，一是因国外项目工程停滞，对钢材需求量下降。二是受新冠肺炎疫情影响船运运输航次减少，运费价格增加，企业成本上升。三是国外需求下降，销售市场竞争激烈，钢材销售价格随之降低，叠加成本因素使企业利润下降。例如，天津双街钢管有限公司1~4月出口量和出口价格均下降7%，使企业净利润下降，且预计未来下降幅度更大。此外，国外疫情扩散使贸易风险加剧，部分企业面临回款问题。又如，天津达陆钢绞线有限公司因为国外疫情影响下银行不办理对外业务，国外回款受到很大影响。

（六）防疫物资出口企业订单明显增加

第一，防疫物资企业普遍因国外需求增加而订单量增加。60%的企业外销订单呈增长态势。例如，丹娜（天津）生物科技有限公司产品外销订单数量较上年同期增长30%以上。

第二，新冠肺炎疫情导致原材料产能不足，企业生产成本上升，如口罩的主要原料熔喷布价格居高不下，直接影响口罩成本和售价。例如，天津商泽外贸综合服务有限公司因此原材料成本上升5%~10%。

第三，防疫物资企业普遍面临防疫物资出口政策审批时间较长及国外客户普遍申请延长付款时限的问题。例如，天津市盛荣天商贸有限公司出口呼吸机和口罩等物资，其外销订单数量同比增长30%以上，而原材料成本同比增长10%~30%，使出口价格增长30%以上，企业净利润增长5%左右。

五 企业应对新冠肺炎疫情影响的主要举措

（一）及时做好内部规划安排，保障生产及销售

一是积极做好与上下游企业及客户的联系，加强沟通衔接稳定生产。例如，农产品进口企业中粮家佳康食品营销（天津）有限公司通过积极向供应商申请延长免箱期及积极协调通关物流问题，尽可能降低滞港费用，且加快单据流转速度，加快港口提箱来稳定公司进口；通用半导体（中国）有限公司复工后，积极安排生产，并与客户沟通及时发货减少疫情带来的损失。二是及时调整生产及供应，保障供应充足和销路畅通。例如，天津三华塑胶有限公司主要向北美地区出口墨盒，新冠肺炎疫情期间，公司根据实际情况，按照客户的订单减增时间段及内示数量，阶段性调配稳定生产，公司同时核减成本，海外购材和配件尽量早做安排，避开疫情造成的周期较长问题，以确保生产的供应；法因图尔汽车部件（天津）有限公司因受境外疫情影响决

定调整供应商，扩大原材料国内采购比例。

（二）积极开拓新渠道、新市场，解决生产经营问题

例如，农产品进口企业天津港首农食品进出口贸易有限公司主营肉、水产品和粮食进口，新冠肺炎疫情导致其从美国进口受限，该公司在原有市场基础上积极拓展进口市场，从德国、巴西、厄瓜多尔等进口，多渠道保证供应；三星高新电机（天津）有限公司因受新冠肺炎疫情影响物流成本增加，且菲律宾等国家原材料供应不足，企业积极开发新的原材料供应商来应对。

（三）通过集团内部融资及总公司生产安排，保证正常运营

一是部分企业通过集团内部资金池融资解决资金周转困难。例如，丰田通商（天津）有限公司面临销售减少、库存增加所造成的资金不足问题，积极通过集团资金池融资，保证了企业正常运营；诺和诺德（中国）制药有限公司通过跨境人民币资金池从集团公司借款解决资金紧张的问题，因而对生产经营的影响较小。二是通过企业生产安排尽快恢复正常运营。例如，天津秉信包装有限公司企业订单由总部统一安排，原材料储备较充裕，受疫情影响较小；日新（天津）塑胶有限公司的总公司积极开辟新客户，将客户分派给下属公司，保证企业订单。

（四）部分企业预计采取缩减规模来降低成本，维持运营

例如，石油行业当前面临油价低位的情况，积极引导行业内企业建构严格成本管理体系，减少损失，帮助企业渡过难关；另外部分车企反映，若新冠肺炎疫情影响持续将会采取减员降薪、缩减部分产能等来维持企业经营；天津汽车模具股份有限公司反映，企业2020年上半年销售维持低迷态势，后期疫情影响持续没有得到改善的话，公司可能会通过缩减转移产能、减薪裁员等方式来维持公司正常经营。

六 政策建议

（一）简化跨境收付汇、申报等相关手续，出台更多贸易便利化措施

一是建议适当延长报表数据申报期。由于部分企业订单量较大，难以在规定时间内全部完成申报，建议简化为季报或者延长申报期，尤其在国家法定节假日的当月适度延长。二是在风险可控的前提下适当简化银行审核手续。企业收付汇涉及的境外国家比较多，也比较广泛，且包括高风险国家，货款回收后需要入账的手续繁杂。建议简化外汇入账手续以降低企业入账周期和成本，满足企业资金流动性需求。

（二）在风险可控范围内，简化外债登记手续和管理措施

一是建议综合考量企业借用外债资金的紧急度，在风险可控的范围内为企业简化登记手续，尽可能地缩短办理时间，尤其是对中长期外债的管理措施。二是中长期外债前端审批流程依然较为严格，造成企业获得境外长期限低成本融资资金较难。可以考虑在风险可控、管理措施完备的基础上逐步允许签约币种和实际流入流出币种的限制，让企业根据外汇汇率形式自由选择流入流出币种，减少汇兑损失。三是允许异地开立外债账户，方便办公地址和实际注册地址不一致的企业办理业务。

（三）充分发挥金融支持企业复产复工作用，引导企业加强汇率风险管理

一是建议金融机构以多样化的信贷产品满足企业需求，提供更多的优惠贷款，帮助企业稳增长保就业。例如，针对一些贸易型企业轻资产、重负债，抵押物少的特点，可提供纯信用类融资支持；对拥有一定核心技术、知识产权的科技型研发企业，可提供知识产权质押融资贷款；对平行进口车企业，可通过担保等方式提供信贷支持，或积极开展汽车行业供应链金融，满足其上下游众多企业的资金需求等。二是要创新产品，更好地满足企业复产复工需要。例如，对拥有核心技术、产业链替代性弱的研发企业，支持投放中长期流动贷款，推动无还本续贷落地等。三是鼓励金融机构积极拓展线上业务，方便企业资金流通划转。四是调查中部分企业反映，汇率波动影响较大进而影响到企业整体预期收益，同时部分企业积极通过银行了解外汇衍生品，因此建议银行加强为企业开展衍生品知识宣传，引导企业选择合适的外汇衍生品防范汇率风险，同时加强汇率预期正向宣传引导。

（四）积极利用自贸区政策优势，助推企业转型发展

调查中多数企业对自贸区政策，如FT账户的便利性、FT账户的交易完成时间及手续是否烦琐等均了解不够透彻，因而不能享受到政策红利，迫切需要相关业务指导。建议继续加强天津自贸区相关外汇便利及优惠政策宣传答疑，积极向银行、企业宣讲相关政策，编印相应案例方便其了解学习。同时，银行也应在日常业务中加强对客户的业务指导和宣讲，使企业了解并积极运用政策优势，实现自身转型发展。

（五）加强部门间政策协调配合，发挥金融稳定作用

在用好、用足已出台各项政策的基础上，建议加强外汇管理局与其他部门的合作，充分发挥外汇管理在稳外资、稳外贸中的作用；充分运用各项外汇管理措施，推动外汇改革，增加市场活力，分散市场风险，助推企业发展。

B.11
天津金融人才发展战略分析

范小云 刘澜飚[*]

摘 要： 推动天津金融人才发展对天津金融业乃至整体经济发展异常重要。本报告基于当前天津金融人才引进政策背景，梳理了当前天津金融人才吸引政策，从中找出了政策制度中存在的一些问题，如政府支持过度、市场参与度不足及人才结构不合理等，最后提出了相应的具体对策。

关键词： 金融人才 人才政策 人才结构

一 天津金融人才引进政策背景

（一）天津经济发展概况

2018年，天津市各区、各部门以习近平新时代中国特色社会主义思想为指导，深入贯彻党的十九大，十九届二中、三中全会精神，统筹做好稳就业、稳金融、稳外贸、稳外资、稳投资、稳预期工作，天津市经济逐季向好，整体保持平稳运行，高质量发展的态势正在形成。

初步核算，并经国家统计局评估审定，2018年，天津市地区生产总值为18809.64亿元，按可比价格计算，同比增长3.6%，分别比第一季度、上半年和前三个季度加快1.7个、0.2个和0.1个百分点。其中，第一产业增加值为172.71亿元，同比增长0.1%；第二产业增加值为7609.81亿元，同比增长

---

[*] 范小云，南开大学金融学院常务副院长，国际金融研究中心主任；刘澜飚，南开大学金融学院副院长。

1.0%；第三产业增加值为11027.12亿元，同比增长5.9%。

作为京津冀区域的核心城市，随着京津冀一体化进程的不断推动，天津被定位为全国先进制造研发基地、北方国际航运核心区、金融创新运营示范区、改革开放先行区，有着巨大的发展潜力和明确的前景规划。作为金融创新改革示范区，天津坚持大金融发展理念，围绕供给侧结构性改革，大力推进京津冀协同发展和自贸区框架下的金融开放创新，致力于推动金融与产业融合发展，让金融"活水"更好地浇灌实体经济。

（二）天津市坚决推动人才建设

天津市一直坚持不懈地推动创新发展，鼓励、支持创新性人才、高水平人才、领军人才来津发展，贯彻党中央精神，建设创新型城市。

2016年7月，天津市出台《中共天津市委、天津市人民政府关于贯彻落实〈国家创新驱动发展战略纲要〉的实施意见》。该意见明确提出，培养集聚人才、筑牢科技创新根基，提出引进培育领军拔尖人才、建设人才高地的发展规划，致力建设成为全球一流的创新型城市。该意见尤其提出，创新科技金融，建立多层次全链条金融服务体系的相关政策内容，完善金融机制，简化办事流程，大力推动天津金融产业的发展。

2017年1月，天津市出台《关于深化人才发展体制机制改革的实施意见》，该意见指出，人才机制改革的核心是紧紧扭住改革开放创新这个根和魂，要不断完善人才激励机制，建立人才优先发展保障机制，确立人才国际竞争比较优势，建设成为全国领先、国际知名的创新之城、创业之地。

2017年4月，京津冀人才一体化发展部际协调小组第二次会议在天津召开，审议通过了《京津冀人才一体化发展规划（2017—2030年）》，这是我国首个跨区域的人才规划，也是首个服务国家重大战略的人才专项规划。该规划提出按照服务协同发展、加强对接互补、实现联动融合、推进链接共享、坚持重点突破的基本原则，打造"世界高端人才聚集区"。该规划中将天津定位为产业创新人才聚集中心，形成京津冀高端制造人才发展极，东部滨海发展区为载体，建设产业人才发展示范区。

2018年末,天津市印发了《关于支持金融机构和金融人才在津发展的政策措施》,同时天津市人社局、财政局和金融局也印发了《关于支持金融机构和金融人才在津发展政策措施的实施细则》。天津市委、市政府高度重视金融工作,这是其围绕金融创新运营示范区的定位提出的首个专门针对金融行业整体发展的支持性政策措施。该措施聚焦于提升金融业在天津市产业发展中的地位,吸引集聚优质金融资源,增强金融主体活力和创新金融产品动力,形成支持金融业创新发展的整体合力,引导金融更好地服务实体经济发展。

(三)自贸区、金融示范区建设贯彻人才引进战略

在党中央的规划指导下,在天津市的大力扶持推动下,天津自贸区和金融创新运营示范区的金融创新建设也逐步开展并走向繁荣。

2015年12月,中国人民银行正式出台《关于金融支持中国(天津)自由贸易试验区建设的指导意见》(以下简称"金改30条")。为落地实施"金改30条",天津自贸区的金融领域实施了一系列开放创新举措,持续提高贸易投资便利化水平,不断完善营商环境,使之更加法制化、便利化和国际化,各种红利不断浮现,包括改革红利、制度红利和开放红利,其"助推器"的作用得到了充分发挥。2017年末,天津已落地实施八成相关政策。自天津自贸区挂牌到2017年末,其间累计4.7万个本外币账户在区内设立;办理跨境收支、结售汇和跨境人民币结算的数额依次为1276.2亿美元、504.3亿美元、2729.9亿元人民币,其中跨境收支和跨境人民币结算分别占全市总额的24.4%、41.5%。天津自贸区绿地森林效应的不断增加,对天津向外型经济发展提供了有力的支持。

除天津自贸区外,天津市稳步推进金融创新运营示范区建设,助力天津市金融业发展更上一层楼。首先,稳步推进金融创新运营示范区建设。天津市出台《关于加快金融创新运营示范区建设有关政策》,为金融机构落户、优化金融环境、金融改革创新和金融人才发展提供政策支持。其次,金融业发展活力进一步释放,开放水平进一步提升。金融机构体系日渐完善,

融资租赁继续全国领先，租赁企业境内外资产总额约是全国的25%，自贸区进一步深化金融改革创新。再次，金融服务实体经济的能力持续增强。普惠金融、绿色金融、农业金融和科技金融保持稳定发展，农村"两权"抵押贷款和投贷联动两个试点有序推进，不断增强对经济社会发展的重点领域及其薄弱环节的金融支持力度。最后，强化金融风险防控。构建"推进金融创新运营示范区建设工作协作机制"，形成金融创新、维护金融安全和防控金融风险协调运行机制。天津市委、市政府高度重视金融工作，围绕金融创新运营示范区的定位，于2017年2月出台了《关于进一步加快建设金融创新运营示范区的实施意见》，作为天津市金融创新运营示范区建设的重要指导性文件。2017年9月27日召开的天津市金融工作会议强调，要聚焦金融服务实体经济、防控金融风险、深化金融改革三项重点任务，大力推进金融创新运营示范区建设。2018年前三个季度，天津市金融业增加值为1432亿元，同比增长4.9%，占天津市地区生产总值比重的9.8%，对经济支撑作用十分明显。天津市金融及金融服务机构有4039家，其中法人金融机构有85家，天津已经建立起全牌照、多元化、多层次的现代金融机构体系。为贯彻落实天津市金融工作会议精神，天津市金融局收集分析北京、上海、重庆、深圳等地政策，结合天津市实际，起草了《关于支持金融机构和金融人才在津发展的政策措施》，于2018年12月18日获第36次市政府常务会议审议通过，自2018年12月28日起正式实施。该项措施的发布，更加有利于金融人才发展，更加聚焦于金融市场繁荣，打造领先的创新型城市。

二 天津市运营示范区建设的基本情况

（一）地理位置优越——吸引人才

地理位置与对人才的吸引程度是有密不可分的联系的。天津市位于海河下游，濒临渤海湾，是北京通往东北、华东地区铁路的交通咽喉和远洋航运的港口，有"河海要冲"和"畿辅门户"之称。天津南北长189千米，东西宽117千米，陆界长1137千米，海岸线长153千米。天津对国内影响力范围较大,辐射范围包括华北、东北、西北13个省(自治区、直辖市),对外推动跨境贸易、金融的建设,面向东北亚地区。可以看出,天津市是我国北方最大的沿海开放城市。

第一,天津濒临渤海湾。随着世界各国经济来往的日益密切,临海既便于进出口,又利于降低运输成本,通过发展贸易和港口经济助推城市经济发展。天津港位于海河入海口,处于京津冀城市群和环渤海经济圈的交汇点上,是我国北方第一大港。2013年,港口货物吞吐量突破5亿吨,成为中国北方第一个5亿吨港口,创造了巨大的经济价值。另外,天津处在环渤海的中心,有利于聚集要素和资源,为天津工业发展提供巨大能量支持。

第二,天津是京津冀区域的核心城市。京津冀一体化布局有利于推动天津建成全国先进制造研发基地、北方国际航运核心区、金融创新运营示范区,不断推动天津产业结构性改革,实现成为改革开放先行区的目标。党中央于2015年确定了"功能互补、区域联动、轴向集聚、节点支撑"的京津冀布局思路,明确了以"一核、双城、三轴、四区、多节点"为骨架,"一核"即指北京,"双城"指北京、天津。北京被定位为科技创新中心,天津被定位为现代制造业中心,河北被定位为现代物流中心。京津冀一体化布局,有利于将京津冀打造成以首都为核心的世界级城市群、区域整体协同发展改革引领区、全国创新驱动经济增长新引擎、生态修复环境改善示范区。京津冀区域内功能互补,错位发展,相辅相成,可有序疏解北京非首都功能,同时带动天津、河北的经济发展。

第三,天津紧邻首都北京。天津可以凭借京津两个地区的发展优势项目不断相互促进、加强合作,有利于加快我国建成世界级城市群的进度,不断提高我国环渤海地区的战略地位,有利于形成天津与北京区域优势互补、互利共赢的局面,真正实现"1+1>2"的战略优势,提升天津经济的整体实力与竞争力。党中央、国务院于2017年4月1日共同决定设立国家级新区雄安新区,根据2017年公布的天津高铁规划图,天津与雄安新区间将开设津雄铁路,铁路起点为雄安站,途径雄安新区内的雄安东站,终点为天津市新设的新客站,支线直通天津西站。津雄铁路的开通,将进一步为天津经济发展助力。

（二）人口结构合理——留住人才

第一，天津市常住人口总量位居全国城市前列。人口净增长是经济持续发展的重要保障和推动力。作为中国四个直辖市之一、北方重要的经济中心，天津多年来基本维持人口净流入，支撑经济增长。长期以来，我国内部的人口流出一直持续，许多中西部省份尤其是人口大省，其人口主要流向沿海地区包括珠三角、长三角，以及京津冀地区三大都市圈。天津市人口多年来保持增长，改革开放之后更为明显。1978年之后，天津市总人口增长率基本上高于全国。以平均值计算，天津市总人口增长率为1.98%，比全国人口增长率0.95%高1个百分点。

2017年，我国城市常住人口数量排名依次是重庆、上海、北京、成都、天津、广州、深圳，超过千万人口的城市共有13个，其中天津人口总量为1556.87万人，位居全国第五。从各区来看，天津市16个区的常住人口在2007~2017年有−0.05%~8.20%的平均增幅（见图1）。

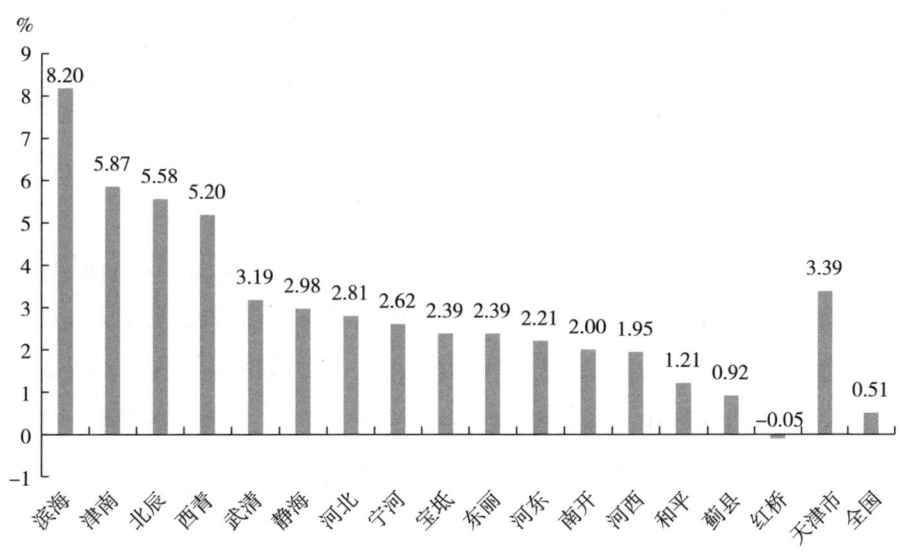

图1　2007~2017年天津市及各区的人口增长率与中国平均水平对比
（资料来源：天津市统计局、国家统计局）

第二，城镇化率高达82.93%，城镇人口占绝对比重。自2000年以来，天津市一方面以土地整合促进城镇化发展，另一方面以高质量的经济发展水平带动经济发展，以提高城市人口吸纳作用，进而提升区域人口承载能力。城镇化对经济的驱动发展作用十分明显。数据显示，2007~2017年天津市城镇人口占绝对比重，城镇化率从2007年的76.31%提升至2017年的82.93%，提高了6.62个百分点，城镇人口总量增加了440.26万人（见图2）。经济发展与城镇化的双轮驱动为天津市经济发展注入了活力，也加大了天津市对外来人口的吸引力。

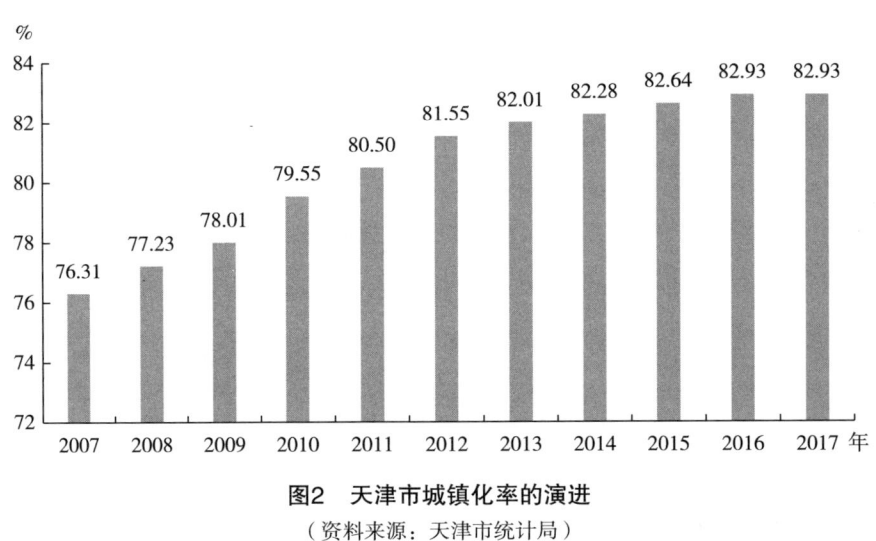

图2　天津市城镇化率的演进
（资料来源：天津市统计局）

第三，外来人口抵消了部分老龄化挑战。与全国其他地区类似，天津市也正在面临人口老龄化的问题，但是天津市没有因老龄化而造成发展困境主要是由于新增常住人口的不断增长，因此人口结构相对年轻化。抽样调查显示，2017年的天津市人口的年龄超过65周岁，略低于全国水平的11.4%；2017年天津市老年人口抚养比为14.57%，即每100名劳动年龄人口大致需要负担14.57名老年人口，低于全国15.86%的水平，天津属于全国老年人口抚养比相对较低的区域，因此养老负担相对较轻，财政等方面的负担也较轻，城市较有活力（见图3）。

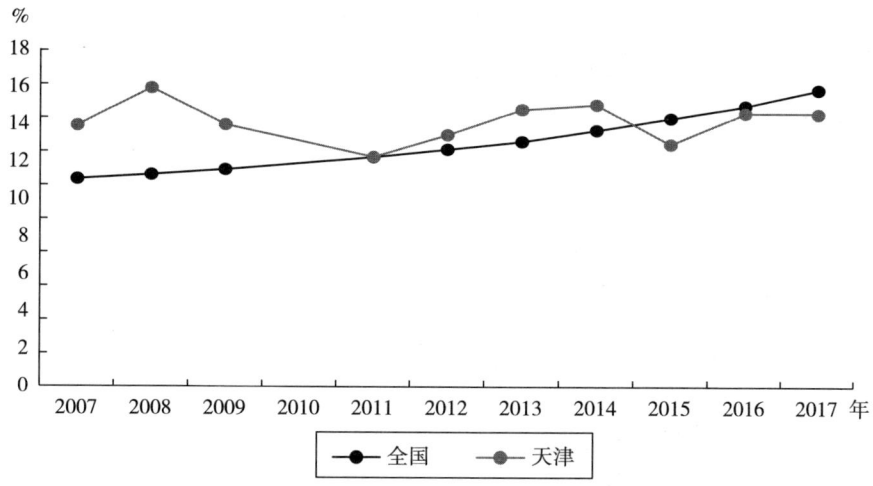

图3 2007~2017年天津市老年人口抚养比与中国平均水平对比
（资料来源：天津市统计局、国家统计局）

（三）政府政策支持——培养人才

为了吸引优秀人才来天津发展，天津市出台和实施了一系列人才政策，包括"海河英才"计划、"租房落户"政策、"积分落户"政策等，为各路优秀人才广开大门，为天津的长期发展夯实人才基础。

根据"海河英才"计划，天津市对五大类人才实施了引进政策。学历型人才：40周岁以内的统招全日制本科生，45周岁以内的统招全日制研究生；资格型人才：有副高级以上职称的人员，可人才引进，非统招专科以上学历也可；技能型人才：统招大专或中专学历人员，50周岁以内，可人才引进；创业型人才引进：企业稳定运行1年，个人纳税额超过10万元；急需型人才引进：对人工智能、新一代信息技术、高端装备制造、新能源新材料、生物医药、数字创意、航空航天、节能环保等战略性新兴产业领域领军企业的急需型人才，由企业自主确定落户条件，政府照单全收。

"租房落户"政策规定，符合条件的在津人才可通过租房落户。2016年1月1日，《天津市居住证管理办法》《天津市居住证积分指标及分值表》颁布并正式实施，替代了之前的《天津市居住证暂行管理办法》，正式形成了天津落户实施办法，同时对天津积分落户细则做了调整。其中，对于符合天津市人才引进年龄和学历等条件的，并符合其他具体要求的包括在天津就业连续缴纳社会保险一年以上、连续居住半年以上并已合法获得天津市居住证，同时本人或直系亲属无名下合法产权住房的，可在其长期租赁房屋所在地社区落户。天津市一系列落户政策的颁布调整，形成了比较完善的人才政策体系。

（四）营商环境良好——创造人才

营商环境是区域市场主体在准入、经营和退出过程中面临的一系列外部发展条件的综合，涵盖政治、经济、法治、社会文化等多方面因素，是市场与政府、社会共同作用的结果。营商环境能够有效反映一个国家和地区的市场完善程度和发展潜力，是提高地区综合实力和对外开放水平的重要内容。近年来，天津抓住京津冀一体化发展的战略机遇，继续优化营商环境，缩小与世界领先水平的差距，为企业家、创业者及各领域的人才提供更好的外部环境，从而实现创造人才。

根据中央广播电视总台发布的《中国城市营商环境报告2018》，天津市城市营商环境综合排名跻身全国前十，位列第七，对人才的创造和吸引十分有利。其中，在金融环境、政务服务、创新环境等方面尤为突出。以金融环境为例，金融服务是实体经济的命脉，是城市发展的血液，在城市产业优化升级和经济增长中扮演着重要的角色。天津市金融行业的总体运行情况如下。

1. 银证保"三驾马车"稳中有升

银行业贷款规模持续扩大，增速趋于放缓。2017年末，天津市银行业金融机构资产本外币各项贷款余额为31602.5亿元，较上年增长9.9%，增速与上年相比有所回落，较年初增加2848.5亿元，比上年多增加89.1亿元。2017年末，银行业金融机构资产总额为4万亿元，较上年增长2.7%，增速与上年相比下降3.1个百分点；负债总额为4.6万亿元，较上年增长2.4%，增速与上年相比下降3.1个百分点。

证券期货公司规模持续增长。2017年，天津市各类证券业机构稳步前进，各项风控指标高于监管标准的预警阈值，整体经营风险基本可控。法人证券公司、基金管理公司资产规模均有所增长，期货公司平稳发展。其中，法人证券公司资产总额较上年增长3.7%；负债总额较上年增长7.2%。法人基金公司规模持续扩大，业务结构有所改善。2017年末，天津市法人基金公司资产总额较年初增长23亿元，全年新发基金5只，基金净值较上年增长111.8%。法人期货公司稳健运行，代理交易规模有所下降。2017年末，法人期货公司资产总额为76.7亿元，较上年增长14.1%；净资产总额长22.1亿元，较上年增长14.1%；代理交易额为3.4亿元，较上年下降12.3%；代理交易量为5903.1万手，较上年下降35%。

保险业发展结构优化调整。2017年末，天津市共有法人保险公司6家、省级分公司57家。经营机构数量总体稳定，资产规模整体下降，业务和产品质量进一步提升。保费收入持续增加，保险覆盖面日益扩大。2017年，天津市保险业共实现保费收入565亿元，较上年增长6.7%。全年财产险公司累计签单3616.5万件，较上年增长18.2%；人身险公司累计赔款支出12.1亿元，较上年增长9.1%。

2. 金融市场健康发展

2017年，天津市金融市场总体运行平稳，货币市场、银行间债券市场交易量稳步上升，票据融资继续下降。间接融资规模占比提高，直接融资规模占比萎缩。2017年，天津市社会融资规模为2790.3亿元，比上年减少804.2亿元。从社会融资规模的结构分析，表外融资向表内转化趋势明显。一是对实体企业发放的表内贷款规模占比大幅提升。银行业机构本外币各项贷款占社会融资规模的102.6%，同比上升30.1个百分点。二是表外融资占比较低。银行业机构表外融资占社会融资规模的0.8%，同比上升3个百分点。三是企业直接融资净减少179.7亿元，同比少增1142.4亿元。

货币市场作为金融市场重要组成部分，其由拆借市场、回购市场、债券市场和票据市场等多个子市场组成。近年来，货币市场快速发展，交易量上升，交易品种增加，但市场交易仍以短期为主。2017年，天津市银行间同业拆借市场累计完成信用拆借3455笔，同比上升80.5%；累计金额为12842.8亿元，同比上升16.1%。从期限来看，市场交易仍以短期为主。隔夜和7天拆借占全部拆借成交金额的84.4%。银行间债券市场交易量稳步增长，债务融资工具产品创新稳步推进。2017年，现券买卖成交金额为41464.7亿元，同比上升35.2%。天津企业在银行间市场成功发行全国首单绿色短期融资券、天津市首单京津冀协同发展债务融资工具。还需继续创造积极条件，培育货币市场发展环境，助力企业融资，提高货币政策实施效率。

（五）就业机会众多——成就人才

就业机会是留住人才和成就人才最重要的方面。经济发达、就业机会众多才能吸引更多人才，进而促进该地区发展，形成良性循环。天津经济技术开发区是我国首批国家级经济开发区之一，其位于环渤海经济圈的中心地带，人口众多，消费能力强，交通环境建设完善，产业链丰富，拥有新兴产业基础，具备发展工商业的良好条件。天津经济技术开发区努力营造国际化、便利化、法制化的营商环境，投资环境日臻完善，透明精准的税收政策和高效务实的政府服务吸引着国内外企业投资。2018年，国家经济技术开发区综合发展水平考核中，天津经济技术开发区考核评价排名前三。目前天津经济技术开发区已吸引3300多家外商投资企业落户，投资总额超150亿美元。区内汽车、装备、医药三大支柱产业增加值不断增长，产业呈现多点支撑态势，计算机通信技术、智能机器人、锂离子电池等高新技术产量也保持稳定增长，科技领军企业创新能力提升，各行业人才加剧汇聚。

另外，从从业人员的态度来看，天津能够为人才提供满意的工作环境，留住人才。调查得知，从业人员对所从事工作的满意度总体较高：近九成从业人员对目前所从事的工作满意或认为一般，仅10.4%的从业人员对当前从事的工作不满意；近七成从业者认可目前的收入水平，表示对面前收入水平满意或一般，仅有32.7%的人员对目前收入不满意；八成以上的从业者认为现在的工作岗位能够发挥自己的特长。

三 天津金融人才政策对示范区建设的传导路径分析

随着金融创新运营示范区的建设和发展,天津对具有专业知识和专业能力的金融人才的需求日益扩大。积极探寻天津市金融人才政策对示范区建设的有效传导路径,为相应金融人才政策的制定提供参考,以最大限度地发挥金融人才政策对示范区建设的促进作用,具有重要的现实意义。

(一)路径一:拓宽人才源头,增加金融人才储备

1. 提供良好的就业环境,招揽吸引金融人才流入

金融行业具有其特殊性,往往呈现集中化的高度发展,即一线城市金融发展越成熟,金融产业越领先,从业环境更优,金融从业人员就越集中。因此,金融人才政策首先是要建设良好的金融从业环境,打造金融集中发展地区,形成金融聚集区。打造适宜金融人才成长的整体环境和生态系统的同时,要以宽松的政策促进金融人才的流动。

2. 实施优厚的金融人才待遇,提高与其他金融发展城市的竞争力

高收入、高回报是金融人才选择金融事业的主要目的之一。对比北京、上海、广州、深圳等金融最发达的城市,其金融从业人员的收入水平要明显高于天津,但天津本身具有许多潜在的优势。要想提高对金融人才的竞争力,就要从基本待遇和福利上增加吸引力。吸引人才不仅靠户口门槛的降低,还要实施更好的住房、租房、购房政策,吸引人才流入的同时保证金融人才的长期稳定性,借鉴北京、上海等一线城市吸引人才的措施,完善金融人才的户籍、住房、医疗保障制度,落实"一张绿卡管人才"措施,逐步优化海外人才综合发展环境,为金融人才提供便利化服务,降低金融人才流动风险。

3. 建立良好的金融人才交流平台

完善成熟的平台不仅有利于本地金融业务的交流发展,更是金融人才信

息流通的重要渠道，信息的快速获取对于金融人才选择从业有较大的影响和指导作用。金融人才不仅可以通过平台获取时政信息及就业信息，还可以建立和维持良好的人际关系，加快推进人才交流，形成学科交叉和融合，促进知识和技术创新。

（二）路径二：深入推进"一体两翼"金融业态建设战略

天津市"培养人才""创造人才"等金融人才政策，有利于高质量的人力资本积累，为示范区金融发展提供了有效保障，有利于推进以"运营"为体、"创新"和"示范"为两翼的"一体两翼"金融业态建设战略深入实施，从而助力天津全面创新运营示范区建设。具体而言，可以分为以下三条支线传导路径。

1. 培养复合型金融人才，构建金融运营体系

培养复合型金融人才，有利于推进多层次资本市场、金融要素市场的发展，培育新型金融业态，提升天津金融机构和金融市场的实力与集群化程度。复合型金融人才不仅具有丰富的金融知识，还掌握科技、互联网、法律、管理等领域的知识和技能，有利于完善并拓展金融产业链，构建具有鲜明特色的现代化金融运营体系。循环良好的金融体系能够为企业提供信息咨询、融资、结算、理财等综合金融服务，使投融资更加便利化，促进企业健康成长，提高企业经营管理效率，实现产业资本与金融资本互利共赢，带动示范区经济发展。

2. 培养创新型金融人才，推进金融产业创新

创新型金融人才的引进，有利于天津金融的多维度发展，通过大数据、云计算、物联网等新兴技术与传统金融的加速融合，不断对金融产品、金融模式进行创新与突破，使天津逐渐成为金融工具、市场、机构、业务流程创新的前沿阵地。天津金融产业创新使金融在推动示范区建设过程中更加灵活、更具有针对性，特别是对于具有"高技术、高风险、高收益"特征的科技型中小企业，金融创新使其融资难、融资贵等问题得到更为及时有效的解决，进而实现示范区资源的优化配置，资源投向新动能、新技术、新产业，

升级产业结构,为示范区发展注入强大驱动力。

3. 培养专业型人才,发挥金融示范效应

伴随着天津金融运营体系的不断完善与规范,金融产业的不断改革与创新,天津市越来越需要更高层次、更专业化的金融人才作为支撑,以开创者的理念规划和发展创新运营示范区,做大做强金融板块,进一步加强示范区综合竞争力和辐射带动力,发挥金融示范效应。金融示范效应一旦形成,就会通过其特有的金融发展模式吸引大量的企业聚集,从而形成产业集聚效应,促进示范区特色建设。例如,当前天津在全国融资租赁行业的领先地位使其成为国内最大的融资租赁聚集区,融资租赁品牌有力地支持了天津经济发展。

(三)路径三:促进京津冀区域协同创新

天津市金融人才政策对示范区建设的第三条传导路径可以概括为:人才政策通过促进京津冀区域协同创新进而促进建设全面创新运营区。这一传导路径可以分为三条支线,其传导机制可分别表示如下。

1. 促进政府协同,推动区域协同一体化发展

人才政策可以通过以下方式促进政府协同:一是地区出台规划纲要,统筹区域间人才引进共识。例如,《京津冀人才一体化发展规划(2017—2030年)》与《京津冀协同发展规划纲要》明确的"一核、双城、三轴、四区、多节点"空间格局相呼应,提出了"一体、三极、六区、多城"的总体布局,大幅促进了北京、天津及河北的政策协同力度。二是增加各部门之间的联系,增强各部门之间的合作力度,改善目前部门之间相对独立的现状。例如,天津市武清区的"通武廊"人才一体化政策,抓住京津冀协同发展重大国家战略机遇,协调北京市通州区、河北省廊坊市签订通武廊人才合作框架协议,建立了联席会议制度。此外,通过各部门负责人参加一些群体学习培训活动,增加部门工作人员之间轮换频率,跨部门分工协作、参加政策讨论等方法,也大大促进了政府间的协调发展。地方政府之间的协调与合作促进了区域协同效应,进而支持了京津冀地区的一体化发展,形成城市与相邻城

市之间协同与互补的局面,从而产生"1+1>2"的效果,而这一切又会对天津市运营示范区建设有着很大的推动作用。

2. 促进要素协同,推动区域协同一体化发展

要素协同指的是多要素协同创新。从京津冀区域的角度来看,协同要素主要分为显性要素和隐性要素。其中,资金、人才、基础设施等属于显性要素,而市场、文化、制度等方面属于隐性要素。目前的天津市人才政策主要通过两个方面来推动要素协同,一是激发人才创新斗志,二是增加对人才的吸引力。近年来,天津市主要通过构建良好的营商环境和政策环境来激发人才斗志。另外,天津市通过"海河英才""租房落户"等政策来引进并留住人才。其中,"海河英才"计划主要通过引进高端创新型人才、发展高水平产业人才、组建高技能人才队伍、聚集急需的专业人才、加强创新平台的建设、挖掘人才创新和创业动能、改革人才安置制度、优化发展八个细化的层次来吸引人才,其中最重要的两种方式便是对人才的补助及落户制度的改革。通过人才的聚集与创造,进而实现市场、文化等要素的进一步发展,配合一体化地区的相关政策。例如,针对地区人才结构不合理问题,提出了实施人力资源合作方案,京津冀地区全面实施人才联动计划、实施"人才援助"项目、为京津冀创造人才发展新动能等措施。针对人才国际化发展存在的瓶颈,提出了共同搭建国际高端人力资源开发平台、实施海外高端人才专人任命制度、创建海外高端人力资源地图、提高区域人才国际化素质等措施。针对公共服务资源分配不平衡的问题,提出了推动社会保险联动、教育和医疗资源共享,建立人才公共服务跟进机制和本地创新人才服务平台等措施,通过提升城市生活品质、完善城市功能、扩大城市框架等方式进一步吸引人才。这有利于实现各地区之间的要素协同局面,从而推动区域协同一体化发展,最终促进示范区的建设。

3. 加强产学研合作,促进区域协调统一发展

产学研协作是建立在资源共享、优势互补的基础上,以多方参与、成果共享、风险共担为标准,为了分工合作完成某项技术而达成的制度安排,是一种以企业为技术需求者、以大学和科研机构为技术提供者的创新模式。

人才政策主要通过以下四个渠道作用于产学研合作：一是推进产学研战略联盟建立；二是推动人才在不同主体之间进行流动，如天津市政府出台相关政策，鼓励大学和科研机构中的科学技术人员兼职或独立创业，这一点同样在"海河英才"计划中得以体现；三是汇聚和培训一批以重大项目和示范基地为动力的高水平技术和行政人才；四是制定法律规范和行动指南，指导建立企业、大学和研究机构之间的战略合作联盟。各地区之间产学研协同促进区域的一体化发展，有利于围绕全国先进制造研发基地建设，把天津打造成产业创新人才聚集中心，促成京津冀高端制造人才发展及目标的实现，从而促进天津市的创新示范区建设。

四　天津现有人才政策分析

（一）天津市总体人才政策发展情况

1. "海河英才"计划

（1）实施背景

在京津冀协同发展重大战略中，中央对天津的定位是"一基地三区"。为实现这一定位，推进高质量发展，人才是关键。2018年5月16日，第二届世界智能大会在天津召开，在大会上发布了《天津市"海河英才"行动计划》，即人才新政八条。"海河英才"行动计划从引育高层次创新人才、扶持高层次产业人才、建设高技能人才队伍、集聚急需紧缺专业人才、搭建创新创业平台、鼓舞人才双创活力、创新人才落户制度及优化人才发展环境八个方面出发，大力集聚顶尖人才、领军人才、高端人才、青年人才等各类优秀人才，加快并完善天津的现代化建设。

（2）主要内容

在引育高层次创新人才方面，对于来津工作、主持科研创新项目的顶尖人才，会根据其在津工作的时间给予科研经费资助及奖励资助等相关支持；为新入选国家"千人计划"（长期）、"万人计划"等重点人才专项的领军人才提供最高200万元的奖励资助；对入选杰出青年科学基金项目的高端人才给予100万元经费资助，并对连续入选的个人及团队给予经费资助；对与天津市用人单位签订3年以上工作合同的博士生、出站博士后等高端人才给予经费资助。通过此类经费资助，吸引各领域人才集中，实施人才强市战略。

具体而言，在扶持高层次产业人才方面，主要是对创新型企业家及企业提供支持，给予奖励资助、创业启动资金支持及贴息支持。在建设高技能人才队伍方面，主要是引进、培养、激励高技能人才。首先，对与天津市用人单位签订3年以上工作合同，在世界级技能大赛、国家级技能竞赛及省级技能竞赛中的获奖者提供不同程度的奖励资助。其次，从战略性新兴产业及其他领域的关键技术和技能职位中，选拔出100名高级技术人员到国内外学习，且每人最多可获得10万元资助。最后，为获世界技能大赛和全国、市技能竞赛奖项的天津市高技能人才提供最高50万元的奖励资助。在汇聚紧缺专业人才方面，首先是培育医学人才，并在卫生和计划生育行业实施高级人才选拔和培训项目。其次是选拔高教人才，对"杰出津门学者"入选者提供工作津贴，对于特聘教授在提供津贴的同时按照自然科学和工程技术学科及人文社会科学提供配套经费。同时，引进注册会计师、金融分析师、执业律师等资格型人才，对于入选宣传文化领域"五个一批"工程的入选者提供资助。在加强创新创业平台建设方面，支持创新平台、孵化平台、技能培训平台及服务平台建设，对新认定的国家级、市级高技能人才培训基地及获认定的市级留学人员创业园和海外人才离岸创新创业基地提供经费资助，激励平台引进企业入驻。在激发人才创新创业活力方面，支持科技人员在职创办企业、离岗创新创业，在其离岗创业期间，原单位当为其保留人事关系，并继续提供社会保险。高校和科研院对完成、转化科技成果作出重要贡献的人员给予不低于50%的奖励，支持成果应用转化。同时，创新人才评价机制，支持专家学者参与国际交流。在改革人才落户制度方面，放宽了人才落户条件。来津人才可自主选择落户地点，既可以在本人或配偶名下的产权房处落户，也可以在所在单位集体户落户。简化了落户经办程序，学历型、资格型、技能型、创业型人才可登录"天津公安"民生服务平台在线提出落户申请。在优化人才发展环境方面，首先，对于新引进的高层次人才，其在天津市购买首套自住用房不限购。其次为引进人才的父母、子女在医疗、教育方面提供便利。最后，鼓励中介机构、社会组织和个人举荐人才，强化各领域的职责落实，严格责任追究。

（3）政策影响

"海河英才"计划有利于天津地区形成战略性新兴产业优势，以产业链布局人才链，通过吸引人工智能、生物医药、新能源新材料等战略性新型产业人才，深入发展战略性新兴产业，适应先进制造业研发基地对高技能人才的需求。"海河英才"计划不仅只是针对人才引进，还投入了大量的经费用于人才平台的建设，对一些研发平台、产业园及创业园都提供了经费资助，从而为人才提供良好的施展能力的舞台，进而吸引更多的人才为天津的发展作出贡献。"海河英才"计划更加人性化，在吸引单一人才的同时，也为人才的家庭包括其父母、子女提供了在医疗、教育方面的便利，增加其归属感，使其无后顾之忧。天津具有独特的城市吸引力及得天独厚的地理优势，"海河英才"计划降低了落户门槛，会吸引大批人才落户天津。人口作为城市发展的重要因素，会大大促进天津地区的发展。

2. 租房落户政策

（1）实施背景

天津市政府在2018年1月9日召开新闻发布会，宣布将实行引进人才"租房落户"政策，即对本人或直系亲属无名下合法住房的，可在其长期租赁房屋所在社区落集体户口，并于2018年4月1日开始执行。

（2）主要内容

新政策规定，对于符合天津市引进人才年龄和学历条件、在津就业并连续缴纳社会保险一年以上、在津连续居住半年以上并合法取得居住证，且本人或直系亲属无名下合法产权住房的，可在其长期租赁房屋所在地社区落户。

（3）政策影响

第一，"租房落户"政策的推行，大大提升了城市劳动者的居住幸福指数,有益于房价回归理性。第二,发展住房租赁市场,有利于房地产调控政策的实行。鼓励租赁消费、稳定租赁关系、赋予租房者更多的权利,不仅是科学住房观念的一个重要环节,还可以避免房地产市场大起大落,减少非理性购房需求。第三,"租房落户"政策相当于在之前的企业集体户和人才市场集体户的基础上增加了一种新型的集体户口,解决了存在的本人或直系亲属名下没有住房、就职单位无条件设立集体户口、在人才市场落户又会导致人户分离的困难问题。

3.积分落户政策

(1)实施背景

积分落户是指外来务工人员积分入户核准分值达一定值后即可申请落户。实行积分落户制有利于增强农民工的归属感。2014年7月30日,国务院正式印发《关于进一步推进户籍制度改革的意见》(国发〔2014〕25号),为加快推进户籍制度改革明确了路径和要求。该意见明确提出,要合理确定大城市落户条件,城区人口在300万~500万人的城市,可结合本地实际,建立积分落户制度;要严格控制特大城市的人口规模,改进城区人口500万人以上的城市现行落户政策,建立完善积分落户制度。实施积分落户制的目的在于通过设置科学合理的阶梯式落户通道,吸收符合城市发展需要的外来人口,从而缓和城市人口老龄化危机。

(2)主要内容

天津市的积分落户制度开始于2014年,落户条件如下:天津市持有居住证的外来人口中,在津具有合法稳定职业和稳定居所、签订一年以上劳动合同或者在津投资开办企业并依法缴纳社会保险费的,可以通过积分申请,办理天津常住户口。积分落户的积分是通过4大类、15项指标来确定的。其中,4大类分为基本分、导向分、附加分和负积分。从指标的分布来看,积分落户主要面向年轻有为、有稳定职业和居所及极高文化程度或职业技术水平的人,同时对于违法失信行为有较为严厉的扣分,如若情节严重,如违反国家和天津计划生育政策、积分期间因犯罪获刑或提供虚假信息的,一律实行一票否决制。

（3）政策影响

相比原来严格的落户制度，积分制改革打破了以往落户的指标管理思路，改为符合条件的准入制度，使落户城市的可能性大大提高。同时，积分落户意味着有一种新的务实的户籍制度改革思路，可以让更多符合条件的人拥有天津户口，这对于推进天津的发展是极为重要的。这不仅有利于吸引高学历、高技能的高端人才，还有助于政府加强城市流动人口的有序管理，特别是为城市注入了年轻人口，优化了人口年龄结构。对于整个国家来说，积分制构建了一套新的量化标准，为流动人口享受城市基本公共服务和入户提供了依据。每一个想落户的人都可以通过具体指标为自己计算分值，标准统一、客观，充分体现了公平性。然而，积分制可能会把工业化产生的产业升级风险推给没有户籍的流动人口，加剧地区之间的经济不平衡。同时，由于指标的年龄性限制，对于天津来说会优化人口的年龄结构，但这无形中加剧了流出地区的人口老龄化，导致人口年龄结构失衡和人口红利消失等问题。

（二）天津市各辖区人才政策发展情况

1. 滨海新区——"双创落户"政策

（1）实施背景

滨海新区位于天津东部沿海地区，处于环渤海经济圈的中心地带，是我国北方地区对外开放的门户，也是高水平的现代制造业和研发转发基地，被誉为"中国经济的第三增长极"。由于其国家发展战略地位突出，对于人才的需求会更大。为支持滨海新区经济社会发展，促进滨海新区"双创示范基地"建设，滨海新区特提出"双创落户"政策，为现代化建设引进高水平人才。

（2）主要内容

2017年，滨海新区正式启动人才申报程序，将具有创新、创业精神的顶尖人才引进滨海新区，合格的人员可以联系其职能区或城镇进行申请。对被评定为创业领军人才的，一次性资助150万元；对被评定为创新领军人才的，一次性补助50万元。此次新区面向科技创新、创业、企业经营管理和服务业，共申报了4个领军人才项目。除资金扶助外，引进的领军人才还可以获得多项好处，例如，优先推荐和申请国家和天津市"千人计划"和其他人才项目，优先考虑申报国家和地方政府相关的科技计划，优先支持由双创领军人才开展的研发和科研成果转化项目，优先向国内外金融机构和风投公司推荐项目，并可以优先解决领军人才及家庭成员的安置、子女入学之类的问题。

根据规定，在"双创示范基地"注册经营且在一年内纳税超过1000万元的企业可以按照符合与不符合人才引进政策1∶1的比例一次性安置员工；如果该员工或其家庭成员在天津拥有合法且稳定的住所，则允许其配偶和18岁以下子女随迁定居。此外，经认定后，注册资金在5000万元以上的朝阳企业同样可以按照1∶1的比例一次性安置员工；如果该员工或其家庭成员在天津拥有合法且稳定住所，允许其配偶和18岁以下子女随迁定居。双创企业包括金融及类金融、贸易及电子商务、科技及互联网、文化教育及创意传媒，以及支持区域发展的其他服务和基础行业的企业。这些受到支持的企业对于经济发展有良好的促进作用，可以带动经济迅速发展。这些政策使企业在选择办公地点时，更加倾向于滨海新区，该区为这些企业就业的人才提供良好的落户政策及支持政策。享受双创示范基地"就业安置"政策的员工，如果自己在天津没有住房，可以在中央商务区管委会的人才公寓内租用或购买商务公寓并办理落户手续，符合迁移政策的家庭成员可以执行搬迁落户程序。

（3）政策影响

滨海新区共办理外省市迁入落户31079人，较2016年的23085人增长7994人，增长率为34.63%。其中，滨海新区公安局直接核准办理落户5856人，与2016年的4898人相比，增长958人。其中，有突出贡献者762人、优秀外来建设者138人，涉及企业156家，完成积分落户4956人。

2. 东丽区——"筑巢引凤"政策

（1）实施背景

东丽区地处津滨发展主轴，东接滨海新区核心区，西连中心城区，是天津市中心城区和滨海新区的重要功能区。京津冀协同发展上升为重大国家战略，为东丽区加快发展提供了重大历史机遇。为集聚高层次人才、吸引更多急需紧缺人才，2016年，东丽区启动"筑巢引凤"，设立高层次人才发展专项资金，以引进和培养一批具有丰富从业经历、通晓国际规则、掌握核心技术、带动产业发展的领军人才及团队。东丽区在引进和鼓励高层次人才工作中，坚持"结合实际，服务发展，以我为主，为我所用，突出重点，注重实效"的原则。以企业和项目等用人单位为主体，积极引进急需紧缺高层次人才和鼓励现有高层次人才，在东丽区实施科技成果转化、自主创新创业、现代企业管理、高级技能应用，着力构筑人才集聚高地。

（2）主要内容

鼓励高新技术产业及金融服务业的发展，鼓励企业在东丽区建设，全力构建科研机构基地，为人才创造良好的工作、研究环境；建设科研机构，鼓励并主动引进中科院系统各研究所及下属机构、中央部委直属科研机构、中央企业总部设立的研究机构及国内知名大学等科研院，为人才创新创业提供有利条件。

提供各种便利优待条件，积极引进和培养高层次科技创新创业人才。"筑巢引凤"计划重点引进和鼓励五类高层次人才，即高层次领军人才、高层次自主创新创业人才、高级管理人才、高级专业技术人才、高技能人才，每年设立3500万元东丽区高层次人才发展专项资金。对于高层次领军人物到东丽区实施科技成果转化的，给予用人单位100万~500万元的项目启动经费，并为人才提供住房、资金资助和税收优惠政策；优先安置人才配偶的工作问题和其子女的入学问题，并解决天津户籍问题；支持人才载体平台建设，给予在东丽区申报设立博士后科研工作站的企业和项目50万元的建站资助。对于进入东丽区博士后科研工作站的博士后给予每人每年5万元的科研经费，出站后留在东丽区满5年的给予15万元安家费。

（3）政策影响

计划启动以来，东丽区已累计引进建立科研机构150家，其中清华大学天津高端装备研究院等京、冀区域院所42家，先后落地科技创新和成果转化等63个研发、转化及产业化平台和项目，产出科技成果349个。引进人才364名，包括3名院士、33名博士、博士后、268名硕士，在创业团队中分别包括5个凤凰计划国家级、3个凤凰计划市级、8个凤凰计划区级领军人才团队和2个创新创业团队；人才总量从"十一五"末的6.07万人快速增长至目前的17万人，年均增长率达12%。领军型人才从无到有，柔性引进两院院士21人、国务院特殊津贴专家27人、国家"千人计划"人才14人、国家"万人计划"人才6人，高层次创新型科技人才由"十一五"末的120人快速增至1700余人。

3. 武清区——"通武廊"人才引进一体化政策

（1）实施背景

2019年是京津冀协同发展五周年，作为京津冀一体化的参与者与受益者，武清区在京津冀协同发展的背景下，率先打造"通武廊"，并将其作为小京津冀"科技试验田"。在京津冀协同一体化的大势下，北京通州、天津武清、河北廊坊借助三地地相近、人相亲的天然优势和在区位交通、创新资源、产业集群三方面的显著特色，从创新平台共建、创新资源共享等方面建立"通武廊"区域协同合作长效机制。

（2）主要内容

共建现代产业体系，立足三地产业基础和资源条件，推动三地产业错位、互补、共赢发展，以接壤通州、廊坊的大王古庄、高村、城关等11个镇与京滨工业园、高村科技创新园等地区为重点，强化招商对接合作，全区新引进北京项目1308个；打造协同创新共同体，在原有区域30家共享共用平台基础上，拟再新增20家市级以上创新平台，更好地服务三地企业的创新需求；完善通武廊"人才绿卡"服务，联合举办"通武廊"人才联合招聘会、清华大学专场招聘会等活动，深入落实海河英才行动计划，累计引进各类人才1.3万人；推进区域交通互联互通，通武廊大沙河综合交通枢纽投入运营，全区与廊坊市客运车辆在原有17辆基础上增加至29辆，实现天津—廊坊双向对开，区域交通一体化重点项目高王路北延工程完工；改善区域生态环境质量，实施"通武廊"三地大气污染联防联治，联合开展大气污染源清查活动，统一超标排放车辆处罚标准，协调推动廊坊市新建铁路北污水处理厂与扩建凯发新泉污水处理厂，推动龙北新河水环境质量改善。

（3）政策影响

促进了高端成果转化孵化。截至目前，武清区已与北京航空航天大学、北京理工大学、中国铁道科学研究院、北京市科学技术研究院等80家高校院所签署合作协议，累计推进135个高端科技成果转化及产业化项目落地；提高了武清区打造京津冀核心区域富有创新能力和创业活力的人才聚集区、承接非首都核心功能疏解的人才发展环境最优区、通武廊人才一体化发展的试验示范区的进程，进而为推动京津冀协同发展提供了强有力的人才保障；立足公路工程建设和公共交通建设两方面，为京津冀协同发展提供了路域交通保障。

五　天津金融人才政策实施过程中存在的问题

（一）过度依赖政府支持

一个地区的经济发展应是由市场力量推动的，但政策的实施会使金融发展过度依赖于政府的支持。人才引进及人才开发上存在政府主导的现象。一方面，政府主导经济发展的方向，主导行业发展及行业布局，导致人才随行业流动的特点。另一方面，政府成为人才引进的主要推动力。尤其是，为吸引一些高层次的金融人才，政府必须给予优厚的待遇政策，如给予奖励和补助、支持落户等。为实现金融行业的持续性发展，政府必须持续性地给予优惠政策留住高层次金融人才，而这在某种程度上与经济自由发展是矛盾的，不利于金融人才开发的自由化、市场化。

（二）企业开发金融人才自主性较弱

在人才开发的过程中，鉴于自身经济发展指标的约束，政府非常主动地实施引入金融人才的相关政策。这体现出政府对于金融发展的积极性。但是，政府对于引进人才的积极性越高，就越会抑制社会中其他发展主体的主动性，从而使金融企业对人才引进产生较大误区，产生政府已经非常关注金融人才发展、会对金融人才进行分配的思想。企业依赖于政府的政策，在自身引进人才过程中少花成本。

（三）开发金融人才缺乏社会的参与

在金融人才引进的过程中，主要是政府和企业的参与，而由社会力量带动的人才开发活动较少；主要聚焦了金融机构的落户和金融人才的引进，而忽略了对金融人才的培养，在利用社会力量方面，涉及较少。政府与社会组织，也是政府与高校，政府与科研机构合作活动相对较少。政府应当在人才开发过程中，承担信息传递者的作用，促进金融人才的发展。例如，开展"政校合作""政企合作"等，利用高校、科研机构的教育资源，将金融行业的人才需求与高校和机构达成共识，培养金融人才，构建金融人才体系，并进一步向企业输送。

（四）金融人才的引进结构仍然存在矛盾

目前，天津处于金融快速发展时期，但是近年来引进和培养的金融人才多为面向传统金融行业的基础性研究、实业人才，引进结构过于单一，尤其是金国际化管理人才和专业领军人才数量还比较短缺。这一方面源于本地金融行业发展仍处在不断进步阶段，缺乏诸如世界五百强企业等金融地标性建筑为标志的金融人才发展平台。另一方面，目前天津的金融人才引进计划尚缺乏瞄准国际知名金融机构、金融国际组织、国外一流大学和金融企业，吸引集聚一批海外高层次紧缺人才的基本视角。虽然相关政策一直在支持加大本土人才培育力度，充分发挥市内高校资源优势及企事业互补人才优势等，但这也进一步扩大了金融人才引进中的不均衡现象，使金融人才存在无法深度匹配具有深厚专业知识、具备宽阔国际视野、具备积极的创新意识等结构特点，极大地限制了未来若干年天津市金融行业发展和人才的持续引进与培养。

（五）复合型、高端金融人才的引进及培养较弱

现有金融人才引进政策更为广泛地调动了金融人才来津落地的积极性，但是却缺乏针对复合型、高端金融人才的引进及培养。高等院校是金融人才培养的重要基地，对于金融人才的培养具有举足轻重的作用，高等院校金融专业人才培养的质量影响着整个金融业发展的动力和未来，但天津企事业单位与高校金融专业合作培养人才机制尚不完善。

（六）忽视了人才政策的传导与配合

金融人才政策作为天津市谋发展、布大局的一项基本人才引进政策，其存在不是孤立的，在实施过程中缺乏与其他政策的配合，从而造成政策实施效率低下甚至对金融发展起阻碍作用。这是忽视金融人才政策的传导机制与配合的结果。金融人才的教育培养政策、人才引进政策、人才安置和职业生涯规划等一系列政策和措施，应当形成连续、闭环的配合，而目前在金融人才政策的实施过程中，缺乏信息反馈机制，存在政策局部作用，与全市其他相关政策不够协调。例如，金融人才引进需要与天津市的基本人才引进政策"海河英才"计划等的目标相一致，或者在未能一致的阶段保持不相悖，这样才能在实施政策引进金融人才的同时，获得其他相关政策同步实施所带来的正反馈作用，进一步提升金融人才政策实施的正面效果。

六 天津金融人才政策建议与展望

（一）天津金融人才政策建议

1. 推动企业为主导的金融人才政策实施进程，促进企业自主开发金融人才

让真正的需求方企业来主导金融人才引进政策的实施与改良，实现企业人才需求和市场人才供给的有效匹配。要想让企业既不过度依赖于政府，又能合理地分配人才引进所需要的资源，就需要政府在金融人才政策实施过程中认清企业的主体需求地位，并始终以培养输送人才的基本目标来进行政策

改良。同时，政府应扶持和鼓励企业调动更多资源来进行相关人才引进工作的开展，必要的情况下可以组织大型的主题人才交流双选会，邀请企业作为行为主体参加，利用政府的公共资源搭建平台，但把选择权留在企业手中。这样既能促进金融人才拥有一个"流入"的渠道，也为企业自主开发金融人才创造了机会。

2. 加快现代化金融人才结构调整，促进金融人才多方位引进与发展

构建现代金融服务体系，从服务实体经济角度出发，将金融人才引进结构调整为定位于服务生产融资和对外开放贸易融资，以金融改革和创新促进实体经济产业升级与结构优化，广泛引进创新性金融人才，提升金融体系创新力，借此把促进实体经济发展、提高实体经济核心竞争力作为构建天津现代金融体系特别是发展虚拟经济的根本出发点与落脚点。具体来说，以金融人才引进政策等作为抓手，构建现代化的金融服务体系，需要根据天津自身金融发展的阶段性特点，加快现代化金融人才结构调整，鼓励拥有国际金融、经济等教育背景，具有主观产品创新意识，具有学科交叉背景等的高素质金融人才流入体系内，同时为其构建发挥自我能力的舞台，对合理的、有创造意义的想法给予政策支持等，促进金融人才多方位引进与发展。

3. 发挥天津区位优势，推动实施京津冀协同发展战略

2013年8月，习近平总书记在北戴河就提出要推动京津冀协同发展。此后，习近平总书记多次强调，解决好北京发展问题，必须纳入京津冀和环渤海经济区的战略加以考量。而金融是现代经济的核心和经济运行的血脉，在国民经济和社会发展中的作用越来越重要。2020年中央金融工作会议提出，要遵循金融发展规律，紧紧围绕服务实体经济、防控金融风险、深化金融改革三项任务，促进经济和金融良性循环、健康发展。而在过去一段时间，我们对金融的关注点主要集中在资金保障和服务实体经济的功能上，对把金融产业作为战略性产业培育发展的重视程度还有待加强。在这个时候，实施引进金融人才的政策措施既发挥出了天津的区位优势，又推动了京津冀协同发展的战略需要。

4. 增大金融人才培养力度，完善相关政策的实施传导机制

金融人才政策的实施，需要各项相关的人才政策及其他政策配合，同时在金融人才政策内部形成良好的传导机制，即要完善天津的金融人才引进生态环境，打通从培养到引进，再到任用、晋升等的一系列标准化通道。同时，要对金融行业本身予以更好的规范化管理，实行金融创新和金融风险防范双管齐下的方针。既鼓励创新，也要把控风险；既要引进敢想敢干的金融人才，又要注意培养其止损的风险意识。

（二）天津金融人才政策展望

未来，天津市金融产业蓬勃发展的大好局面将会是天津市金融人才政策及相关产业扶持政策相结合所推动产业更新、升级的结果。但被动的产业升级或纯"跟随性"的产业模式学习来促进天津市金融产业健康发展是远远不够的，未来金融人才政策如果想进一步助力天津市金融产业发展，要更加重视金融科技人才的引进和培养，同时对于既有体系内的相关产业予以重视和引导，完善制度，强化监督等。

1. 紧跟互联网潮流，抓住机遇发展科技金融

在"互联网+"如此迅猛发展的今天，为了使天津金融发展跟上大时代，应在引进人才的政策中加入鼓励并大力推动金融创新的条款。在国家宏观调控的背景下，依托互联网的金融科技已经为金融市场注入了新兴力量，并弥补了当下金融市场的不足与空白，逐渐在改变我国的传统金融体系。天津应紧跟潮流，以互联网金融作为发展天津金融产业的立足点。现阶段以金融科技的概念打造健康稳定的金融业态环境，将金融业作为天津经济向前发展的重要支柱，推动金融科技发展模式，使互联网产业和金融产业有机结合并产生进一步的化学作用，保持天津在京津冀地区及全国范围内的领先地位。从战略上来说，天津实行引进金融人才的政策，应在兼顾传统金融业的稳定发展的前提下，充分发挥天津已有的产业优势，并加大对传统金融业的创新力度，多视角、多层次地丰富金融产品及金融模式，有效地促进金融业的繁荣发展，推动金融产业结构升级，取得互联网金融领域内的蓬勃发展。

2.完善制度,防范互联网金融风险;多方联动,强化全面监管力度

在互联网发展迅速的大环境下,天津实行人才引进政策更应关注创新监管和风险监管方面的问题,探索有效的风险应对措施,进一步规范互联网金融发展的市场环境。从业务模式上来看,互联网金融具有节点多、线上化、分散化等特点,应设立严格的准入机制。在此基础上,政府的各级监管部门及公安、金融机构、企业、投资者等既要职责明确,又要密切配合,建立健全跨行业、跨部门的互联网金融风险联动防护机制。从宣传教育上来看,天津在推动互联网金融发展过程中,应全面完善金融领域与互联网领域的法律法规,并及时对民众进行对金融法律法规和互联网金融知识的宣传教育,增强广大居民对互联网金融风险的防范意识,倡导互联网金融企业加强行业自律,形成全民防范并杜绝或减少互联网金融风险的机制,为互联网金融发展创造一个良好的环境。

3.聚焦优选政策支持对象,精准对接海内外高端金融人才

天津市应瞄准高端稀缺人才,将政策重心放在金融领军人才、金融高级管理人才、金融高级专业人才的引进上,并鼓励通过兼职、顾问等方式加大柔性引才力度。从引进渠道上来看,应积极拓宽渠道,从国内外其他地区引进金融高端人才,丰富海外招聘手段,综合运用市场招聘、政府专项招聘、网络招聘等方法,构成多形式、渠道化的海外金融人才引进机制。天津市政府还应明确支持金融机构落户发展的政策措施,通过给予一定的落户补助支持金融机构在津发展,为持续引进金融人才营造良好的制度环境。

4.用好用活现有政策,建立更为完善的人才吸引、留用及发展方案

天津刚刚出台了首个专门支持金融行业整体发展的政策措施。天津应落实好已有的政策,聚焦金融机构、金融人才和金融平台,分别给予落户补助、待遇福利、资金鼓励,在用好政策的基础上逐步完善各项行业服务措施,以政策配套服务打造独特的核心竞争力。实行市场化定薪,参考专业咨询公司设定的标准,根据同行业公允水平确定管理层薪水。建立管理岗和专业岗分开的"双轨"机制,与管理层同级别的专业技术人员可以获得同等待遇。特殊人才可以考虑给予特殊政策,如专家型人才待遇可以不受部门负责

人薪酬的限制等。采用柔性化的管理方式，运用科学的目标管理，营造压力和动力共存的氛围，最大限度地激发员工的创新能力。采用任期制、合同化管理、市场化退出机制，在任期内设定考核标准和期限，期限内考核不合格者予以解约，真正做到完全与市场接轨。搭建专门的金融交流平台，便于高层次金融人才之间的沟通交流，加大人才交流活性。对引进来的人才实施"一条龙"服务，解决他们在住房、出行、医疗保障、福利待遇、配偶工作、子女教育、父母赡养等方面的后顾之忧。

5. 政策与激励结合，协同发力打造良好金融业态

用政策制度影响产业环境，出台相关政策支持金融机构落户发展，打造涵盖银行、证券、信托、保险、基金、资产管理及互联网金融在内的全系统多种业态，营造良好的金融环境。找到企业用人目标和人才自身规划的契合点，做到协同发力。创造舒适的工作环境，打造积极向上、充满活力、鼓励创新的企业文化，利用制度和文化留住人才。探索有效的激励模式，鼓励金融企业采用员工持股、股权激励等激励方法，建立起风险共担、利益共享的中长期激励机制，共同打造良好的金融业态。

B.12 天津绿色金融创新发展研究

李建伟　秦亚丽　刘伯酉　魏鹏飞*

摘　要： 推动绿色金融创新发展对于天津经济绿色化转型、实现后疫情时期的高质量复苏具有重要意义。本报告从现实出发，全面梳理天津绿色金融发展沿革与整体现状，调查研究制约天津绿色金融发展的主要因素，发现存在激励政策不健全、信息共享机制不完善、产品服务创新不足及绿色发展意识有待提高等问题，亟须完善相关配套政策和基础设施，进一步激发创新活力。

关键词： 绿色金融　创新　发展

发展绿色金融是贯彻新发展理念、推动经济绿色高质量发展的重要举措，也是后疫情时期助力经济复苏和绿色转型、促进"六稳""六保"工作落实的重要工具。当前，天津正处于推进高质量发展的关键时期，新旧动能的加快转化、生态文明建设的深入推进将产生巨大的绿色金融需求。在此背景下，梳理天津绿色金融发展沿革、探索具有地方特色的绿色金融创新发展路径具有重要的现实意义。

一　绿色金融的内涵和作用机制

绿色金融是社会经济发展到一定程度、生态环境问题日趋严重背景下的产物。与传统金融活动不同的是，绿色金融更强调社会效益，它通过金融活

---

* 李建伟、秦亚丽、刘伯酉、魏鹏飞，供职于中国人民银行天津分行。

动引导社会资源流向环保产业,实现社会可持续发展。关于绿色金融的具体定义,目前学术界尚未达成一致。在实践层面,对于绿色金融的理解也有所不同。主流的观点是基于资金的投向对绿色金融进行定义。例如,中国人民银行、财政部、发展改革委等七部委联合印发了《关于构建绿色金融体系的指导意见》,首次明确"绿色金融"的定义——为支持环境改善、应对气候变化和资源节约的经济活动,即对环保、节能、绿色交通、绿色建筑等领域的项目投融资、项目运营、风险管理等所提供的金融服务。绿色金融另一种更为宽泛的定义,是基于绿色金融的作用机理(见图1),认为绿色金融不是单一的以金融机构为主体提供的金融工具服务,而是涵盖政府政策、社会公众、市场作用等多元力量的一系列制度安排和产品创新,以达成经济与环境的可持续协调发展及良好的生态经济效益的目标。

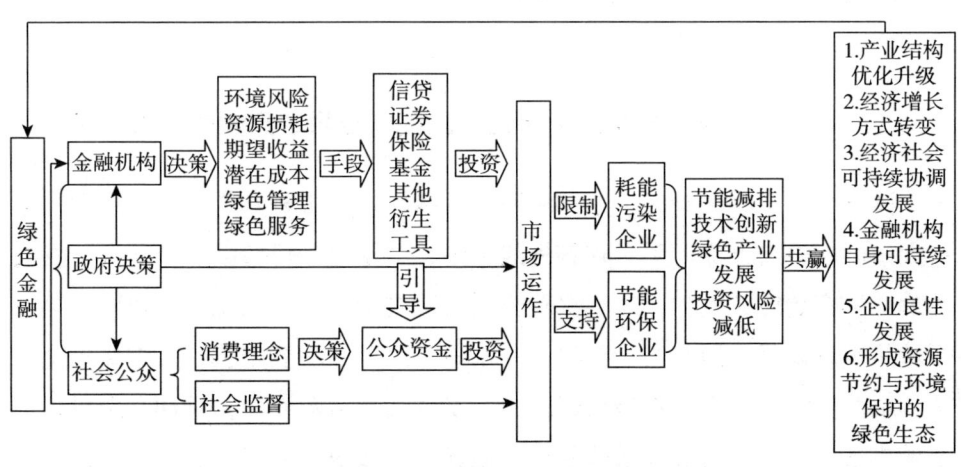

图1 绿色金融的作用机理

二 天津推进绿色金融创新发展的意义及优势

当前,天津经济面临产业转型、结构调整的艰巨任务,新产业、新业态、新模式的发展迫切需要绿色金融的支持。同时,天津深厚的绿色经济发展基础、多重国家战略发展机遇、完善的政策制度框架、多元化的市场主体也为进一步推动天津绿色金融创新发展提供了良好的环境和独特的优势。

(一)推动绿色金融创新是天津经济高质量发展的内在需求

2013年,习近平总书记在天津考察工作时提出,要重视生态文明建设,加快打造美丽天津,着力保护生态环境。近年来,天津市认真贯彻落实习近平总书记的重要指示,深入推动绿色转型和绿色发展,污染治理加快推进,绿色生态屏障建设成果明显,绿色制造工程加快实施,绿色产业集群优势不断显现。尤其是当前应对疫情冲击,天津抢抓"新基建"发展机遇,进一步推动经济动能转换,积极培育新产业、新业态、新商业模式"三新经济",成为经济增长的新动能。此外,天津建立了1个国家级绿色发展示范区[1]、2个国家级循环化改造示范试点[2]、3个国家级生态文明先行示范区[3]。经济高质量绿色发展的持续推进为天津绿色金融发展奠定了良好基础,同时也对绿色金融创新发展提出了更大需求和更高要求。

(二)多重国家战略机遇为绿色金融创新提供了广阔的政策空间

国家自由贸易试验区、京津冀协同发展、"一带一路"倡议,多重国家重大发展战略在天津汇集。在各种战略中,"绿色、可持续、高质量"发展的理念贯穿始终,例如,《京津冀协同发展规划纲要》强调三个协同,第一个就是生态环保,同时给予天津"一基地三区"的功能定位,其中要求金融运营示范区要提升金融创新运营能力,发挥引领示范作用,推动金融机构、金融市场、金融工具及金融业务持续创新,形成对实体经济的强大支撑。自金融运营示范区建设以来,天津先后设立了首单绿色债券、首批小微企业成长债券,实施了金融业综合统计等多项改革创新项目。多重国家战略机遇尤其是金融创新运营示范区建设为天津绿色发展提供了坚实的战略支撑,也为

---

[1] 即中新天津生态城。
[2] 分别为天津经济技术开发区、天津空港经济区。
[3] 分别为天津市武清区、天津市静海区、天津市蓟州区。其中,武清区为第一批生态文明先行示范区,静海区和蓟州区为第二批生态文明先行示范区,蓟州区与北京平谷、河北廊坊北三县为京津冀协同共建地区。

绿色金融创新实践开辟了广阔的政策空间。

（三）良好的政策环境为绿色金融创新提供了完善的制度保证

2017年，天津市金融局、中国人民银行天津分行等八部门联合印发《关于构建天津市绿色金融体系的实施意见》（津金融局〔2017〕23号），明确了天津市绿色金融体系建设的方向和重点，对天津市绿色金融体系的构建进行了系统规划。此外，配套的绿色债券、绿色信贷、产业目录、统计标准等一系列具体政策及标准陆续实施，为绿色金融的创新发展提供了制度保障。同时，近年来天津市持续优化营商环境，在《中国城市营商环境报告2019》评估中位列第八，良好的政策环境为绿色金融创新提供了完善的制度保证。

（四）多元化的市场主体为绿色金融发展提供了创新活力

从紧紧抓住滨海新区作为全国综合配套改革试验区的机遇起，天津一直走在全国金融行业发展的前列，并建立了较为完备的现代金融服务体系、场外交易市场体系和外汇改革创新体系，逐步建立并完善了全牌照、多元化、多层次的现代金融机构体系。同时，天津拥有居于全国领先地位的融资租赁机构、国内市场占有率排名靠前的绿色债券评级机构、国内首家APEC绿色供应链服务中心及国内首批试点的排放权交易所，多元化的市场主体为天津绿色金融发展提供了创新活力源泉。

三 天津推进绿色金融创新发展的探索与实践

天津绿色金融实践起步早，发展快，从早期的多点式局部探索创新到政策框架体系的系统建立，天津绿色金融在探索中不断壮大，实现了快速稳步发展。

（一）借助先行先试政策优势，早期积极探索绿色金融实践创新

2006年，天津滨海新区获批国家综合配套改革试验区，金融创新具有先

行先试的政策优势。2008年9月，天津就成立了全国第一家综合性排污权交易机构——天津排放权交易所，开始探索运用金融方式促进节能减排。2009年，天津排放权交易所被指定为中国人民银行低碳金融实验平台。2011年，天津作为国家首批七个省（市）之一率先启动碳排放权交易试点。2014年，国内首个APEC绿色供应链网络示范中心落户天津，并于2015年6月正式启动。2015年，京津冀协同发展战略实施，中国人民银行天津分行、中国人民银行营业管理部和中国人民银行石家庄中心支行共同建立了京津冀协同发展三地协调机制，其中将"推动绿色金融发展"作为改革创新主要工作任务的第一项。2016年，第一届"天津绿色金融论坛"举办。2017年，天津首单绿色债券落地。同时，得益于天津融资租赁产业的政策优势，绿色租赁也实现了快速发展。

（二）绿色金融政策框架系统建立，体制机制不断完善

为建立健全天津市绿色金融体系，发挥金融服务实体经济的功能，加快经济的绿色化转型，2017年，天津市金融局、中国人民银行天津分行等八部门联合印发《关于构建天津市绿色金融体系的实施意见》（津金融局〔2017〕23号），从绿色信贷、绿色投资、绿色保险、绿色租赁、绿色信用评价体系五大方面提出了构建天津市绿色金融体系的系统规划。根据该实施意见，中国人民银行天津分行不断建立完善绿色金融工作机制（见表1）。在绿色信贷方面，先后建立了绿色信贷专项统计制度、业绩评价制度，并对24家地方性法人银行业存款类金融机构开展绿色信贷业绩评价工作，同时将绿色信贷业绩评价结果纳入中央银行金融机构评级。在绿色债券方面，建立了主承销商例会制度，推动金融机构加大债券承销工作力度，重点服务绿色债券发行，支持企业发行绿色债券。在绿色金融标准方面，组织推动辖内绿色债券评级业务的主要机构做好绿色债券信用评级标准的执行和业务衔接。为进一步推动天津绿色金融创新发展，2020年，中国人民银行天津分行出台《关于进一步推动天津市绿色金融创新发展的指导意见》（津银发〔2020〕183号，以下简称"天津绿金十条"），从健全绿色金融组织体系、加快绿

色信贷产品和服务方式创新、大力发展绿色债券市场、积极推动绿色租赁业务发展、创新发展绿色供应链金融、协同推进排放权交易发展、夯实绿色金融发展基础、完善绿色金融风险防控机制、切实加大绿色金融发展政策支持力度、加强绿色金融宣传研究和人才队伍建设10个方面，提出了具体支持措施。

表1 中国人民银行天津分行绿色金融政策发文汇总

时间	文号	标题
2016年9月	津银发〔2016〕208号	《转发〈中国人民银行 财政部 发展改革委 环境保护部 银监会 证监会 保监会关于构建绿色金融体系的指导意见〉的通知》
2018年1月	津银发〔2018〕15号	《中国人民银行天津分行关于转发〈中国人民银行关于建立绿色贷款专项统计制度的通知〉的通知》
2018年7月	津银发〔2018〕150号	《中国人民银行天津分行关于转发〈中国人民银行关于开展银行业存款类金融机构绿色信贷业绩评价的通知〉的通知》
2018年9月	津银办发〔2018〕193号	《中国人民银行天津分行关于开展地方性法人银行业存款类金融机构绿色信贷业绩评价的通知》
2019年4月	津银办发〔2019〕115号	《中国人民银行天津分行办公室关于进一步做好地方性法人银行业存款类金融机构绿色信贷业绩评价工作的通知》
2020年1月	津银发〔2020〕4号	《中国人民银行天津分行关于转发〈中国人民银行关于修订绿色贷款专项统计制度的通知〉的通知》
2018年2月	津银办发〔2018〕41号	《中国人民银行天津分行关于转发〈中国人民银行关于加强绿色金融债券存续期监督管理有关事宜的通知〉的通知》
2020年2月	津银办发〔2020〕55号	《中国人民银行天津分行办公室关于转发〈中国人民银行办公厅关于在绿色金融改革创新试验区试行部分绿色金融标准的通知〉的通知》
2020年11月	津银发〔2020〕183号	《中国人民银行天津分行关于进一步推动天津市绿色金融创新发展的指导意见》

资料来源：中国人民银行天津分行网站。

（三）金融机构强化绿色金融发展理念，不断完善绿色金融内部管理

金融机构从履行社会责任出发，基于自身可持续发展的内在要求，不断

强化绿色发展理念，完善绿色金融内部管理。一是设立绿色金融的专业部门或岗位。中国人民银行天津分行对78家样本机构的调查显示（以下"调查显示"内容均为对78家样本机构的调查结果），截至2020年第一季度，32%的银行、67%的金融租赁公司设立了专门从事绿色金融业务的部门或岗位，其中多数金融租赁公司从事绿色租赁业务的人员超过20人。二是制定完善的绿色金融政策制度。调查显示，71%的银行、78%的金融租赁公司已制定专门的绿色金融政策制度，主要包括绿色金融指导意见、操作流程、管理办法和奖惩措施等，部分金融租赁公司还在公司战略规划、业务指引、行业准入指引中明确了绿色租赁的相应制度。三是强化环境风险管理。调查显示，95%的银行开始根据企业环保风险信息优选客户和项目，95%的银行将企业环保信息纳入授信评审环节，92%的银行将企业环境风险信息作为贷后检查重要内容；所有的金融租赁公司均根据环保风险信息优选客户和项目，并将环境风险作为风险管理的重要内容。

四 当前天津绿色金融市场总体发展情况

近年来，天津市金融机构主动推动业务转型，积极创新绿色金融产品和服务，不断加大对经济绿色发展的支持力度，绿色金融市场规模不断扩大，绿色金融产品和服务趋于多元，可持续发展能力不断提升。截至2020年第三季度末，天津市本外币绿色贷款余额为3184.30亿元，绿色债券发行额约为137亿元。

（一）绿色信贷在绿色金融中占主导地位，在贷款总额中的占比高于全国水平

截至2020年第三季度末，天津市绿色信贷余额为3184.30亿元，在绿色金融[1]中的占比超过95%，成为推动天津市生态文明建设和绿色发展的主

---

[1] 绿色金融包括绿色信贷、绿色债券、绿色股票、绿色基金、绿色信托、绿色保险和碳金融等金融工具。

力军。其中，单位绿色贷款余额为3181.02亿元，占同期企事业单位贷款的11.8%，高于全国1.3个百分点。天津市绿色信贷余额占全国绿色信贷余额的比重为2.76%，比天津市各项贷款余额①占全国信贷余额②的比重高0.58个百分点。从机构分布来看，金融租赁公司绿色贷款占比较高③。截至2020年第三季度末，金融租赁公司绿色贷款余额达1021.17亿元，占全市绿色贷款余额的32.1%（见图2），四家大型商业银行占比为29.7%，政策性银行占比为16.8%，股份制商业银行占比为14.5%。从信贷投向④来看，绿色信贷主要投向基础设施绿色升级、清洁能源产业、节能环保产业等（见图3）。

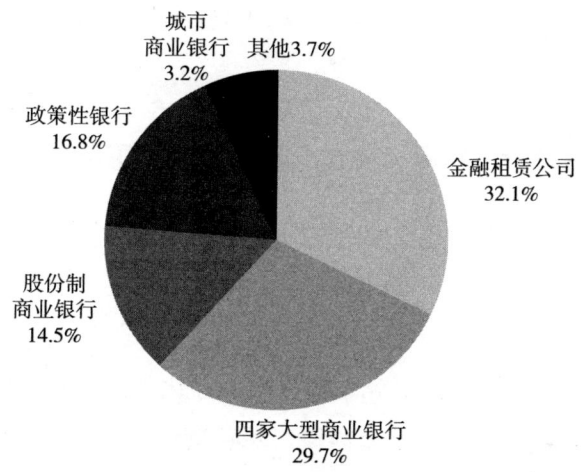

图2　2020年第三季度末天津市绿色贷款余额结构
（资料来源：中国人民银行天津分行官网）

---

① 截至2020年第三季度末，天津市金融机构本外币各项贷款余额为38502.32亿元。
② 根据中国人民银行公布的"金融机构本外币信贷收支表"，截至2020年第三季度末，全国金融机构本外币各项贷款余额1754917.27亿元。
③ 金融租赁公司均为地方法人金融机构，其绿色贷款数据为全国范围内业务量。
④ 按照《绿色产业指导目录》进行划分。

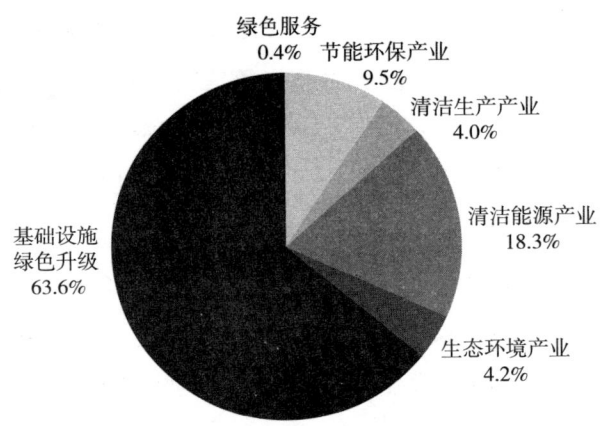

图3 2020年第三季度末绿色信贷投向情况
（资料来源：中国人民银行天津分行官网）

（二）绿色债券市场稳步发展，债券品种不断拓展

自2017年天津国投津能发电有限公司发行天津市首单绿色债券以来，天津绿色债券市场稳步发展，发行期数与发行规模呈逐年上升趋势，债券品种不断拓展。截至2020年第三季度末，天津市共有8家企业在境内发行了10只绿色债券[①]，总规模约为137亿元（含资产证券化）。债券品种包括绿色短期融资券、绿色中期票据、绿色公司债、绿色资产支持证券[②]等。其中，在银行间债券市场累计发行绿色短期融资券、绿色中期票据等46.68亿元。此外，天津轨道交通集团在卢森堡绿色交易所发行了中资地方国企首单欧元绿色债券，共募集资金4亿欧元。

---

① 根据《中国绿色债券市场发展报告（2019）》（史英哲著，2019年于中国金融出版社出版），绿色债券按照债券品种可以分为绿色金融债、绿色企业债、绿色公司债、绿色短期融资券、绿色中期票据、绿色国际机构债六类。其中，绿色金融债是指金融机构法人依法在银行间债券市场发行的、募集资金用于支持绿色产业项目并按约定还本付息的有价证券。
② 绿色资产支持证券是绿色债券产品的一种创新形式。

(三)绿色租赁蓬勃发展,成为金融租赁公司重点发展领域

作为融资租赁公司的一项新兴业务,天津绿色租赁正呈现出蓬勃发展的趋势。不少融资租赁公司尤其是金融租赁公司将绿色租赁定位为重点发展领域,并将其作为实现自身转型、服务实体经济的重要支点。截至2020年第二季度末,天津市12家地方法人金融租赁公司中已有10家开展绿色租赁业务(见表2),占比为83.33%;天津市金融租赁公司绿色贷款余额为1199.51亿元,占金融租赁公司各项贷款余额的26.04%。其中,工银租赁、中信金租的绿色租赁资产占其总资产的份额均已超过40%。绿色租赁业务范围较为广泛,涵盖了清洁能源、节能环保、绿色交通、大气治理及资源循环利用等诸多领域。

表2 从事绿色租赁业务的金融租赁公司

序号	公司名称	成立年份	主要绿色租赁业务领域
1	工银金融租赁有限公司	2007年	绿色交通、可再生能源和清洁能源
2	民生金融租赁股份有限公司	2008年	环保设备租赁(大气污染治理、污水处理、余热发电、固废处理、大型装备、智能机器人等相关领域)
3	兴业金融租赁有限责任公司	2010年	绿色租赁领域(节能服务产业、清洁能源汽车、水资源利用与保护、集中供热、固废垃圾发电)
4	中国金融租赁有限公司	2013年	能源与环保(为太阳能发电、风能发电、清洁能源发电、节能环保设施、输变电设备和合同能源管理提供融资租赁服务)
5	邦银金融租赁股份有限公司	2013年	液化天然气、污水处理、大气污染治理
6	中信金融租赁有限公司	2015年	清洁能源(再生能源、减排类能源);节能环保(水环境治理、固态治理、大气治理、节能技术);绿色交通(新能源汽车、网约车、充电桩)
7	华运金融租赁股份有限公司	2015年	可再生能源、清洁能源
8	中铁建金融租赁有限公司	2016年	清洁能源、固废处理、大气治理及资源循环利用
9	天银金融租赁有限公司	2016年	清洁能源
10	中煤科工金融租赁股份有限公司	2017年	高端煤机、节能减排等能源装备

(四）排放权交易市场进一步规范，面临新的发展机遇

2013年，天津市成为全国七个碳排放权交易试点省市之一，在开展排放权交易方面起步较早。截至2019年末，天津排放权交易市场成交量达813万吨，交易金额为1.09亿元，分别占全国总交易量和交易额的2.06%和1.19%。2020年6月12日，天津市政府出台了《天津市碳排放权交易管理暂行办法》（津政办规〔2020〕11号），进一步就建立碳排放总量控制下的碳排放权交易制度、碳排放监测报告与核查、监管与激励规定等问题进行了详细说明，标志着天津碳排放权交易市场进一步规范，获得了地方的政策支持，排放权交易市场面临着新的发展机遇。

（五）金融机构积极创新产品和服务，推动绿色金融可持续发展

随着绿色产业发展，银行业也加快绿色金融产品和服务创新，以实现绿色金融业务可持续发展。浦发银行天津市分行等开发了以绿色信贷为基础的PPP业务；国家开发银行天津市分行围绕重点环保企业，探索依托集团核心企业开展"1+N"合作的供应链融资模式；上海银行天津市分行推出合同能源贷和IFC（国际金融公司）能效贷等绿色信贷产品，其中，合同能源贷主要以应收账款质押为基本担保方式，IFC能效贷由国际金融公司提供贷款总额的50%损失分担；北京银行天津市分行以企业拥有的环保专利为质押，为企业提供知识产权质押贷款；中国农业银行天津市分行联动农银国际，助力天津轨道交通集团有限公司发行了绿色欧元债券；工银金融租赁有限公司联动中国工商银行通过"租赁+保理"的模式为企业开展设备售后回租业务。

五 当前天津绿色金融发展存在的制约因素

虽然天津市开展绿色金融起步较早，绿色信贷发展较快，并在排放权交易试点、绿色供应链、绿色租赁等方面进行了许多特色的实践探索。但总体来看，天津绿色金融体系尚不完善，尤其在激励约束机制设计、基础设施建

设等方面还需要进一步提升。

（一）从配套政策来看，财税、担保等激励政策缺失影响绿色金融发展动力

目前，天津市对绿色金融的绿色再贷款等激励措施初步建立，但财税、担保等激励机制并不健全。现行的财税政策扶持对象主要是节能环保企业，包括政府补助、一次性奖励等措施，但对支持此类企业发展的金融机构则缺乏政府贴息、担保等相应的配套激励政策。调查显示，60%的机构将对绿色金融业务进行政府贴息、57%的机构将建立专门针对绿色金融业务的担保机构（见图4）作为希望获得的发展绿色金融的重要政策支持，体现出相应激励政策的缺失及金融机构对绿色金融外部支持政策特别是财政激励政策的强烈需求。

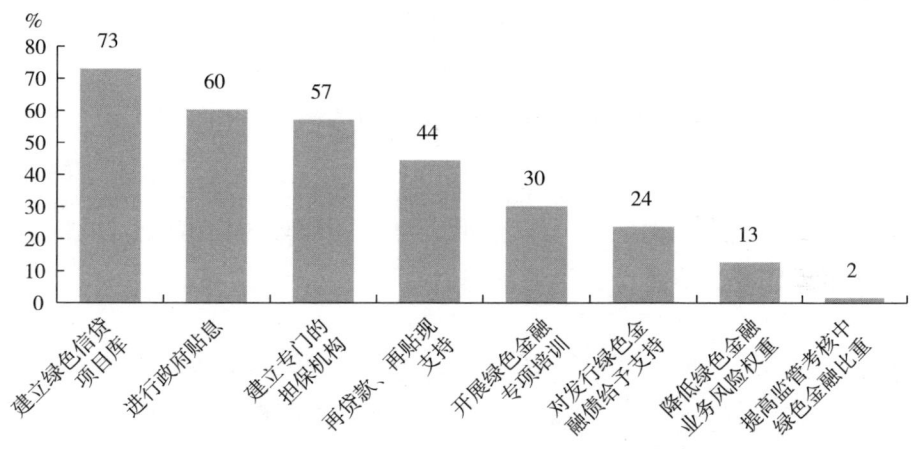

图4　调研银行希望获得绿色金融政策支持情况

（二）从基础设施来看，绿色信息共享机制尚不健全，影响了绿色金融业务开展的基础

绿色信息是绿色金融发展的基础和关键。调查显示，90%的银行认为获取绿色金融信息较为困难是当前制约绿色金融发展的首要因素（见图5），73%的银行将建立绿色信贷项目库作为希望获得的重要政策支持。目前，天津市缺乏统一的绿色信息共享与查询平台及绿色项目信息数据库，同时尚未建立部门协作的信息沟通机制，因此金融机构难以有效地获取绿色信息，无法准确判断绿色金融项目的风险，影响了绿色金融业务的有效开展。

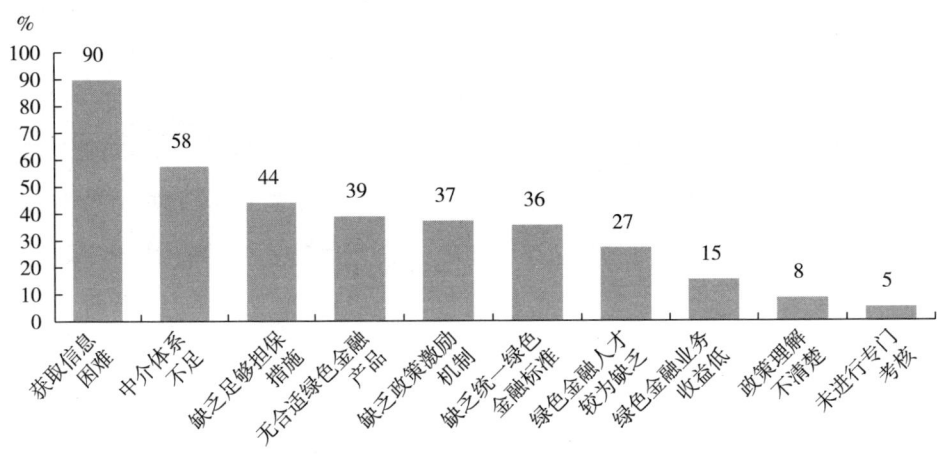

图5　调研银行反映开展绿色金融业务的制约因素

（三）从金融机构来看，产品创新不足、市场结构不均衡、风险定价机制不健全影响了绿色金融的发展活力

一是新型抵（质）押模式创新不足。金融机构虽然推出了部分绿色金融的创新产品，但总体来看，创新不足的问题明显。调查显示，目前银行仍基于对企业尤其是国有大型企业自身经营情况的信赖而发放绿色贷款，贷款类型以信用贷款和传统的抵押、保证担保贷款为主，而采用新型权利质押担保的贷款比重较小。截至2020年第一季度末，调研银行全部绿色信贷业务中采用质押担保方式的仅占11.03%，其中权利质押占9.6%，动产质押占1.43%。二是债券融资规模偏低。截至2020年第二季度末，天津绿色债券余额为87.49亿元，占全市绿色金融总额的比重仅为3%。此外，尚未有金融机构发行绿色金融债券。三是绿色租赁服务天津的力度有待提高。多数调研的金融租赁公

司虽然注册地在天津，但多数机构异地经营和全国展业，虽然业务总量规模较高，但投向天津的占比较低。以2020年第一季度为例，绿色租赁贷款投向天津的占比仅为3.47%。四是利率定价未能充分体现风险原则。截至2020年第二季度末，天津市绿色信贷不良率为0.24%，比全市金融机构不良贷款率低1.06个百分点，表明绿色信贷整体质量较好，风险较低。但从利率来看，绿色信贷利率水平却高于一般企业贷款。调查显示，2018年、2019年天津市银行绿色贷款加权平均利率为5.73%、5.70%，分别高于全市企业贷款加权平均利率0.49个和0.57个百分点。2020年第二季度，天津市企业贷款加权平均利率已降至4.49%，但同期绿色贷款加权平均利率却升至5.76%。这表明金融机构在对绿色信贷进行定价时，未能很好地体现风险收益匹配原则。究其原因，主要是金融机构缺乏专业的绿色金融人才，同时难以获得足够的参考信息，缺乏对绿色金融产品的定价能力。

（四）从社会方面来看，对绿色发展和气候变化的认识不足，制约了绿色金融作用的充分发挥

调查显示，当前银行业金融机构绿色金融发展呈现差异化状态，以一些大型银行、金融租赁公司为代表的金融机构在绿色金融发展中显著走在前列，而同时部分银行对绿色金融的认识不足，重视不够。调查显示，尚有68%的银行未设立专门从事绿色金融业务的部门和岗位。同时，多数金融机构在气候变化对未来金融业可能产生的影响等方面认识明显不足。调查显示，62%的银行尚未在经营中考虑气候变化可能带来的影响，仅有7%的银行制定了专门应对气候变化影响的指导或操作制度。此外，社会的环保责任理念、企业的绿色融资意识、大众的绿色消费意识等尚需进一步加强。

六 推进天津绿色金融创新发展的政策建议

绿色金融体系建设是一项长期性、系统性工程，需要加强政策性的激励引导，发挥市场化的创新活力，完善基础性的支持体系，提升社会性的理念意识，在此基础上推动建立政府、市场、社会共同参与的长效机制。同时，作为非绿色金融改革创新试验区，天津应积极借鉴试验区成熟的经验，结合地方实际，发挥地方优势，探索具有地方特色的绿色金融发展模式，助力经济的绿色复苏和高质量发展。

（一）健全完善绿色金融激励约束政策体系

天津应着力健全完善绿色金融政策支持体系，推进财税政策、金融政策、监管政策的协调配合，加强对金融机构开展绿色金融业务的激励与约束。在财税政策方面，通过制定税收减免、财政贴息、设立担保基金及奖励等鼓励政策，对绿色产业的正外部性进行增益性补偿。在金融政策方面，进一步健全完善再贷款、再贴现等激励性政策工具体系。监管政策方面，强化绿色金融信息披露、业务评估、风险监测、预警和处置体系建设，加强对金融机构的约束，促进金融机构切实履行环境保护的社会责任。

（二）切实加强绿色信息共享机制建设

天津应建立绿色金融信息共享制度，完善部门联动协作机制，加强金融与环境保护、国土资源、住房城乡建设、安全生产等部门和其他社会组织之间的信息共享，实现金融信息和环保信息的传递顺畅、公开透明。通过搭建对接平台、建立项目库、设立服务绿色产业（项目）的绿色通道等方式向金融机构推荐绿色项目，降低银企绿色信息的不对称，提高金融支持绿色项目的精准度。

（三）充分发挥金融机构的创新活力

天津应发挥银行机构的主导作用，建立符合绿色企业和项目特点的信贷管理制度，推动创新知识产权、环境权益等抵质押担保模式，创新发展绿色供应链金融，完善风险定价机制。推动绿色债券、绿色基金、碳金融等绿色资本市场产品发展，拓宽直接融资渠道。探索租赁特色创新模式，加大对绿色产业投资力度。加强绿色保险产品的创新研发，积极开展银保合作。

（四）着力提升市场主体绿色金融意识和专业能力

天津应通过组织高端论坛、学术研讨会等方式对金融机构进行绿色金融专题培训，提升绿色金融人才专业能力，同时加强对绿色中小企业的融资宣传，提升市场主体的绿色发展理念和气候变化意识。深化政府部门与高等院校、研究机构、金融机构的合作，深入开展绿色金融发展研究，为绿色金融改革创新提供指导。

（五）探索具有区域特色的绿色金融发展模式

天津应充分利用现有政策，考虑将绿色金融放在金融创新运营示范区建设的框架下进行推动，通过战略融合，一方面为推进天津绿色金融发展提供机制保障，另一方面通过绿色金融创新发展为天津金融创新运营示范区建设提供新动能和新动力。同时，作为全国融资租赁业高地，可将绿色租赁作为天津绿色金融发展的特色和重点，着力提高其对本地及京津冀区域绿色产业的支持力度。

（六）积极推进后疫情时期经济绿色复苏

后疫情时期的经济复苏政策将决定今后较长一段时期的经济结构，因此天津应在复苏政策的制定，复苏方案的规划、设计阶段尽早植入绿色发展理念，强调更多使用绿色技术，增强绿色属性。同时，积极开发创新型、有针对性的绿色金融产品和服务来不断提升服务绿色经济的能力，促进经济社会的绿色化复苏和高质量发展。

B.13 长三角经济圈、粤港澳大湾区、京津冀三区金融发展比较

王爱俭 张 欢 梁金涛*

摘 要： 区域经济发展是国民经济发展不可分割的一部分，充分发挥区域经济的主导作用，对于促进中国经济稳定发展具有十分重要的意义。本报告通过对长三角经济圈、粤港澳大湾区及京津冀地区的金融发展现状进行比较，指出京津冀地区的金融发展在面临机遇的同时存在着地区间经济发展不平衡、产业发展协同性有待提升、区域金融合作机制有待完善等问题，最后，本报告就京津冀地区如何实现金融创新、合作发展提出了几点建议。

关键词： 长三角 粤港澳 京津冀 区域协调发展 金融发展

党的十九大指出，区域协调发展是建设现代经济体系的重要战略之一。习近平总书记在围绕建设现代化经济体系进行第三次集体学习时也曾强调，我们要实施区域协调发展战略，积极促进京津冀协同发展与长江经济带发展，协调推进粤港澳大湾区发展。2018年11月，中共中央、国务院印发《关于建立更加有效的区域协调发展新机制的意见》（中发〔2018〕43号），进一步重申上述重要论断，并提出要充分发挥中心城市在城市群中的引领作用和城市群在区域发展中的带动作用，推动实现区域间良性互动和交互式融和发展。

改革开放40多年来，我国已形成长三角经济圈、粤港澳大湾区、京津冀

---

* 王爱俭，天津财经大学金融学院教授、博士生导师，中国滨海金融协同创新中心主任；张欢、梁金涛，天津财经大学金融学院硕士研究生，研究方向为国际金融。

地区三大增长极。现代化经济体系空间布局更加合理，区域协同发展态势不断向好，区域经济越来越成为带动中国经济发展的新引擎。由于地理位置、发展基础及产业结构等方面存在差异，三大区域的金融发展现状呈现出不同的特征。对三大区域的金融发展现状进行比较，从已有成功经验中找到京津冀地区发展尚存在的差距与不足，制定并实施合理政策措施，对于加快京津冀地区金融一体化发展、加快建设现代化经济体系具有重要意义。

一 三大区域概况

长江三角洲位于长江入海前的广阔平原，包括上海市、江苏省、浙江省和安徽省，总面积为35.8万平方千米。该地区经济发展水平全国领先，具有较高的对外开放水平和较强的科技创新精神。长江三角洲城市群具有四通八达的地理优势，主要基础设施联通性强，技术创新优势明显，同时拥有相对完善的公共服务体系。长江三角洲的发展对于将我国建成现代化强国和实现高水平对外开放至关重要。

位于我国沿海开放前沿的粤港澳大湾区直接对标世界级城市群，其包括两大行政区（香港特别行政区、澳门特别行政区）和广东九市[①]，总面积达5.6万平方千米。其世界排名仅次于美国纽约湾区、旧金山湾区和日本东京湾区。长期以来，大湾区凭借突出的港口优势和丰富的要素资源，积极布局国际业务网络，逐步形成完备的产业体系，营造出良好的全球化、法制化商业环境。在我国参与全球竞争合作的过程中，粤港澳大湾区正在释放出不可估量的潜力。

北京市、天津市和河北省（简称京津冀）地处东北亚环渤海地区，总面积达21.8万平方千米，定位于"首都经济圈"，目前已发展成为拉动我国经济增长的重要一极。近年来，京津冀地区始终以互利共赢和创新驱动为出发点，充分发挥自身发展特色，积极加强与周边地区的开放、互动与合作，在

---

① 广东九市：广州市、深圳市、珠海市、佛山市、惠州市、东莞市、中山市、江门市、肇庆市。

有效缓解北京"大城市病"问题中扮演重要角色,并逐渐成为中国北方经济发展的核心动力。

二 金融发展规模比较

金融业的发展能够有效提高投资融资水平和效率,对区域经济增长具有重要的促进作用。近年来,得益于地区经济的稳定增长和政策支持,京津冀、长三角和粤港澳地区金融业得到快速发展,金融业对经济发展的贡献度得到显著提高。

(一)金融业总体发展规模比较

通过对三个地区[①]的地区生产总值、第三产业增加值和金融业增加值的对比(见表1),可以发现,长三角地区在三个区域中经济发展水平、对外开放程度最高,地区生产总值、金融业增长量明显领先于京津冀地区和粤港澳地区。

表1 2019年京津冀地区、长三角地区、粤港澳地区经济总量对比

单位:亿元

地区名称	地区生产总值	第三产业增加值	金融业增加值
京津冀地区	84580.08	51064.73	10868.76
长三角地区	237252.84	131365.41	21479.85
粤港澳地区	107671.07	59773.38	8881.41

资料来源:Wind数据库。

金融业增加值占第三产业增加值的比重、占地区生产总值的比重反映了金融业对地区经济增长的贡献度。由图1三个地区的对比可以看出,金融业

---

① 本报告所采用的数据范围:长三角地区以上海市、安徽省、江苏省、浙江省为主;由于中国香港、中国澳门数据不可得,粤港澳地区以广东省为主;京津冀地区以北京市、天津市、河北省为主。

发展对京津冀地区经济增长的推动效果略高于长三角地区和粤港澳地区，京津冀地区第三产业中金融业占比相对较高。

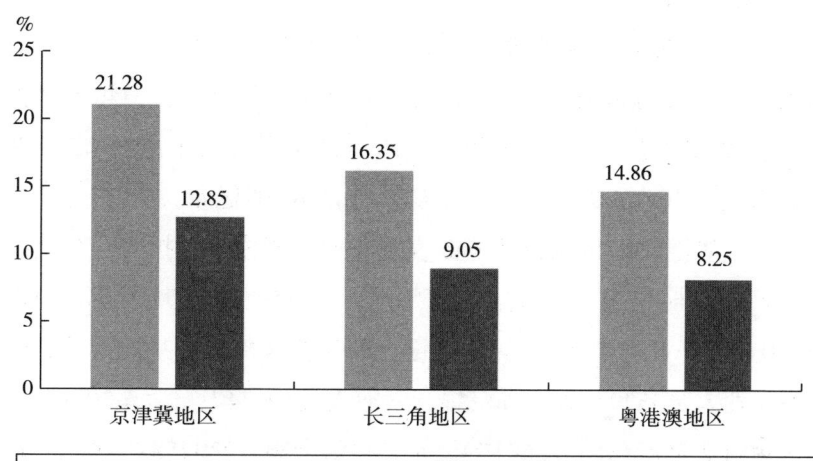

图1 2019年京津冀地区、长三角地区、粤港澳地区金融业贡献度对比
（资料来源：Wind数据库）

（二）金融机构发展规模比较

按照国内通行做法，将银行、证券、保险和基金作为金融业的主体行业进行分析，至于信托、租赁和担保等行业，由于所占份额相对较小，因此暂且忽略不计。

1. 银行业

银行是我国金融机构的重要组成部分，对社会资源的分配、经济运行效率的提高具有重要意义。

京津冀地区拥有较为完善的银行组织体系，截至2019年末，京津冀地区拥有银行业金融机构（网点）19419个，其中，有中资机构网点19281个、外资机构网点138个。银行业从业人员有407801人，其中，有中资银行从业人员401995人、外资银行从业人员5806人。截至2019年末，京津冀地区银行业资产总额为400803亿元，存款余额为276067.37亿元，较年初增加21746.75亿元；贷款总额为166805.37亿元，较年初增加14121.46亿元。

长三角地区的机构资源同样较为丰富，截至2019年末，长三角地区拥有银行业金融机构（网点）39354个，其中，有中资机构网点39031个、外资机构网点323个。银行业从业人员有760970人，其中，有中资银行从业人员744924人、外资银行从业人员16046人。截至2019年末，长三角地区银行业资产总额为595658亿元，存款余额为476045.32亿元，较年初增加37593.72亿元；贷款总额为381673.93亿元，较年初增加45366.07亿元。

近年来，粤港澳地区银行业不断发展，业务规模日益扩大。截至2019年末，粤港澳地区拥有银行业金融机构（网点）16959个，其中，有中资机构网点16710个、外资机构网点249个。银行业从业人员有363622人，其中，有中资银行从业人员352948人、外资银行从业人员10674人。截至2019年末，粤港澳地区银行业资产总额为260159亿元，存款余额为232458.64亿元，较年初增加24407.48亿元；贷款总额为167994.58亿元，较年初增加22825.19亿元。截至2019年末，广东省银行机构存贷款规模居全国首位，在贷款增长拉动下，银行业资产增量提质，实现净利润同比增长3.5%，不良贷款率为1.2%，比上年同期下降0.16个百分点。

2019年京津冀地区、长三角地区、粤港澳地区银行业发展规模对比详见表2。

表2 2019年京津冀地区、长三角地区、粤港澳地区银行业发展规模对比

地区名称	银行网点（个）	从业人数（人）	资产总额（亿元）	存款余额（亿元）	贷款余额（亿元）
京津冀地区	19419	407801	400803	276067.37	166805.37
长三角地区	39354	760970	595658	476045.32	381673.93
粤港澳地区	16959	363622	260159	232458.64	167994.58

资料来源：各地区2020年金融运行报告。

2. 证券业

证券业的发展为企业和投资者提供了多种投融资渠道，有利于提高资金

使用效率、推动资本市场的完善。

2019年末，总部设在京津冀地区的证券公司共有20家、基金公司共有20家、期货公司共有26家。2019年，京津冀地区共有境内上市公司446家，上市公司融资规模日益增长。其中，北京市证券市场最为发达。截至2019年末，北京市共拥有法人证券公司18家、法人期货公司19家、法人基金管理公司19家，证券从业人员达34538人。北京市18家证券公司2019年营业收入达499.4亿元，较上年增长32.1%；期货公司总规模为782亿元，较上年增长11.7%；基金公司资产净值合计为32027.9亿元，较上年增长8.5%，管理公募基金产品达1390只。2019年北京市新三板挂牌公司共1190家，共定向筹资79次，募集资金40.99亿元，次数和规模位居全国第二。

得益于市场开放和经济的快速发展，长三角地区证券机构不断增加，证券业结构日益完善。2019年末，长三角地区共拥有法人证券公司40家、法人基金公司60家、法人期货公司58家、境内上市公司1299家，证券业规模在三个地区中最大。其中，上海市的证券市场发展尤为快速，2019年，上海证券交易所股票和基金总成交额达61.3万亿元，同比上升29.1%，其中科创板成交额为1.33万亿元，债券成交金额为220.98万亿元。上海市资本市场各类市场主体共计7035家。其中，科创板上市公司有3家，占全国的18.58%，总市值为2418亿元，占全国的27.68%；市内法人证券期货基金公司有118家。证券公司、基金公司、期货公司等多类主要机构的数量均居全国首位。

2019年，粤港澳地区证券业实现平稳较快发展。截至2019年末，粤港澳地区共拥有法人证券公司28家，代理股票交易额为37.6万亿元，较上年增长44.7%；基金公司有35家，管理基金规模47513.9亿份，基金净值同比增长14.9%；期货公司有22家，全年代理交易额111.7万亿元；境内上市公司共有618家，市价总值为11.39万亿元，通过境内市场累计筹资4152亿元。2019年，粤港澳地区共拥有新三板挂牌企业1319家，定向发行股票筹资38.40亿元，筹资规模不断增长。

2019年京津冀地区、长三角地区、粤港澳地区证券业发展规模对比详见表3。

表3 2019年京津冀地区、长三角地区、粤港澳地区证券业发展规模对比

单位：家

地区名称	证券公司数	基金公司数	期货公司数	境内上市公司数
京津冀地区	20	20	26	446
长三角地区	40	60	58	1299
粤港澳地区	28	35	22	618

资料来源：各地区2020年金融运行报告。

3. 保险业

保险业具有经济补偿、资金融通和社会管理的功能，对保障社会稳定具有重要意义。

京津冀地区是全国性保险公司比较集中的地区，截至2019年末，总部设在京津冀地区的保险公司有52家，其中，财产险经营主体17家、寿险经营主体35家。全年实现保费收入4684.2亿元，较上年增长13.06%。其中，财产险保费收入为1179.7亿元、人身险保费收入为3504.5亿元，全年赔款给付1426.8亿元。在京津冀地区中，北京市保险业发展规模最为壮大，2019年末，北京地区共有保险总公司45家。其中，有财产险公司14家、人身险公司31家；保险深度为5.9%，同比提高0.45个百分点；保险密度9640.4元/人，同比提高16.3%；保费收入为2076.5亿元，同比增长14.2%，实现平稳较快增长。

长三角地区保险业规模在三个地区中最大，2019年，总部设在长三角地区的保险经营主体共有69家，其中，有财产险经营主体27家、寿险经营主体27家。全年实现保费收入9446.3亿元，同比增长19.77%。其中，财产险保费收入为2819亿元、人身险保费收入为6627.3亿元，全年赔款给付2950.6亿元。在长三角地区中，上海市保险业发展最快，共有57家法人保险机构，其中，有财产险公司20家、人身险公司22家。原保险保费收入累计1720亿元，同比上升22.35%。

粤港澳地区保险市场不断扩大，保险机构获得较快发展。截至2019年末，总部设在粤港澳地区的保险机构共有34家，其中，有财产险经营主体14家、寿险经营主体11家。广东省保险业2019年共实现保费收入5496.7亿元，

同比增长17.9%，规模位居全国第一；保险业总资产达1.5万亿元，2019年实现承保利润106.3亿元，保险深度为5.1%，各类赔款给付额为1425亿元，较上年增长1.6%。

2019年京津冀地区、长三角地区、粤港澳地区保险业发展规模对比详见表4。

表4 2019年京津冀地区、长三角地区、粤港澳地区保险业发展规模对比

地区名称	总部设在该地区的保险公司数（家）	保费收入（亿元）	各类赔款给付（亿元）
京津冀地区	52	4684.2	1426.8
长三角地区	69	9446.3	2950.6
粤港澳地区	34	5496	1425

资料来源：各地区2020年金融运行报告。

由以上对三个地区银行业、证券业、保险业的对比可以看出，长三角地区金融机构发展最快，无论是银行业、证券业还是保险业规模都明显领先于京津冀地区和粤港澳地区，地区之间差距相对较大。

三 金融发展效率比较

金融业起着优化资金配置、调节宏观经济的重要作用，一个城市金融实力和金融发展效率的高低很大程度上取决于该地区金融资源的集聚程度。金融资源的聚集程度反映金融机构聚集资金、人才的能力，能够有效反映一个地区的金融发展状况。

由于我国各地区金融资产和M_2统计数据法的缺失，因此无法直接采用麦氏和戈氏指标来衡量金融成长度。但我国主要金融资产集中在银行，而银行的主要资产形式是存款和贷款。因此，可以利用地区新增贷款/地区生产总值作为地区金融发展指数，利用存贷款差额来反映地区金融集聚规模，利用（存款余额+贷款余额）/地区生产总值来反映地区经济金融化程度。

从表5中可以看出，京津冀地区与长三角地区金融集聚规模相当，但在

金融发展指数上,京津冀地区明显落后于长三角地区。得益于市场开放,近年来粤港澳地区金融业获得较快发展,金融发展指数在三个地区中最高,但金融集聚规模与京津冀地区、长三角地区相比仍存在一定差距。

表5　2019年京津冀地区、长三角地区、粤港澳地区金融资源集聚程度对比

地区名称	存款余额（亿元）	贷款余额（亿元）	新增贷款（亿元）	金融发展指数（点）	金融集聚规模（亿元）	经济金融化程度
京津冀地区	276067.37	166805.37	14121.46	0.1670	109262	5.2361
长三角地区	476045.32	381673.93	45366.07	0.1912	94371.39	3.6152
粤港澳地区	232458.64	167994.58	22825.19	0.2120	64464.06	3.7192

资料来源：Wind数据库。

四　金融发展结构比较

（一）产业结构比较

产业结构是指三大产业（农业、工业和服务业）在一个国家经济结构中所占的比重。金融可以通过供需端和宏观政策等方面影响产业结构,因此产业结构在一定程度上能够反映金融发展结构。从长期发展来看,三大区域都呈现出发展重心由第一产业向第二产业和第三产业逐渐转移的产业结构高度化趋势,第三产业发展动力持续提升。2019年,三大区域第三产业增加值比重和增速分别为58.1%和7.4%,较全国平均水平高出4.2%和0.5%。具体来说,从图2中可以看到,三大区域三次产业的构成具有极大相似性:第三产业的占比均超过50%,第二产业次之,第一产业占比仅为4%左右。分区域来看,京津冀地区持续发力,供给端改革成效显著,产业结构不断优化,服务业地位进一步巩固,第三产业占比为66.78%,高于粤港澳地区和长三角地区10%左右;第二产业占比为28.71%,低于粤港澳地区和长三角地区约10%。作为中国经济增长的两个主要动力,珠江三角洲和长江三角洲不断加快城市化进程,其产业结构显示出高度的相似性,三大产业比均为4∶40∶55。

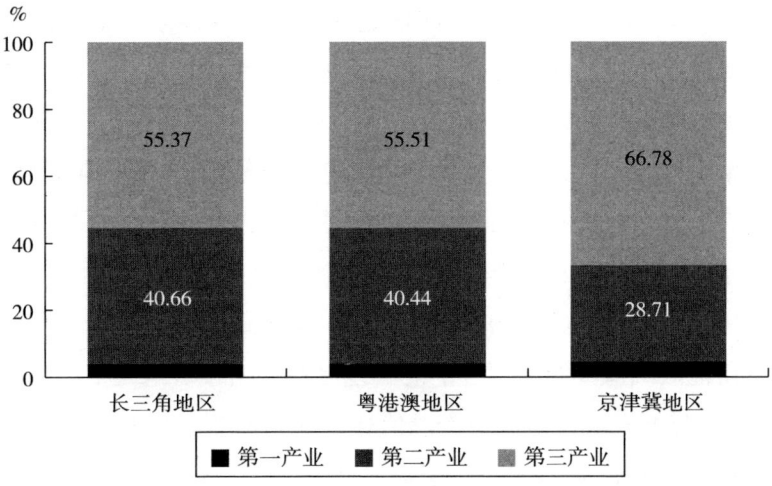

图2 2019年三大区域产业结构对比
（资料来源：国家统计局）

（二）融资结构比较

表6显示了2019年京津冀地区、长三角地区、粤港澳地区社会融资结构。从社会融资规模增量上来看，长三角地区的社会融资规模最高，2019年新增社会融资规模为6.2万亿元，是粤港澳地区的2.13倍，是京津冀地区的2.41倍。企业债券融资和非金融企业境内股票融资方面，长三角地区均排在首位，分别为9519亿元和1457亿元，其次是京津冀地区，最后是粤港澳地区。

表6 2019年三大区域融资结构

单位：亿元

地区名称	社会融资规模增量	企业债券	非金融企业境内股票融资
长三角地区	62161	9519	1457
粤港澳地区	29190	4787	549
京津冀地区	25836	8474	627

资料来源：各地区2020年金融运行报告。

表7和图3显示了2019年三大区域金融机构存款余额、贷款余额及占地区生产总值比重情况。从总量上来看，无论是金融机构存款余额还是借款余额，长三角地区都遥遥领先，分别为47.6万亿元和38.2万亿元。京津冀地区金融机构存款余额为27.6万亿元，高于粤港澳（不含港澳）地区4.4万亿元；金融机构贷款余额为16.7万亿元，与粤港澳（不含港澳）地区基本持平。从比重来看，京津冀地区金融机构存款余额占地区生产总值比重为3.26%，贷款余额占地区生产总值比重为1.97%，两项指标均高于粤港澳（不含港澳）地区和长三角地区。粤港澳（不含港澳）地区存款余额占地区生产总值比重为2.16%，高于贷款余额占地区生产总值比重的0.6%。长三角地区的存款余额占地区生产总值比重为2.01%，高于贷款余额占地区生产总值比重的0.4%。

表7 2019年三大区域金融机构存贷款余额

单位：亿元

名称	长三角地区	粤港澳（不含港澳）地区	京津冀地区
金融机构存款余额	476045.32	232458.64	276067.37
金融机构贷款余额	381673.93	167994.58	166805.37

资料来源：Wind数据库。

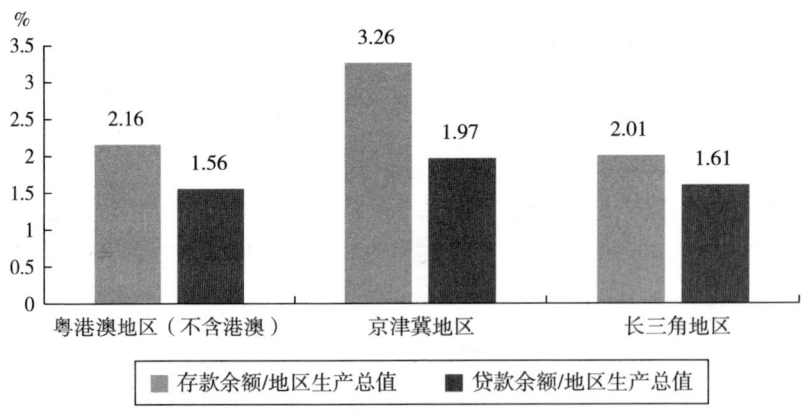

图3 2019年三大区域金融机构存贷款余额/地区生产总值
（资料来源：Wind数据库）

近年来，各区域保险业发展迅速，保险保费收入稳步增长，保险范围不断扩大，呈现多元化发展局面。图4显示了2019年长三角地区、粤港澳（不含港澳）地区、京津冀地区的原保险保费收入和保险深度。可以看出，保费收入和保险深度之间呈明显的反向关系。从总量上来看，保费收入最高的是长三角地区，达9446.3亿元，其次是粤港澳（不含港澳）地区和京津冀地区，分别为5496.0亿元和4684.2亿元。从保险深度来看，京津冀地区保险深度最高，为6.0%，粤港澳（不含港澳）地区次之，为5.0%，长三角地区最低，为4.0%。

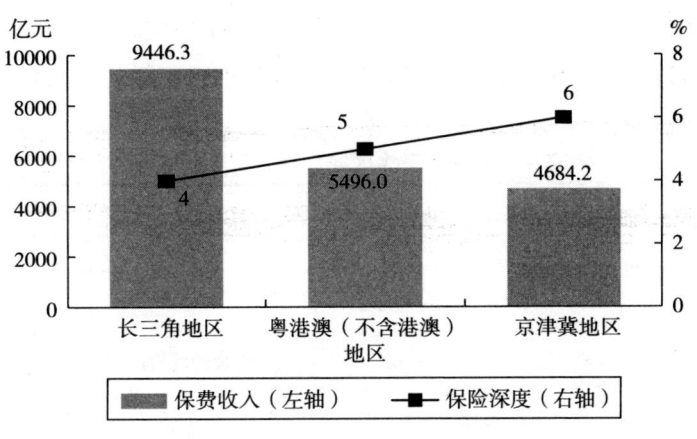

图4 2019年三大区域保费收入与保险深度
（资料来源：根据国家统计局数据整理）

（三）资本市场结构比

表8显示了2019年京津冀地区、长三角地区、粤港澳（不含港澳）地区资本市场结构。从数量上来看，长三角地区的上市公司最多，为998家，其次是粤港澳（不含港澳）地区，为618家，而京津冀地区上市公司数为446家，其中，北京地区上市公司数为334家，占74.89%。从A股筹资额来看，京津冀地区筹资最多，达4189.4亿元，其中北京地区A股筹资额为3861亿元，占92.16%。长三角地区A股筹资额为2297亿元，约占京津冀地区的一半。粤港

澳（不含港澳）地区的A股筹资额较低，为549亿元。

表8　2019年三大区域资本市场结构

地区名称	上市公司数（家）	A股筹资额（亿元）
京津冀地区	446	4189.4
粤港澳（不含港澳）地区	618	549
长三角地区	998	2297

资料来源：各地区2020年金融运行报告。

三大区域积极响应国家政策，积极推进区域内金融制度改革与技术创新并取得积极进展。表9列示了三大区域金融改革创新取得的一系列成就。

表9　2019年三大区域金融改革创新成就

长三角地区	上海自贸区临港新区已正式成立，并继续深化上海自贸试验区"三区一堡"建设。为科技公司创建了融资指标体系，发布了"高企业贷款"信贷服务计划和支持先进制造业的金融服务计划 江苏省自贸区落实了建设实施计划第一批所列的62项任务。建立了全国第一个"企业融资E网通"线上平台。探索"股权+债务"投资贷款共振模式，累计向科技创新企业贷款14亿元。率先在国内启动跨境金融区块链服务平台试点。开展银行外汇业务发展信息共享机制试点，解决了银行对中小企业对外贸易"不敢贷、不愿贷"的问题。形成了宿迁全链条"线上线下"的融资服务模式，为小微企业营造了良好的融资环境，实现了融资流程集成化和金融产品多元化 安徽省牵头制定了针对中小企业科技创新知识产权的质押融资方案，建立了区域股票市场，设立了科创专板以促进科学技术公司向更高级别的资本市场转板上市 浙江省已成功在国家自由贸易区为油品企业实施首个便利化支付项目
粤港澳地区	广东省建立了面向中小企业的信贷信息和融资对接平台（简称"粤信融"），以支持中小企业和民营企业的融资发展
京津冀地区	北京市银行等金融机构创设信用风险缓释凭证（CRMW）支持企业融资；京津冀地区首单私募双创债务融资工具得到广泛推广和使用；银行间首单ABN+CRMW模式成功落地 天津金融创新运行示范区启动了场外交易科创专板，这是我国第一个知识产权证券化产品，同时也是北方地区第一个保障性住房资产支持特别计划。国家租赁创新示范区已在全国率先开展飞机租赁交易和无形资产租赁等业务。渤海银行发行了中国第一家非上市商业银行永久债券、中国北方首张以信用风险缓释证书为支撑的短期债券和天津第一笔以绿色为目标的债务融资工具 河北银行发行了河北省第一笔绿色金融债券

资料来源：根据各地区《金融运行报告（2020）》《中国区域金融运行报告（2020）》整理。

五 金融发展环境比较

良好的金融发展环境对经济金融发展具有重要推动作用。党中央历来高度重视区域经济建设，并相继出台了一系列支持经济发展的政策措施。表10列示了部分支持政策。

表10 支持三大区域金融发展相关政策

长三角地区	2008年，国家出台《关于进一步推进长江三角洲地区改革开放和经济社会发展的指导意见》； 2010年，国家出台《长江三角洲地区区域规划（2011—2020）》； 2016年，国家出台《长江三角洲城市群发展规划》； 2018年，长三角区域合作办公室正式挂牌成立； 2019年，苏、浙、沪、皖共同签署《长三角地区市场一体化建设合作备忘录》
粤港澳地区	2019年2月18日，国家印发《粤港澳大湾区发展规划纲要》； 2020年5月14日，多部门联合发布《关于金融支持粤港澳大湾区建设的意见》加大金融支持粤港澳大湾区建设力度
京津冀地区	2015年，审议通过《京津冀协同发展规划纲要》； 2016年2月18日，发布《最高人民法院关于为京津冀协同发展提供司法服务和保障的意见》

资料来源：根据公开资料整理。

金融基础设施建设实际上是硬件设施建设和相应制度安排的总称。其目标是为金融活动提供公共服务，并确保金融市场安全平稳运行。金融基础设施建设是金融环境建设的重要组成部分，是区域经济金融协调发展的基石。完善的金融基础设施建设有助于深化供给侧结构性改革，营造良好的营商环境，提高金融服务效率。

近年来，长三角地区、粤港澳地区、京津冀地区金融基础设施建设取得进展，金融发展环境也在持续优化。在支付清算体系方面，长三角经济圈取消企业开立银行账户许可，开发基于"政府—银行—企业"三者互联互通网络，以消除与企业有关的数据孤岛，并有效地监控企业账户的风险。粤港澳大湾区大力推进银行网点支付清算系统全覆盖、移动支付示范工程和农村移动支付示范镇建设，取得了明显成效。京津冀地区扩大中国人民银行支付系统覆盖面，积极推动新兴电子支付业务在公共交通、医疗卫生等领域的应用，为公众提供高效便捷服务的同时极大优化了营商环境。关于信用体系的建设，全国第一个针对小微企业的数字征信试验区落户长三角地区，建立起了通过信用促进小额信贷的"苏州模式"进行研究。粤港澳地区引入公司首个贷款风险补偿机制和企业信用评级补贴，金融产品创新取得显著成效。京津冀地区建立信用信息共享平台，不断扩大征信自助查询机覆盖范围，实现信息互联互通。与多家大学建立长久合作机制，共同探讨和设计与征信内容相关课程体系，积极推动将金融知识融入国家教育体系工作。粤港澳地区深化金融宣传治理，强化金融广告监测和违法违规线索甄别处置，始终将消费者权益作为工作的重中之重；京津冀地区积极开展金融知识宣传教育，积极利用新闻、网络媒体传播金融知识，提升消费者金融风险防范意识。不断扩大和完善对金融机构管理的评价指标和体系，将金融消费者权益保护工作作为一项重要指标纳入考核范围之中。

人才是国民经济发展的重要资源和动力，规划和实施金融发展战略必须要有高素质、高能力的人才作为基础支持。长三角地区、粤港澳地区、京津冀地区十分重视人才引进与培养，多地出台人才积分落户政策，积极营造良好的人才发展环境，为地区经济金融发展注入源头活力。长三角地区坚持以人才为主导的创新驱动战略，加快人才向该地区汇集。2019年，上海发布并实施了一系列重大政策，如"特殊支持政策50条"，大力促进人力资源开发和金融业创新发展。浙江省上线首款人才码，凭借人才码在线办理人才引进、项目申报、资金申领等110个事项，极大推进了区域人才一体化发展。2019年，广东省以"湾区通"项目为出发点，积极推进粤港澳地区规则融和发展。全面实施了针对海外高层次人才的个人所得税优惠政策。京津冀地区积极引进境外高端紧缺人才，并不断探索"科学技术+人力资源"的协作创新新模式。截至2019年末，天津"海河英才"计划共引进不同类型人才25万人。2019年，天津市人民政府发布《关于支持金融机构和金融人才在津发展政策措施的通知》（津政办发〔2018〕66号），与"海河英才"计划相衔接,重点关注并明确了金融人才引进的具体措施,人才资源的积极性和创造性受到极大鼓舞。

六 金融发展要素比较

(一)教育资源

教育是培养适合经济发展人才的一种社会活动,与经济发展、社会进步关系十分紧密。表11反映了京津冀地区、长三角地区和粤港澳地区的教育资源状况。可以看出,长三角地区拥有较为丰富的教育资源,无论是在教育经费投入、高等学校数量上,还是在招生数量上都远超京津冀地区和粤港澳地区。在三个地区中,粤港澳地区高校数量、招生数量相对较低,教育环境相对较差。

表11 2019年京津冀地区、长三角地区、粤港澳地区教育资源对比

地区名称	教育经费(亿元)	高等学校数(所)	高等学校招生数(万人)
京津冀地区	3726.67	271	76.2
长三角地区	8071	459	136.4
粤港澳地区	4268.43	154	61.63

资料来源:Wind数据库。

(二)创新能力

创新能力已经成为区域发展的核心要素,是优化区域产业结构的主导力量。近年来,京津冀地区、长三角地区和粤港澳地区高度重视创新能力的培养,区域创新水平得到较快提升。但从三个地区创新指标对比来看,差距仍然比较明显。

国家自然科学基金是我国支持基础研究的重要渠道,获得国家自然科学基金资助的竞争能力可以比较直观地反映地区基础研究的水平和竞争力。从

表12所示的三个地区各项基金获取数量可以看出,京津冀地区和长三角地区整体科研水平较高,粤港澳地区在基础研究方面相对薄弱,缺乏高水平的科技领军人才。而在代表科研人员总体水平的面上项目和重点项目方面,京津冀地区内各省市差异明显。北京市作为全国的科技、文化中心,拥有丰富的人才、科技资源,在京津冀地区创新资源形成中起了很大作用。2019年北京市共获批面上项目3413项、重点项目200项,分别占京津冀地区的83.02%和87.72%,天津市、河北省与之相比差距较大。

表12 2019年京津冀地区、长三角地区、粤港澳地区银行业获批国家自然科学基金项目对比

单位:项

项目	京津冀地区	长三角地区	粤港澳地区
面上项目	4111	5595	1774
青年科学基金	3023	4778	2055
重点项目	228	230	60
杰出青年科学基金	114	92	19
优秀青年科学基金	176	183	44
海外及港澳学者合作研究基金	5	5	3

资料来源:国家自然科学基金委员会官方网站。

企业是区域经济发展的重要主体,随着科学技术和知识经济的发展,技术创新在企业市场竞争中发挥着越来越重要的作用。企业研发经费投入与专利授权数是衡量企业创新能力与产出的重要指标。通过对京津冀地区、长三角地区、粤港澳地区规模以上工业企业R&D经费、规模以上工业企业R&D人员全时当量及规模以上工业企业R&D项目数的对比可以看出(见表13),在研发投入方面,京津冀地区明显落后于长三角和粤港澳地区,企业创新研发投入存在明显不足。而从专利授权数来看,京津冀地区与长三角、粤港澳地区相比也存在明显差距。

表13 2019年京津冀地区、长三角地区、粤港澳地区企业创新能力对比

地区名称	规模以上工业企业R&D经费（亿元）	规模以上工业企业R&D人员全时当量（人）	规模以上工业企业R&D项目数（项）	专利授权数（件）
京津冀地区	937.2	166022	31836	247608
长三角地区	4647.58	1165312	233176	782100
粤港澳地区	2314.86	642490	106340	527400

资料来源：Wind数据库。

七 京津冀协同发展竞争对策

（一）三区发展优势对比

长期以来，三大区域在发展过程中形成不同的区位优势。立足自身优势，实现错位和互补发展，更有利于形成发展合力，有利于积极稳妥有序推进区域内开放合作，实现互利共赢。

长三角地区汇聚了大批国家重点实验室和国家工程研究中心，拥有一批高水平一流学府。首先，在信息技术和高端设备等领域，形成一批具有国际影响力的产业集群和创新主体，真正实现了科技创新引领金融发展。其次，该地区拥有开放港口46个，口岸资源优良，对外开放程度较高。自由贸易试验区的探索过程已经形成了一系列可在全国范围内进行复制和推广的经验。再次，该地区还建立了许多跨区域合作平台，如G60科技创新走廊。最后，该地区的基础设施相对完善，海、陆、空交通便利化程度较高，水利基础设施基本健全，公共服务体系相对完善。这些优势是长三角地区金融蓬勃发展的重要保障。

粤港澳大湾区拥有全球最自由经济体之一——香港特别行政区，世界旅游休闲中心——澳门特别行政区，对外开放的重要窗口——广东省，经济实力非常雄厚，2019年实现经济总量合计11.59万亿元。这得益于香港特别行政

区和澳门特别行政区高度发达的服务业，以及广东省独特的产业结构，即以战略性新兴产业为引领，先进制造业和现代服务业并驾齐驱。大湾区汇聚了许多在全国和世界范围内都具有重要话语权的科研院所、国家重大科研项目和高科技企业，这为将大湾区打造为世界级水平的科技创新中心提供了重要支撑。此外，大湾区的交通条件十分便利，拥有香港国际航运中心和广州、深圳等重要港口。

与长三角地区、粤港澳大湾区相比，京津冀地区的优势体现在以下几点：第一，产业分工格局明显，经济发展优势互补。北京市产业呈高端化趋势，河北省第二产业优势明显，天津市则以现代制造业和国际航运中心为支撑，发展成为北方地区区域经济中心。第二，合作开放空间广阔。京津冀地区有众多口岸和港口群，在沿海开放大局中具有突出地位。京津冀地区汇集了多种要素，涉及范围包括沿海、边境和内陆地区，为共同建设开放的经济体系奠定了坚实基础。第三，人才和科技资源集聚。北京和天津拥有100余所大学，以及许多独立的科研机构和国家级研究中心，科技人员占全国的1/4，人才和科研优势为产业结构调整和经济快速发展提供了良好条件。

（二）京津冀协同发展面临的机遇与挑战

经济全球化深入推进，开展区域经济合作，实现互利共赢已成为共识，这为京津冀协同发展带来了史无前例的重大机遇。党中央历来高度重视京津冀地区的发展，将之上升到国家战略高度，先后出台一系列政策措施坚决支持和保障京津冀协同发展平稳推进。长期以来，区域整体综合实力和竞争力不断提高，区域之间合作的广度和深度不断扩大，这将有利于进一步平稳推进地区间融和发展。另外，随着东北亚区域合作不断推进，中国将成为东北亚合作的主导者，这同样为京津冀地区发展提供重大机遇。

京津冀协同发展在迎接外在机遇的同时也面临种种现实挑战。第一，区域间经济发展不能实现完全平衡，同时区域间金融资源的分布面临不均等问题。而河北发展相对缓慢，与北京、天津的经济发展存在一定差距。第二，产业发展的协同性有待提升，区域金融合作机制有待完善，跨省市的产业结构调整和资源整合机制尚未完全形成。这种情况下，区域内产业链容易发生断裂。北京、天津在产业结构上存在趋同现象，同质化竞争将是京津冀协同发展面临的一大挑战。另外，北京市拥有众多顶尖高等学府，具有丰富的人力资源和较强的创新能力，但资源具有虹吸效应，难以在北京、天津地区范围内合理流动。第三，产能过剩、供需结构失衡及经济内生增长动力不足等经济运行中突出的矛盾和问题在目前及未来很长一段时间内依然存在。第四，资源限制越来越明显，环境运输能力也正在接近上限，改善水资源匮乏局面、保证空气质量和海洋环境质量安全已成为我们需要面对的迫在眉睫的课题。

（三）京津冀协同发展政策建议

与长三角地区、粤港澳大湾区相比，京津冀地区经济金融化程度还有待提高。但作为中国三大经济区之一，京津冀地区依然具有巨大的发展优势，积极采取切实可行的措施和对策，克服自身不足，发挥自身优势，有效凝聚强大的合力，仍具有较大潜力成为带动我国经济增长的新引擎。为此，本报告提出以下几点政策建议。

1. 加强区域多元合作交流，实现错位发展和互动发展

京津冀三地应树立区域协同发展新理念，建立利益共享、风险同担的合作意识。在把握三地整体与各自定位的同时充分发挥各自比较优势，优化区域内的经济发展空间，努力实现区域互融互动、共建共享。京津冀三地政府及监管机构应当加强合作与沟通，建立和完善信息共享体制机制，制定统一化监管政策标准，在三地建立健康良好的经济和金融发展环境，以确保政策落地实施取得显著成效。支持河北、天津承接非首都核心功能，解决北京"大城市病"问题。支持天津市以创新引领转型发展，扮演好改革开放先行区的职能角色。河北省应根据生态环境支持区的职能角色，大力发展新兴产业。北京市应充分利用先进科技人才优势与资源优势，发挥对周边地区创新发展的辐射带动作用，引领京津冀城市群的市场体系建设，促进金融、土地、科技的统一化发展。

2. 以金融改革创新为动力，推动金融资源合理配置

改革是第一动力，创新是进步的活力。以金融改革创新为动力有利于打破行政分割，实现更大范围的金融统筹规划与管理，并在更大规模上实现资源优化与配置。金融机构应主动适应区域经济发展需求，加大对金融产品和服务的创新与开发力度，积极探索新型金融产品。同时，放开异地贷款限制，充分发挥科创板、新三板和OTC的作用，拓宽企业融资渠道，更好地支持实体经济发展。加大对高科技企业、高成长性企业的信贷支持力度，推动资源合理配置。

3. 加强人才队伍建设，完善人才流动机制

在互联网技术快速发展的时代下，复合型、创新型金融人才越来越成为金融协同发展的核心要素。京津冀三地应科学制定并实施人才引进政策，建立多元化人才引进体系，吸引更多具有精湛的专业技能和强大业务能力同时具有金融科技复合背景的高层次领军人才入驻。不断完善人才发展和晋升制度，充分挖掘高层次人才的潜力，助力金融业发展。建立健全人才激励机制，在获得人才的同时要避免人才流失现象。同时，京津冀三地要加强金融人才交流，鼓励建立能够促进人力资源自由灵活流动的良性体系，从而不断完善人才流动机制。

附录 新冠肺炎疫情期间天津市政府部门相关政策

政府部门	发文号	文件名称	具体要求
天津市政府办公厅	津政办发〔2020〕1号	《天津市打赢新型冠状病毒感染肺炎疫情防控阻击战进一步促进经济社会持续健康发展的若干措施》	1. 推动企业复工复产。对于市工业和信息化局会同市卫生健康委认定的重要医用物资如医用防护服、口罩等疫情防控急需医用物资和原辅料生产企业扩大再生产,金融机构予以信贷安排。市财政全额贴息。对于企业购买升级设备,可给予技改政策支持。给予中小企业进口防疫物资信贷贴息,对受影响企业,加强保险服务,优化融资租赁业务三个方面提供有力支持。 2. 加大创业担保贷款支持力度。在津创业的各类人员,可申请最高30万元创业担保贷款,贷款期限最长3年,并给予全额贴息。小微企业当年新招用符合创业担保贷款申请条件的在职职工人数达企业现有在职职工人数20%(100人以上企业达10%),可申请最高300万元贷款,贷款期限可达2年,按贷款基础利率的50%给予贴息。 3. 给予企业研发贴息支持。对受委托开展新型冠状病毒感染肺炎药物研发、疫苗研究、防护用品研发设计或供应链支持,提供医学诊疗方案等服务的机构和企业,给予贴息支持。 4. 缩短政策兑现周期。引导鼓励银行、担保机构等在展期续贷、贷款担保、"瞪羚贷""雏鹰贷"等科技金融产品开发、绿色服务通道等方面,进一步加大对科技型企业融资支持。充分利用信息化手段,对科技型企业开展线上融资对接。加快发放首批专项奖励资金,即时兑现科技抗疫支持政策,确保国家高新技术企业及时享受有效期内税收减免。 5. 对受疫情影响较大的批发零售、住宿餐饮、物流运输、文化旅游等行业,以及有发展前景但受疫情影响遇到暂时困难的企业,各银行机构应采取展期、无还本续贷等方式继续提供金融支持。建立、启动快速审批通道,简化业务流程,应贷尽贷快贷,不抽贷、不断贷、压贷。用足用好国家开发银行天津市分行、天津银行再贷款专项贷款业务,推动天津市属主要法人银行以低于同期市场利率水平发放专项目贷款。 6. 对保障城乡运行必需、疫情防控必需、群众生活必需和其他涉及国计民生的企业给予优惠利率支持。对享受中国人民银行专项再贷款支持政策和担保机构按照中国人民银行中央再贷款专项贷款利率给予50%的贴息,政府性融资担保机构和担保时,区两级财政按有重要项目贷款水平发放,担保费减半;政府性再担保机构再担保费减半,鼓励其他类型担保机构参照执行。 7. 加强对企业的保险服务。对受疫情影响遭受损失的企业,保险机构要开通24小时服务热线和理赔绿色通道,优先办理、线上理赔,适当扩展责任范围,简化索赔受理要求,采取预付赔款等方式,确保应赔尽赔。推动中国出口信用保险公司天津分公司为企业进口防疫物资及设备业务,提供免费海外供应商名录查询调查、特别优惠费率等专项服务,在信用限额审批上给予支持,开设专项核赔绿色通道,适当放宽理赔受理要求,积极免费开展融资租赁公司开展与疫情防控相关的物资生产企业开展检验检疫设备等租赁业务。 8. 支持开展融资租赁业务。鼓励融资租赁公司开展与疫情防控相关的物资生产企业开展检验检疫设备等租赁业务,鼓励对租金利息予以缓收或减免,对受疫情影响严重、遇到暂时困难的企业予以应收租金展期和新增融资投放,积极提供差异化优惠租赁服务。

293

续表

政府部门	发文字号	文件名称	具体要求
天津市政府办公厅	津政办规〔2020〕6号	《天津市有效应对新冠肺炎疫情影响促进投资扩消费稳运行的若干举措》	1.第（八）条 提高消费能力。结合企业复工复产、促进就业，推动城乡居民有活干、有钱赚。落实调整完善后的居住证积分落户制度，吸引更多外来劳动者和农村人口向各区发放投资理财产品，丰富规范家电建材等领域消费券。加大农民财产收入，家电建材等领域消费券。加大农民财产性收入，健全完善城乡居民基本养老保险待遇确定和基础养老金正常调整机制。完善城乡居民财产性收入，增加居民财产性收入。发展特色农业产业支持力度，保持农民收入稳定增长。完善农民工工资支付制度，从源头保障劳动报酬权益。2.第（十八）条 增强企业抗风险能力。建立信用融资快速响应机制，发挥好天津市中小企业融资综合信用服务平台（信易贷平台）作用，优先对信用状况良好且符合授信条件的中小微企业提供纯线上提供信贷产品，开通融资服务绿色通道。在复工复产、复商复市期间，免费向中小企业及个体工商户等方面的支持政策，加快落实国家和本市关于税收、社保、中小企业和个体工商户等方面的支持政策，加快落实"一金三人两员"工作机制作用，加强宣传解读，推动解决困扰企业恢复生产经营的急难问题。
天津市商务局	津商贸运〔2020〕3号	《市商务局中国银行天津市分行关于天津市"齐抗疫、稳发展、助企赢"专属金融服务的通知》	1.加强对防疫企业授信支持。降低企业信贷成本。加大企业信贷支持力度，对中国人民银行"疫情防控重点保障企业名单"企业给予最优惠利率，确保符合条件的企业在受政府财政贴息后实际融资利率低于1.65%；对纳入天津人市生产防疫产品及防控资金贷款优惠名单的企业及天津市商务局提供的重点外贸和商贸物流企业，优先保障信贷规模，一年期内贷款利率最低可至3.15%。中国银行天津分行对天津市商务局推荐的企业，承诺1个工作日内主动对接客户，对于符合国家政策和信贷政策的企业实际资金需求，实施"三个即时"（即时上报、即时审查、即时放款）。2.免收防疫捐款手续费。对于防疫捐款免收手续费，疫情期间通过辖内网点柜台、网上银行、手机银行办理疫情相关捐赠类汇款，提供快捷服务，建立疫情防控项目信贷审批及结算绿色通道。3.建立绿色通道、急事急办、特事特办的原则，将优先受理、优先审批、切实提高办理效率、提供节假日应急服务、确保防疫期间企业金融服务连续性及紧急响应能力。4.成立进口防疫物资专项组，支持全市防疫物资进口。通过专项口贷、进口贸易、金融服务保障。5.为防疫期外贸企业提供增信支持。充分发挥中国银行卓越的国际信誉、广泛的国内外分支机构、发达的国际结算网络及业务人员及具有丰富的经验优势，协助外贸企业与新的国外经贸伙伴开展合作来提供信证明，内代理调查及信用担保类产品来增信、付款担保函等担保类产品为企业提供信证，解决交易双方互信任的问题，促进交易顺利进行，帮助企业迅速打开市场。

续表

政府部门	发文字号	文件名称	具体要求
天津市商务局	津商贸运〔2020〕3号	《市商务局 中国银行天津市分行关于推出天津市"齐抗疫、稳发展、助企赢"专属金融服务的通知》	6. 做好暂困企业帮扶。逐户排查企业的生产经营情况，特别是加大对于受疫情影响较大的批发零售、住宿餐饮、物流运输、文化旅游、外贸行业的排查，不搞盲目抽贷、断贷、压贷、利用贷款展期、调整还款计划，还旧借新等方式帮扶企业渡过难关。做好疫情防控期间征信异议处理工作。最大限度地减少企业单纯受疫情影响，出现的信用FT下调的情况。 7. 发挥FT及海内外联动优势，助力外贸企业稳定发展。面向境内、境外两个市场，协助外贸企业全球询价。利用覆盖境外61个国家和地区的机构网络，依托FT业务创新优势，全力保障外贸企业疫情防护物资全球采购紧急资金支付。向企业提供低成本融资，款项调查、资信跟踪、信用担保等全方位金融服务。 8. 提供信贷产品支持，缓解小微企业压力。对疫情相关小微企业进行快速专项贷款支持，通过流贷、供应链融资等产品方案，帮助小微企业及时回笼资金，盘活资产。坚决落实疫情期间贷款利率要求，原则上信贷工厂小微企业存量客户新发放贷款利率均不高于上年水平，新客户参照类似存量客户新发放贷款利率执行。针对国家疫情防控重点支持企业，执行最优惠利率。 9. 提供线上金融服务，让企业安全高效办业务。通过企业网银、手机银行、银企直连等电子渠道，向企业提供银企直连全面服务。银企直连等电子渠道，手机银行、中银E贴、报关即时通、银票E贴、中银E证、航运在线通、账户管理、银企对账、存款理财、汇款转账、自助结汇、线上结汇、单一窗口税费融资、中银网融资、中银税易贷、中银日积月累、中银税易贷平台、中银网融资 单一窗口税费融资、对公托管等线上服务，让企业通电子交易平台、安全办公。 10. 提供 "不见面" 金融咨询服务。创新线上 "百场千户"、远程顾问等 "不见面" 服务形式，帮助外贸企业在疫情期间疏通政策信息、产品信息。提供企业对接服务，银企对接服务、给予外贸企业在政策解读、产品设计、汇率风险等多方面专业建议，实现企业需求与金融供给的精准匹配和高效转化。
天津市商务局	津商市场〔2020〕3号	《市商务局 中国工商银行天津市分行关于申报天津市印发天津市供应链重点项目全面支持复工复产的通知》	一、支持方向 1. 乡村农业产业链。结合天津市农业结构调整，围绕重点农业示范园区及创新基地、乡村旅游等业态。支持天津市涉农龙头企业产业链及交易平台改革发展。 2. 建安施工产业链。紧密围绕京津冀协同发展及 "一基地三区" 项目工程，支持大型建安集团集中采购项下的建筑施工安装板块产业链建设。 3. 先进制造业产业链。结合天津市供给侧结构性改革，围绕传统制造业向先进制造业转型发展，支持新一代人工智能、生物医药、新能源、新材料产业、新兴产业、石化、轻纺等智能化改造重点产业，以及军工、物流交通等产业链。 4. 商贸流通产业链。支持智慧化仓储物流、冷链物流、支持天津地区的区块链重点项目、商贸连锁、电商物流、快消品生产、商贸批发、第三方物流、离岸贸易、转口贸易、口岸贸易等业务。 5. 医疗健康产业链。结合抗疫防控要求，支持医疗健康行业、为药品及医疗器械领域产业链提供融资服务。

续表

政府部门	发文字号	文件名称	具体要求
天津市商务局	津商市发〔2020〕3号	《市商务局中国工商银行天津市分行关于印发申报天津市供应链重点项目全面支持复工复产的通知》	6.能源石化产业链。依托中石油、中石化、中海油、国家电网、国家能源集团等大型优质能源石化、电网企业在天津市的产业链条,重点支持在天津市研发、采购、贸易、物流等环节上下游企业。 二、服务内容 此次供应链金融服务主要通过认定申报企业为中国工商银行重点平台项目,为核心企业或核心企业与下游的交易客户提供平台合作,强化企业财务管理,增强上下游履约能力;加强客户市场会员的业务黏合度,解决会员企业资金短期周转需求。贷款利率视融资企业情况,最低可执行年利率3.75%,贷款期限1年(含)以内,无须抵押,融资本息最高不超过企业应收账款项的100%。 1.认定为核心企业的,其上下游客户可办理供应链融资业务。通过核心企业信用流转,核定企业融资额度及融资期限。可加强核心企业与上下游企业的密切合作,强化上下游财务管理,增强上下游融资履约能力。主要包括数字信用凭据。上游供应商融资、下游经销商融资。 2.认定为重点交易市场项目的,其市场会员可办理供应链融资及融资额度及融资期限。通过交易市场信息与银行平台交互,利用交易流、资金流、信息流等多维数据验证,核定会员融资额度及融资期限。主要包括平台数据信用凭据、商品交易市场融资等产品。
天津市金融局、天津市财政局、天津市工业和信息化局	津金监管〔2020〕5号	《市金融局 市财政局 市工业和信息化局 关于政府性融资担保机构支持中小微企业应对疫情影响实现平稳健康发展的通知》	1.落实续贷续保政策。对金融机构给予临时性延期偿还的,提供担保的政府性融资担保机构应延长担保期限。 2.积极开展数据增信。市金融局将依托"金查查"系统优先向融资担保机构授权的中小微企业经营数据共享。 3.降低担保融资费率。对疫情防控重点保障企业和受疫情影响较大的中小微企业,政府性融资担保机构收取的担保费率原则上不高于1%,对保障城乡运行必需、疫情防控必需、群众生活必需和其他涉及重要国计民生的融资担保业务免收再担保费。 4.积极落实尽职免责。政府性融资担保机构为疫情防控重点保障企业和受疫情影响较大的中小微企业进行担保发生的代偿,在不违反有关法律法规和内部规章,遵守职业操守和廉政纪律的前提下,主管部门要落实尽职免责,原则上不追究职责人员的领导、业务人员的管理和经营责任。 5.实施差异化风险容忍度监管。对融资担保机构为疫情防控重点保障企业和受疫情影响较大的中小微企业贷款提供的担保,市金融局将提高监管容忍度。对机构适当提高高资产管理比例,在2020年度融资担保机构监管评价中给予适度加分。对任疫情防控期间随意抽保、压保、断保的融资担保机构,市金融局将加大现场监管力度,并调减年度监管评分中的分值。

续表

政府部门	发文字号	文件名称	具体要求
天津市地方金融监督管理局	津金监管〔2020〕6号	《市金融局关于鼓励融资租赁公司发挥融资租赁功能作用为实现夺取双胜利目标贡献力量的通知》	1. 为打赢疫情防控阻击战贡献力量。各机构要聚焦政策落地落细，染疫肺炎疫情防控阻击战相关的物资生产设备、医疗设备，积极开展与疫情防控影响相关的物资生产设备、医疗设备，结合企业受疫情状况提供差异化租赁服务，通过灵活租金安排给予企业特定帮扶，降低或免收租金服务费，依企业申请情况和经营状况提供差异化租赁服务，通过灵活租金安排给予企业特定帮扶，酌情对租金予以缓收或减免。应采取违约客户名单、住宿餐饮等）的中小微企业贷款实施临时性延期还本付息。文化娱乐、住宿餐饮等）的中小微企业贷款实施临时性延期还本付息。可向银行机构申请临时性债务延期还本付息。会等五部委《关于对中小微企业贷款实施临时性延期还本付息的通知》（银保监发〔2020〕6号）规定条件的机构，符合中国银保监会等五部委《关于对中小微企业贷款实施临时性延期还本付息的通知》（银保监发〔2020〕6号）规定条件的机构，可向银行机构申请临时性债务延期还本付息。 2. 为支持企业复工复产贡献关爱力量。各机构要充分发挥融资与融物相结合优势，尽力满足企业复工复产中购置设备、扩大产能、盘活资产等渡难关贡献力量。各机构要充分发挥融资与融物相结合优势，尽力满足企业复工复产中购置设备、扩大产能、盘活资产等渡难关贡献力量。优化业务办理流程等方式，为企业复工复产提供有力服务保障。 3. 为支持中小微企业健康发展贡献力量。各机构要用好渠道，在拓宽中小微企业融资渠道、带动新动能引育和促进经济结构调整中发挥积极作用。响应天津市金融局《关于建立帮助中小微企业共克时艰的金融服务快速响应机制的通告》，视情况自愿申请加入"共克时艰金融服务群"，通过简化手续、降低费用、创新产品、量身定制个性化服务方案等方式，为中小微企业提供高效、便捷、专业、优惠的融资租赁服务。 4. 监督答忍贯彻激励政策。疫情防控期间，在不违反有关法律法规前提下，为疫情防控重点保障企业和受疫情影响较大的中小微企业对受疫情影响提供融资租赁服务按规定填报有关数据监测评价的机构，不予追究其相关部门和人员责任；市金融局将推介力度，对主动租赁责尽职服务的机构，在银行融资、公共服务、社会大媒体宣传等方面给予一定便利。 各机构应及时将存在涉嫌欺诈、恶意逃废债客户信息上传中国人民银行征信系统，同时报送市金融局，市金融局依法依规将相关信息推送市场监管部门依法依规列入失信联合征戒对象名单，推送中国"信用中国"实施联合征戒。对执行中央和市委、市政府决策部署不力的机构，市金融局将加大监管力度，对在疫情防控期间盲目中止融资租赁合同、暴力催收或以其他涉嫌违法方式收缴租金的机构将严厉处罚，涉嫌违法犯罪的，移送公安机关处理。

续表

政府部门	发文字号	文件名称	具体要求
天津市地方金融监督管理局		《关于建立帮助中小企业共克疫情时期的金融快速响应机制的通知》	1."政企"快速联动。两类企业特别是疫情期间保障城乡运行的、疫情防控必需、群众生活必需和其他涉及重要国计民生需求的企业，可随时通过电话、邮件、微信群等线上方式向所属区金融服务局立即汇总反馈需求至市金融局。市金融局根据接到的需求不断充实完善"共克时艰重点企业需求库"，区级金融部门分别建立专班，提供专业咨询服务，逐一协助企业做好需求分析，提出可行方案。 2."政银"快速互动。市金融局提前参与疫情防控工作专班、市金融机构沟通对接，在得到金融机构确认后将其纳入"共克时艰金融服务群"，通过线上手段精准推送至人群金融机构，市金融局扶微助小表现突出企业对接，综合分析人群金融机构的产品特色和服务特色，提供优质高效服务，根据该金融机构与企业建立一对一联系。 3."银企"快速合作。两类企业也可直接向人群金融机构提出需求。人群金融机构建立工作专班，优化工作方式，采用人工智能、大数据等信息化手段，在接到政府专班转交到的金融服务需求后主动对接，开辟金融服务绿色通道，对于融资所需申请材料给予更多便利和容忍度。对符合相关条件的需求日内可以解决，企业可及时将协调情况反馈给政府专班。 4.反馈评估监督。对不能解决的相关需求，人群金融机构马上向政府专班和企业分别说明原因，政府专班进一步分析研判。视情况推送给群内其他金融机构。 对了解决企业需求的情况，由人群金融机构填写《共克时艰重点企业金融服务需求跟踪表》，于每周五12时前反馈至市金融局。 市金融局实施动态监督，重点评估对接成果，并将评估结果作为年度金融机构服务实体经济监测评价的重要参考因素。对成效明显的予以加分并通报表扬，对力度不够不作为的予以扣分并主动对谈督导。 金融快速响应机制将执行期与《天津市打赢新型冠状病毒感染肺炎疫情防控阻击战进一步促进经济社会持续健康发展的若干措施》有效期一致。
中国人民银行天津分行		《中国人民银行天津分行关于加强和改进当前金融服务全力支持疫情防控阻击战的通知》	1.切实保障疫情防控资金足额供应。各金融机构要主动加强与当前疫情防控有关的政府部门、医院、医疗科研单位及企业的沟通联系，深入了解防控必需商品的信贷需求，进行科研改关及生产、医疗器械、运输医疗防控物资和居民生活必需品的信贷投放，确保防控所需急办"、总事急办"的原则，减少审批环节，提高放款速度，切实帮助受困企业脱困调配，适当调整贷款额度，以及暂时出现经营困难但有市场、有技术、有前景的企业，有前景的企业，有前景的企业特别受疫情影响较大的行业的批发零售、餐饮娱乐、小微企业、旅游业，要通过适当降低贷款利率、调整贷款期限、提供续贷安排等方式，帮助企业渡过难关。 2.切实运用再贷款政策工具为金融机构流动性支持，积极做好再贴现，省借贷便利和再贴现，运用多种政策工具，满足调控再贴现额度，特别是对于湖北地区的出票企业支持疫情防控产生流动性需求，将优先审批其再贴现申请；用于支持湖北地区的出票贷款或贴现，原则上采用线上核查再贷款方式进行贷前核查。

298

续表

政府部门	发文字号	文件名称	具体要求
中国人民银行天津分行		《中国人民银行天津分行关于加强和改进当前金融服务全力支持打赢疫情防控阻击战的通知》	3. 开通国库资金快速拨付"绿色通道"。各商业银行代理支付要强化国库、财政、商业银行互通互联机制，以及根据疫情防控资金拨付需求，启动国库资金快速拨付"绿色通道"，保障疫情防控资金及时拨付到位。各级财政代理国库银行要及时做好财政部门、各预算单位资金支付业务办理，集中支付代理国库银行要及时做好财政部门、各预算单位资金支付业务办理。 4. 全力保障支付清算系统稳定运行。各银行机构要建立支付假期业务巡查、加强业务联系应急联系人制度，以及时排查和处置风险隐患，要开通防疫资金及时到账、系统保障和值班值守，对防疫资金随来随办、特事特办，努力减少操作环节，提高工作效率，确保防疫资金及时划送、接收和入账。 5. 持续强化支付服务保障。各银行支付服务线上渠道办理业务，有效避免现场服务交叉感染风险。要主动同财政、医疗卫生、工信等部门对接，提前做好疫情防控天津各法人金融机构，如在湖北地区有分支机构的，要指导分支机构做好当地的金融服务工作。各金融机构和非银行支付机构要按照相关清算及时支付结算渠道畅通，重点做好疫情防控涉及疫情防控物资生产企业、捐赠平台、销售商户等单位和群众生活支付结算需求。 6. 提高相关特办汇办事效率。各银行机构要建立并启动应急处理机制，对于客户通过网上银行、手机银行等线上渠道办理业务，有效避免现场服务交叉感染风险，简化进口物资通关，按照特事特办原则，简化湖北进口购汇结汇手续。 7. 便捷办理捐赠资金入账、银行特事特办。对于无偿捐赠单位购汇已有的经常项目外汇结算账户的经常项下捐赠可直接通过受赠单位已有的经常项目外汇结算账户办理结汇。 8. 取消相关事前和逐笔审核要求。企业办理与疫情防控相关的资本项目收入结汇支付时，无须事前、逐笔提交单证材料，经办银行经办人员对企业办理与疫情防控相关的资本项目收入结汇支付时的单证材料真实性进行事后抽查。 9. 便利相关跨境融资。企业办理跨境融资取消签约线上申请登记。 10. 密切关注个人用汇需求。鼓励通过手机银行等互联网线上渠道办理个人外汇业务，对于个人客户必须赴网点办理的业务，银行机构要提高业务办理时效，有效避免办理特殊外汇业务、与疫情防控有关的其他特殊外汇业务人员长时间集中聚集。 11. 可先行办理办理、事后向国家外汇管理局天津市分局报备。 12. 保障外汇管理局天津市分局报备。 12. 保障现金供应充足。各银行机构要合理调拨发行基金，确保现金供应充足；有条件的尽可能使用原封新券、类别可相互调剂，以及时满足居民社区、居民对医院、重点建设项目等重点区域的现金供应。对疫情防控重点单位的大额现金需求，要加强对医院、加油站等民生服务网点，银行机构可先行办理，做好上门收款服务；对ATM、硬币兑换机等自助设备加强运维保障，确保自助取款现金服务不中断。

299

续表

政府部门	发文字号	文件名称	具体要求
中国人民银行天津分行		《中国人民银行天津分行关于加强和改进当前金融服务全力支持打赢疫情防控阻击战的通知》	13. 做好疫情期间征信服务工作。各金融机构要积极宣传引导群众使用网络等非现场方式查询信用报告。引导信息主体通过互联网信用查询查询机的运行维护和定时消毒，保障疫情期间征信查询服务不间断。数励有条件的商业银行加快推进企业征信网银查询服务，积极引导企业通过网银查询获得企业信用报告。 14. 优化银行账户开户服务。各金融机构应开展开户服务"绿色通道"，保障账户"即开即用"；对已在本行开立过账户的上述相关企业、采购及科研攻关企业等疫情防控相关的开户申请，先开户后补充资料。疫情期间，优先受理和提交与防疫相关机关、事业单位、部队、社会团体等非企业组织的核准类账户开立，Ⅲ类银行账户个人通过Ⅱ、Ⅲ类银行账户办理日常缴费和小额消费，持续提供线上服务，减少现场业务办理。 15. 做好信息系统和网络安全可靠支撑。要高度重视疫情期间信息系统运维及网络安全保障工作，确保天津分行报告，稳妥处置。 此外，要求各单位做好疫情防控期间会计核算工作，确保每日账务核对一致。要密切跟踪疫情变化，完善应急预案，防范风险隐患，有效维护疫情防控期间金融稳定，认真落实中国人民银行有关部署要求，主动配合，积极参与疫情防控工作，践行社会责任。

资料来源：天津市政府及各相关部门官网。